소설
앙코르 와트
- 자야바르만 7세, 앙코르 제국의 대왕 -

소설
앙코르 와트
- 자야바르만 7세, 앙코르 제국의 대왕 -

1판 1쇄 펴낸 날 2014년 5월 1일

지은이 이형종 발행인 김재경 교정·교열 이유경 편집디자인 최정근 마케팅 권태형 인쇄 보현피앤피

펴낸곳 도서출판 비움과소통 서울시 영등포구 영등포동7가 29-126 포레비떼 705호 전화 (02)2632-8739
팩스 0505-115-2068 이메일 buddhapia5@daum.net 트위터 @kjk5555 페이스북 ID 김성우
홈페이지 http://blog.daum.net/kudoyukjung 출판등록 2010년 6월 18일 제318-2010-000092호

소설

앙코르 와트

- 자야바르만 7세, 앙코르 제국의 대왕 -

이형종 지음

비움과소통

■ 소설에 등장하는 주요 지명

1 야소다라푸라(시엠립). **2** 하리하랄라야(롤루오스). **3** 꿀렌고원. **4** 링가푸라(코 케르). **5** 쁘레아 비히어 사원. **6** 우동. **7** 프놈펜. **8** 브다야푸라(쁘레아 노코르). **9** 몬돌끼리. **10** 자야디티푸라(캄퐁 스베이). **11** 왓 푸. **12** 비자야. **13** 말리앙(바탐방).

자야바르만 7세 / 앙코르 제국의 대왕

JAYAVARMAN VII / Emperor of the Angkor Empire

목 차

　앙코르 와트! '앙코르'의 의미는 도시이고 '와트'는 사원을 뜻한다. 따라서 '앙코르 와트'란 '도시의 사원'인 것이다. 사실 앙코르 와트는 하나의 거대한 사원에 불과하고, 앙코르 제국의 왕도였던 오늘날 캄보디아의 북서부 도시 시엠립 인근에는 그 옛날의 거대한 도성과 수많은 사원들이 천년 세월의 무게를 담고서 정글 속에 살아있다. 또한 캄보디아 지방 곳곳에는 많은 유적들이 산재해 있으며 수십 개의 사원과 건축물들이 발굴되어 개방되었지만, 아직도 밀림 속에 파묻혀 사람들의 발길을 거부하고 있는 신비한 유적들도 그 수를 헤아릴 수 없을 정도로 많다.

　기원후 802년부터 1430년까지 인도차이나를 호령한 앙코르 제국은 30여 명의 왕이 권좌에 올라 통치하였다. 이 제국에서는 왕위계승 원칙이 확립되지 않아 왕이 교체될 때마다 분열과 피로 물든 무력 충돌이 반복되었다. 권좌에 있는 왕을 살해하거나 치열한 싸움을 통해 경쟁자를 물리치고 등극한 여러 왕들은 자신의 치세를 드러내기 위해 신들에게 바치는 거대한 사원과 건축물을 축조하였다.

오늘날 캄보디아인들은 위대한 앙코르 제국의 족적을 남긴 여러 왕 중에서 "자야바르만 7세"를 단연 최고의 왕으로 손꼽기를 주저하지 않는다. 그는 1120년대에 태어나 1181년에 왕으로 등극하고 1219년경에 사망한 것으로 추정된다. 그가 살았던 시대는 우리나라의 고려 무신 정권시대와 대체로 겹친다. 우리는 시엠립을 방문하여 운대하며 신비로운 앙코르 제국의 유적을 통해 그의 정복왕과 건축왕으로서의 업적을 직접 확인할 수 있다.

한해 40만 명이 넘는 한국인들이 앙코르 와트를 관람하기 위해 킬링필드의 나라 캄보디아를 찾는다. 매일 천여 명의 한국인들이 무덥고 힘겨운 여행길을 마다하지 않고 찾아가는 신비스러운 앙코르 와트와 수많은 유적들은 어떻게 거기에 있게 되었고, 어떤 삶의 이야기를 담고 있는 것일까? 한낮에는 태양의 열기로 숨쉬기조차 힘든 이 땅에 어떻게 이런 거대한 '돌의 향연'이 가능했을까? 앙코르 제국의 가장 위대했던 대왕 자야바르만 7세의 행적을 따라가며 그 해답을 찾아보자.

소설에 등장하는 주요 왕의 계보

왕명	재임기간	주요 행적
자야바르만 2세	802-850	앙코르 제국의 시조
↓		
야소바르만 1세	889-910	왕도 야소다라푸라 건설
↓		
수리야바르만 1세	1001-1050	서(西) 바라이 축조
수리야바르만 2세	1113-1150	앙코르 와트 건설
다란인드라바르만 2세	1150-1160	자야바르만 7세의 부왕
↓		
야소바르만 2세	1160-1165	다란인드라바르만 2세 찬탈
↓		
트리부바나디티야바르만	1165-1178	야소바르만 2세 살해
↓		
자야바르만 7세	1181-1220	주인공, 앙코르 제국의 전성기

제1부
좌절의 시대

1

왕도
야소다라푸라

　새벽녘 용자리의 별들이 영험한 빛을 발하며 거뭇한 북쪽 밤하늘
로 날아오르고 있었다. 밤이 이슥해서야 가까스로 잠들었던 자야는
눈을 뜨자마자 아무도 몰래 집을 나섰다. 문밖으로 나서며 혹시나
있을지 모를 인적을 살폈으나 세상은 잠들어 있고 밤 짐승의 흔적
조차 찾을 수 없었다. 자야는 바켕 산을 향해 발걸음을 서둘렀으나
바켕 산 인근에 이르렀을 때 어느 새 별들은 빛을 잃었고 동쪽 하늘
이 온통 검붉게 물들고 있었다.

　큰 길을 벗어나 바켕 언덕[1]으로 몇 걸음 접어들자 곧바로 정상까
지 이어져 있는 돌계단이 그의 앞을 가로막았다. 사암으로 쌓아 올
린 돌계단은 아래서 올려다보니 경사가 급하여 마치 그 끝이 하늘
과 맞닿아 있는 듯하였다. 돌계단은 시간의 풍상을 머금어 진한 회

색으로 더욱 굳건해 보였다.

　자야는 해돋이를 놓칠까 조급한 마음에 바켕 산의 돌계단을 서둘러 올라갔다. 직접 암반을 깎아 만든 듯한 탄탄한 디딤돌이 아래부터 위 끝까지 정연하게 깔려있다. 산 중턱을 파내 바윗덩어리를 깊이 박아 축조한 돌계단은 큰 산을 뭉게버릴 것 같은 우기의 폭우를 거뜬히 견뎌냈다. 나무뿌리들이 바위를 밀어 올리려고 몸부림치다 한 두개의 뿌리가 돌틈 사이로 빠끔히 비집고 나오기도 했지만, 이 돌계단은 아무리 오랜 세월의 풍파와 자연의 침탈도 거뜬히 이겨낼 것 같았다.

　자야는 총총 걸음으로 돌계단을 올라 한달음에 바켕 산의 정상에 다다랐다. 바다만큼이나 평평한 제국의 땅이다 보니 야트막한 이 바켕 산의 정상이 도성에서 가장 높은 곳이다. 그래서 이 지역을 왕도 건설지로 점지한 선조들은 도성공사에 앞서 이 산의 정상에 사원 탑을 축조하여 도성과 제국의 중심으로 삼았었다.

　바켕 산 정상에 오른 자야는 곧바로 산 정상에 고즈넉이 자리잡고 있는 바켕 사원의 동쪽 계단을 올라갔다. 사원의 돌계단은 산의 돌계단 보다 훨씬 정교하고 더 가파르다. 자연암석과 라테라이트²⁾ 기단 위에 사암과 벽돌³⁾로 정성을 다해 쌓아 올린 계단이다. 바켕 산에 오르고 그 정상의 사원 탑에 오르는 과정은 마치 인간 세계에서 신들의 거처로 들어가는 느낌을 갖게 했다.

　아직은 해가 떠오르지 않은 이른 아침이지만 온 세상이 더운 열기로 후끈거렸다. 자야의 온몸은 이미 땀으로 흠뻑 젖어 있었다. 그는 흘러내리는 이마의 땀을 연신 맨손으로 걷어냈으나, 땀방울이 턱끝에서 발등으로 쉼없이 떨어졌다.

바켕 사원의 정상 테라스에 다다른 자야는 해돋이를 보기 위해 동쪽으로 눈길을 주었다. 제국의 왕도 야소다라푸라의 동쪽 지평선이 망망한 대지의 끝에서 한눈에 들어왔다. 지평선은 당장에라도 해를 내어 줄 낌새다.

불타듯 물들었던 동편 하늘의 붉은 기운이 엷어지더니 한순간 이글거리는 태양이 지평선 위로 곧장 뛰어 올라 왕도를 환하게 비추었다. 한해의 가장 무더운 계절에 떠오른 태양은 이른 아침인데도 햇살을 받고 서있기 힘들 만큼 강렬한 열기를 내뿜었다. 떠오른 태양의 빛과 열기로 세상은 다시 개벽을 하였다.

자야는 찌는 듯한 열기에도 불구하고 두 팔을 벌려 온몸으로 태양을 맞았다. 그이 너넉한 얼굴과 탄탄한 어깨는 태양이 내려주는 정기를 빈틈없이 받아내 검붉은 기운이 넘쳐났다. 자야의 몸은 단련된 근육으로 이글거렸고 마음은 자유로운 영혼으로 충만해 있었다.

왕가의 자손으로 태어났지만 왕이 될 수 없었던 자야는 궁중의 법도에 속박되지 않고 자유로이 살아왔다. 행동이 자유로운 자야는 앉아서 글을 읽기보다 친구들과 어울려 쏘다니고 사냥하기를 좋아했다. 무술을 연마하며 육신의 힘을 키우는 것도 그가 즐겨했던 젊은 날의 삶이었다. 그는 선택되지 못한 자에게 주어진 자유라는 위안을 마음껏 누렸다. 하지만 때로는 방종하기까지 한 그의 젊은 날을 간섭하는 이는 아무도 없었다.

어린 자야는 친구들과 어울려 바켕 산과 그 정상의 바켕 사원을 자주 오르곤 했었다. 바켕 산은 어린 자야도 한걸음에 뛰어오를 수 있을 만큼 나지막하여 하루에도 몇 번씩 친구들과 함께 프놈 바켕에 오르내리기도 했다. 때로는 기분이 나면 혼자서도 바켕 산을 놀이터 삼아 여기저기 뛰어다녔었다.

그는 바켕의 돌계단을 뛰어오를 때 들리는 쿵쿵거리는 울림을 좋아했다. 바켕 사원을 건설하면서 많은 암석을 캐내다 보니 지하에 돌을 캐낸 동굴이 생겨나 울리는 소리가 난다고 했다. 자야는 뛸 때 들려오는 쿵쿵소리에 묘한 흥분을 느껴 발을 굴려가며 돌계단 위를 뛰어 다니기도 했다.

바켕 산 정상 위에 자리잡은 바켕 사원[4]은 일찍이 야소다라푸라가 건설되면서 왕도의 중심으로 축조된 국가 사원이었다. 자연암석에 덧대어 건축된 이 사원은 앙코르의 전통 방식대로 정사각형의 대칭구조를 가졌다. 그리고 셀 수 없이 많은 작은 탑과 형상들로 꾸며져 있다. 어떻게 그 많은 크고 작은 탑들을 한꺼번에 쌓아 올릴 수 있었는지 경이롭기 그지없다.

사원의 동서남북 사방에는 계단이 있고 신분에 따라 오르내릴 수 있는 계단이 따로 정해져 있었다. 신분이 높은 사람들은 동쪽 계단으로 사원에 오를 수 있었으나, 허드렛일을 하는 낮은 계급의 일꾼들은 서쪽 계단을 이용했다. 남쪽과 북쪽 계단은 일반인들이 자유롭게 오르내렸다.

수많은 사람들이 수고로움을 마다하지 않고 아침과 저녁으로 바 켕 산과 사원에 올랐다. 일출의 장엄함과 일몰의 경건함을 만끽하 기 위해서였다. 바켕의 해돋이는 맞이하는 이들에게 천지 창조를 떠올리게 했고, 바켕에서 바라보는 해지는 모습은 이 세상이 끝나 고 다른 세계로 넘어가는 것 같은 환상을 가지게 했다.

물론 모든 인간이 바켕 산과 사원에 발을 들여놓을 수 있는 것은 아니었다. 노예와 범죄자는 성스러운 이 사원 근처에 얼씬거리지도 못했다. 앙코르에서는 형벌로 범죄자의 발가락을 잘랐기 때문에 누 가 범죄자인지 쉽게 알 수 있었다.

자야가 바켕 사원에 오르는 더 큰 이유는 바켕에서는 야소다라푸 라의 지평선을 한눈에 바라볼 수 있기 때문이었다. 사원의 정상 테 라스 사방으로 앙코르 도성이 손에 잡힐 듯이 다가왔고, 지평선 위 로는 이 세상 끝이 다 보이는 듯하였다.

바켕에서 내려다보는 왕도 야소다라푸라는 푸르른 망망대해에 떠있는 커다란 섬이었다. 도성의 한가운데 솟아 오른 바켕 산을 중 심으로 광대한 도읍이 사방 4㎞ 성채 안에 고집스럽게 터잡아 있었 다. 이 도성에는 왕궁부터 귀족, 고위관리, 일반인의 주거지가 질서 있게 배치되어 있었다. 왕궁에 가까운 중앙에는 귀족과 부유한 가 문의 집들이 많았고 외곽에는 평민들의 주거지가 자리잡고 있었다. 제국을 통치하는 관청이 도성 안의 한가운데를 차지하고 있었음은 물론이다.

도성 안에 집을 짓는 데는 크기와 지붕에 대한 엄격한 규칙이 있었다. 일반 신민들은 부유하더라도 감히 기와로 지붕을 올리지 못했고, 왕족의 집도 본체와 부도에만 겨우 기와로 지붕을 올릴 수 있었다. 이 규칙을 어기면 형벌로 다스려졌고 재산을 몰수당하기도 했다.

성채 밖으로도 상가와 집들이 계속되고 어떤 곳은 성내에 못지않게 거리가 번화했다. 그러나 도성에서 멀어져 갈수록 사람들의 손길이 만들어낸 건물과 가로가 줄어들고 정글과 농경지가 한없이 뻗어나가 푸르름이 바다처럼 물결쳤다. 이 농토에서 제국을 지탱하는 생산이 이루어졌다.

경작지 끝의 동북방으로는 제국의 시조 자야바르만 2세가 잠시 머물렀던 신성한 꿀렌 고원이 자리잡고 있었다. 날씨가 청명한 날에는 꿀렌 고원이 손에 잡힐 듯이 눈앞에 성큼 다가와 있었다. 그 우측 동편으로는 꿀렌 고원을 떠난 왕도가 한때 머물러 있었던 하리하랄라야로 이어지는 방죽길이 끝이 보이지 않게 뻗어나가 있었다.

바켕 북쪽 아래에서는 박세이 참끄롱 사원 탑이 나뭇잎 사이사이로 존재를 드러냈다. 그 너머로는 조금 나가면 바푸온의 청동 지붕이 장대하게 버티고 있었다. 바푸온 바깥쪽으로 연하여 왕궁이 자리잡고 있었으며, 왕궁 안에는 왕실 사원인 삐미아나까스가 진한 황금색을 뽐내고 있다.

바켕 사원의 서쪽으로는 멀찍이 거대한 호수가 빛나고 있었다. 서(西) 바라이다! 서 바라이는 이 땅을 목마름에서 구제하기 위해 선왕대에 축조된 끝이 안보일 만치 넓은 인공 저수지다. 이 물을 관리하여 반년의 건기를 이겨내고 생산을 유지하는 것이 제국이 가진 힘의 원천이었다. 바라이는 생산을 지탱하고 이 땅의 사람들에게 물을 주어 목마름을 달래게 해주었으며 마음을 정화시켜주는 성소이기도 하였다. 이 물을 관리하지 못하게 되면 제국은 종말을 고하게 될 것이다.

남쪽으로 눈을 돌리자 앙코르 와트가 한눈에 들어왔다. 앙코르 와트는 지금부터 반백 년 전 수리야바르만 2세가 건립한 신흥 사원이다. 갓 피기전의 연꽃을 닮은 다섯 개의 탑이 찬란하게 금빛으로 빛나고 있었다. 힌두신에게 봉헌된 이 사원이야 말로 융성했던 앙코르 제국의 영광을 그대로 간직하고 있었다.

제국의 어디에서나 흔히 볼 수 있는 지평선이지만 바켕에 올라 바라보는 지평선은 그 경계의 끝이 무한해 보였다. 비 갠 이후에 도성을 가로지르는 무지개띠도 볼 수 있는 날이면 황홀경에 빠지지 않을 수 없었다. 사원 정상에 서면 손에 잡힐 듯이 다가오는 도성과 제국의 대지는 언제나 젊은 자야의 가슴을 울렁거리게 하였었다.

그러나 이제 장성한 자야에게 바켕은 더이상 환희의 장소가 아니었다. 여전히 한 달에도 몇 번씩 바켕 사원에 오르건만 시간이 갈수록 지평선은 희미해졌고 자야의 가슴은 답답함으로 짓눌렸다. 바켕에서 어릴 적 그리고 청년시절에 느꼈던 즐거움은 잊은 지 오래다. 자야는 세상 사람들의 이기심과 권력의 본성을 알지 못했던 옛날이 새삼 그리워졌다.

참파를 정복하고 앙코르 와트를 건설할 정도로 강국을 일구어 낸 수리야바르만 2세는 1150년 안남지역을 정벌하다 전사하였다. 그후 자야의 부친 다란인드라바르만 2세가 왕위를 계승했다. 하지만 부왕의 권세는 보잘 것 없었고 이미 장성한 조카 야소바르만이 다란인드라바르만 왕의 즉위 초부터 실권을 장악하기 시작했다.

권력욕이 남달랐던 야소바르만은 급기야 다란인드라바르만을 폐위하고 자신이 왕권을 차지하여 야소바르만 2세로 등극했다. 이미 장성한 자야였지만 부친의 폐위를 막기 위해 할 수 있는 일은 아무것도 없었다. 야소바르만은 몰래 사병을 육성하여 권력기반을 삼았으며 주도 면밀하게 추종자들을 포섭하였다. 그는 자야보다 나이가 그리 많지 않았지만 성격이 매우 거칠고 결단력이 강하였다.

야소바르만은 권력을 거머쥐는 과정에서 왕족과 귀족들을 끌어들이기 위해 앞으로는 많은 기득권을 인정하고 회유하는 한편, 뒤로는 위협과 암살을 불사했다. 왕실 원로들과 귀족들은 많은 땅을 하사받았으며 제국의 관료와 장군으로 일할 기회가 주어졌다. 심지어는 자야에게도 왕실의 재정을 관리하는 일이 맡겨졌다.

그러나 야소바르만 왕은 시간이 감에 따라 왕의 지위를 확실히 하기 위해 원로들을 배척하고, 자신을 추종하는 젊은 신하들을 측근으로 삼기 시작했다. 자야는 부왕이 제국을 통치할 때부터 왕실 재정소의 일에 간여했었다. 사원을 제외한 모든 땅과 재물이 왕의 소유이기 때문에 자야에게 맡겨진 왕실 재산 관리는 제국의 재산을 관리하는 중요한 직위였다. 하지만 이렇게 중요한 자리를 자야가 얼마나 지키고 있을 지는 전적으로 왕의 뜻에 달렸다. 물론 부왕을

폐한 자의 신하가 되어 봉사하는 것을 부끄럽게 여기던 터라 자야
로서는 자리에 연연할 까닭도 없었다.

자야는 며칠 전 있었던 야소바르만 왕과의 독대에 생각이 이르렀
다. 왕의 요구로 자야가 불려간 알현이었다. 한바탕 스콜이 쏟아지
기 직전 만큼이나 탁하고 무거운 공기가 왕 앞에 꿇어 앉은 자야를
내리 눌렀다.

"최근 수년간 매년 풍년이었다. 그런데 왕실 창고가 넘치기는 커
녕 비어가는 이유가 무엇인가?"

왕은 질책하듯이 자야에게 물었다.

"폐하, 풍작을 거둔 것은 사실이오나 많은 사원들이 직접 마을을
지배하여 왕실에 복속된 마을이 턱없이 부족하고, 아직도 중앙의
징세권이 확립되지 않은 지방이 많습니다. 제국의 세원이 이러한데
도 사원에 대한 왕실의 많은 기부와 큰 재원이 소요되는 축제로 창
고에 재물을 쌓아가기 어렵사옵니다."

자야가 침착하게 대답했다.

왕은 냉소적인 어투로 말을 이었다.

"그대의 대답은 거짓되기 그지없다. 우리가 모시는 신에 대해 정
성을 다하는 것은 이 나라의 오랜 전통이고 사원은 거두어들인 시

주물을 국가와 나누는 것이 아니더냐. 이 제국의 땅과 강 그리고 바다에서 나오는 생산이 얼마나 클진대 몇 개의 사원과 신민들이 보람을 느끼게 하는 서너 개의 행사로 국고가 탕진되어 간단 말이냐. 짐은 안다. 너희 전 왕족과 지방 족벌들이 얼마나 많은 국가의 부를 독점하고 제국의 살림에 짐이 되고 있는지. 이런 상황을 타개하지 못한다면 왕실의 창고는 천년이 가도 채우기 힘들 것이다."

왕의 말이 전혀 허언이 아니라는 것을 자야도 물론 잘 알고 있었다. 하지만 왕은 즉위의 댓가로 왕족과 귀족들의 기득권을 인정했고 그것이 왕실의 창고를 채우지 못하는 이유이기도 했다. 이것은 왕이 자초한 일이고, 왕이 자신의 힘으로 개혁해야 할 일이었다. 그런데 왕은 그 책임을 자야에게 묻고 있었다.

앙코르 제국이 개국되기 이전에도 그랬듯이 이 제국의 중앙정부가 수립된 이후에도 땅을 둘러싼 왕과 지방 세력간의 알력은 끊이지 않았다. 자야바르만 2세가 꿀렌 고원에서 즉위한 이후 지방에 대한 징세권이 지속적으로 확대되어 왔으나, 왕권승계 과정에서 내분이 있을 때마다 중앙의 징세권은 후퇴하기 다반사였다.

"대부분 지방호족의 징세권을 폐지하는 왕령을 이미 2년 전에 재차 반포했다. 제국이 사직을 연 후 이러한 왕령을 반포한 것이 무릇 몇 번인가. 그럼에도 왕령이 제대로 이행되지 않는 이유가 무엇인가?"

"왕령을 내린 것은 사실이오나 지방 세력들의 반대가 심하여 전국적으로 시행되기 위해서는 시간이 걸릴 수밖에 없사옵니다."

왕의 서슬퍼런 질책이 계속되었다.

"지난 수년간 자야디티푸라에서는 세금이 단 한 차례도 중앙으로 징수되지 않았다."

"그 지역은 이 왕실의 발원지로 선왕대대로 그곳 호족의 징세권을 인정해 왔사옵니다."

자야는 왕이 굳이 자야디티푸라를 거명하며 문제를 삼는 이유를 잘 알고 있었다. 자야디티푸라는 모친의 고향이다. 모친의 가문은 왕실혈통과 닿아 있었고 오랫동안 자야디티푸라를 지배해 온 호족이기도 했다. 모친의 가문은 이 지역의 과세권을 오랫동안 유지해 왔다. 부친이 왕이었을 때 왕비의 지위를 존중하여 모친의 고향인 자야디티푸라에 대해 자치 징세권을 공식적으로 확인해 주기도 했었다.

"왕령이 이행되지 않는 제국은 치세가 이어질 수 없다. 우리 앙코르 제국에서는 개인이 죽으면 모든 땅과 소유물이 왕에게 귀속되도록 되어 있지 않더냐. 이는 제국의 근간인데도 잘 이행되고 있지 않으니 큰 문제다. 이를 바로잡지 않고 그대로 둔다면 제국의 존망이 위태로워 질 터. 맨 먼저 왕실 경호대장을 자야디티푸라에 파견하여 그곳의 징세권을 확실히 하겠다. 물러가라!"

왕과의 독대를 마치고 나온 자야는 근심에 휩싸였다. 그는 급히 인편을 주선하여 자야디티푸라의 호족 수장인 외조부에게 왕의 의중을 알렸다. 야소바르만 왕 자신도 자야디티푸라 혈족에 뿌리를 두고 있기 때문에 설마 큰일은 없을 것이라고 자야는 스스로를 위안하였다. 그렇지만 만일에 대비하여 자야는 외조부에게 왕의 뜻을 알리고 절대 왕의 군사와 대결하지 말라고 당부를 하였다.

그러나 외조부와 자야디티푸라의 호족들은 왕의 명령에 대놓고 반발했다. 그들은 왕의 명령서를 접수하기를 거부하고 오히려 왕실 경호대장에게 지체없이 자야디티푸라를 떠나라고 응수했다. 왕의 명을 받은 경호대장은 왕명을 거듭 전하면서 호족들을 자극하였다.

자야디티푸라의 호족들은 왕의 정확한 의중을 깨닫지 못하고 있었다. 야소바르만은 그 자신도 자야디티푸라에 기반하고 있었으나 이미 중앙의 권력을 장악한 상황에서 자신의 본거지에 대해 견제해야 할 시점이 되었다고 생각했다. 그러나 자야의 외조부는 물론 자야디티푸라의 호족들은 왕이 자야디티푸라를 저버릴 수 없기 때문에 적절히 항거하면 왕실 경호대가 물러갈 것이라고 생각했다. 그래서 농민들을 규합하여 중앙군에 대항하려 하였다.

급기야 경호대장의 병졸 서너 명이 농민들이 휘두른 낫과 쇠스랑에 상처를 입었다. 이를 빌미로 경호대장은 왕의 밀명에 따라 호족들을 무자비하게 살상하였다. 심지어 자야의 외조부와 원로급 주동자 몇 명에게는 맷돌로 머리를 으깨는 가혹한 형벌을 가했다.

자야는 스스로에게 부여한 무거운 짐을 잠시나마 잊기 위해 바켕 사원의 탑돌이를 시작했다. 아홉 바퀴의 탑돌이를 마친 후 자야는 가운데 탑 앞에 다시 섰다. 그리고 두 손을 모아 성심껏 합장하여 절을 올리고 뒷걸음으로 물러나왔다.

"자야 공!"

자야는 이렇게 이른 시간에 바켕에 올라 자신의 이름을 부르는 이가 누구인지 의아해 하며 소리 나는 쪽으로 고개를 돌렸다. 궁중의 최고 관직 중의 하나인 브라 그루직에 있는 삼앙이 서있었다. 바켕에 오르기를 남에게 굳이 숨길 것도 없었건만 자야는 마음을 들킨 듯하여 한순간 당황하지 않을 수 없었다.

앙코르 제국에서 왕 다음으로 높은 두 명의 고위 직위는 라자꿀라 마하만뜨리와 브라 그루였다. 라자꿀라 마하만뜨리는 종교기관에 면세처분을 내리고 사원합병 허가를 내주었을 뿐아니라 궁정의 권위를 유지하는 역할로 왕명 거역자에 대한 처벌권을 가지고 있었다. 브라 그루는 이레저 임무와 함께 신민 관리업무를 수행했다. 그는 기우제를 주관하고 왕명을 사원과 지방에 하달하였다.

라자꿀라 마하만뜨리 쏙쿤이 자신의 권한을 이용하여 개인적 축재를 일삼는 썩은 재상으로 악명이 높았던 반면, 브라 그루 삼앙은 청렴하고 공명정대한 인물로 정평이 나 있었다. 삼앙은 자야의 부친이 왕위에 있을 때도 궁중의 관리로 일했고, 그의 유능함과 청렴함으로 인해 왕이 바뀐 이후에도 최고 관직의 중책을 맡고 있었다. 자야는 그와 특별한 친교를 가지고 있지는 않았지만 막연히 그의 인간됨을 존경하고 있었다.

잠깐의 당혹감을 감추고 곧바로 침착을 되찾은 자야가 공손한 목소리로 삼앙에게 인사를 올렸다.

"아니 이 이른 시간에 브라 그루님께서 어인 일이신지요?"

"자야 공께서 바켕에 자주 오른다는 것을 오래 전부터 듣고 있었습니다."

"저를 감시하고 있었던 것인지요……"

"감시랄 게 있나요. 제국이 평온히 통치될 수 있도록 어떤 인물들에 대해서는 알게 모르게 행적을 관리하는 것이지요. 그게 정치 아닌가요."

"저 같이 힘없고 보잘 것 없는 사람도 관리할 필요가 있는지 모르겠습니다."

"겸손의 말씀입니다. 자야 공이야 말로 본인이 원하던 원하지 않던 반역의 중심에 설 수 있는 사람입니다. 변화를 도모하고자 하는 집단이 있다면 추대하고자 하는 최적의 인물이지요. 또한 누구보다 권력을 가지고자 하는 야망을 품고 계시지 않은지요?"

"……"

"오늘 저는 아무도 모르게 바켕에 왔습니다. 여기서 내가 자야 공을 만나는 것은 아무도 알지 못합니다. 자야 공을 이리 만나는 것은 자야 공이 하는 일이 공께서 생각하는 것보다 많이 권부에 알려져 있다고 알려주기 위해서입니다. 지금의 왕은 권력관리에 천부적인 재능을 가지신 분입니다. 나는 자야 공에 대해 나쁜 감정이 전혀 없습니다. 다만 자야 공의 부친과의 인연도 있고 해서 지금 하는 일을 중단하고 조용히 이 세계에 순응하며 살라고 조언하고자 하는 것입니다. 영민하신 분이시니 제가 하는 말이 무슨 뜻인지 알 것이고 더 이상 길게 말하지 않겠습니다."

"브라 그루님의 뜻은 잘 알겠습니다. 염려하시는 뜻을 충분히 헤아리겠습니다."

자야와 브라 그루 삼상의 만남은 매우 짧았다. 거의 스쳐지나가는 한순간에 이어진 대화였다. 그러나 먼발치에서 이들의 짧은 만남을 바라보는 은밀한 눈길이 있었다.

---

1) 프놈 바켕. 프놈은 언덕 또는 산이라는 크메르어로 바켕 언덕 또는 바켕 산이라는 의미다. 오늘날 캄보디아의 수도 '프놈 펜'의 프놈도 같은 뜻이다.

2) 라테라이트는 철분을 많이 함유하여 붉은 색을 띠는 진흙으로 공기중에 노출되면 딱딱해져 건축재로 이용하기 좋다. 표면이 거칠고 구멍이 많아 장식이 어려워 조각재료로는 사용되지 않고 건축물의 기초나 보이지 않는 안쪽을 채우는 용도로 많이 사용되었다.

3) 앙코르의 건축에는 사암과 라테라이트가 많이 사용되었다. 또한 많은 벽돌도 사용되었는데 바켕 사원의 건축에는 450만 개의 벽돌이 소요되었다.

4) 프놈 바켕은 앙코르 와트 북쪽으로 1300m 지점에 위치해 있는 높이가 67m에 불과한 조그만 산이다. 바켕 사원은 야소바르만 1세에 의해 새로운 도읍 야소다라푸라가 건설될 때 바켕 산의 정상위에 건축되어 907년 봉헌되었다. 이 사원은 산 정상에 5개층으로 된 피라미드 형태로 축조되었으며, 650m x 436m 크기의 해자에 둘러 쌓여있었다. 피라미드의 가장 아래층은 넓이가 76m x 76m이고 가장 높은 층은 47m x 47m0이며 전체 높이는 13m0다. 피라미드 정상에는 다섯 개 탑이 주사위의 다섯 눈 모양(quincunx)으로 배치되어 있는데, 가운데 탑이 가장 크고 웅장하다. 기초단에는 44개의 벽돌 탑이 있고 각 층마다 12개씩 모두 60개의 탑이 있어 정상의 중앙탑을 제외한 4개의 탑을 합하면 108개의 탑을 이룬다. 이 숫자는 힌두교에서 우주의 생성을 상징한다. 바켕 사원은 앙코르 도성뿐 아니라 앙코르 평원을 한눈에 조망할 수 있는 곳으로 오늘날에도 일출과 일몰을 보기 위해 관광객들의 발길이 끊이지 않는다.

2

설날
쫄츠남

바켕 사원의 승려들이 아침 공양을 마치고 돌아갈 즈음 자야는 바켕 산을 내려왔다. 승려들은 매일 새벽 일찍 일어나 새로운 음식과 과일을 준비하여 신에게 바치고 제국의 강령과 안위를 기원했다. 또한 왕실의 무궁한 번성과 신민의 다복을 위해 매일 매일 축원하는 것도 승려들의 중요한 임무의 하나였다. 사람들은 이 제국이 수많은 신들의 보호 아래 그들의 축복과 보살핌으로 지탱되고 있다고 믿었다.

바켕 산을 내려오자 이미 도성의 신민들은 분주히 아침을 맞고 있었다. 앙코르 사람들은 더위를 피하기 위해 아침 일찍 하루 생활을 시작했다. 거리 곳곳에 새해맞이를 위해 아름답게 장식된 연등과 꽃과 깃발이 함께 어우러져 사람들을 들뜨게 했다. 앙코르 제국

의 설날 '쫄츠남'이 바로 내일이다.[5]

자야는 바켕 산의 남쪽으로 발길을 돌려 집으로 돌아왔다. 자야의 집에도 옆집과 이어지는 쫄츠남 장식이 문밖에 걸려있었지만 전왕의 집이라고 하기에는 초라하기 그지없다. 강제로 폐위된 부친은 화를 못 이겨 이듬해 세상을 떠났으며, 집에는 어머니와 부인, 그리고 어린 두 아이, 노예들 몇이 있을 뿐이었다.

"아침 일찍부터 어디에 다녀오시는 길인지요? 깊이 잠들어 있어 나가시는 기척을 못 느꼈습니다."

어디에 다녀왔을지 짐작 못 하는 바는 아니지만 자야의 부인이 말문을 열기위해 물었다. 그녀는 요즘 들어 부쩍 매사에 조바심을 내고 거의 말을 하지 않는 남편이 불안하게 느껴졌다.

"바켕 사원에 다녀 오는 길이라오."

"요즘 비켕에 오르는 일이 잦아지셨군요. 마음에 불편한 거라도 있으신지요?"

"……"

자야는 말이 없다.

"어제 친정에 다녀왔습니다. 친정 부친께서 요즘 세상 돌아가는 모양이 예전 같지 않다고 걱정하셨습니다. 왕실에서는 왕의 측근과 부패한 관리들이 국정을 어지럽히고 국가 중대사에 힘쓰기보다 왕의 눈에 들려고 일산을 들거나 파리채 흔드는 일을 서로 하려고 다툰답니다. 왕의 폭정이 심해가고 있어 신민들도 하루하루를 견뎌내기 어려워하고 있고요. 이리 가다 보면 제국의 번영은 온데간데없고 몰락을 자초하게 될 것이라고 아버님께서 염려하셨습니다."

"왕이 새로운 정치를 하겠다고 의욕이 넘치나 지혜와 경륜이 부족하기 때문이오. 시간이 가면 차츰 나아질 것이오."

자야는 마음에 없는 말을 했다.

"아침 식사를 준비하겠습니다."

"아니오, 오늘은 아침을 먹고싶지 않소. 어머님을 뵈어야겠소."

자야는 뒤뜰로 나가 후문에 붙어 있는 모친 자야라자쿠다마니의 처소를 찾았다. 외조부 일로 어머니의 상심이 컸다. 부친이 돌아가신 후 어머니가 가장 믿고 의지했던 분이 외조부였다. 왕실의 경호대장은 자야의 생각과 달리 외조부를 무참하게 처형했다. 왕의 특별한 밀명이 없었더라면 경호대장이 결코 그리하지 못했을 것이다.

어머니의 처소는 매우 단출하고 여느 집과 크게 다르지 않았다. 큰 나무를 여러 개 땅에 박아 기초를 세우고 그 위에 나무판으로 바닥을 만든 후 바나나 잎을 엮어 지붕과 벽을 만들었다. 벽에는 창문을 두지 않는데 더위를 막고 작은 들짐승이나 벌레들의 침입을 막기 위해서였다.

"어머님! 자야입니다."

"그래, 아침 일찍부터 어디에 다녀오는 게요?"

왕실의 법도에 익숙한 어머니의 정갈한 어감이 느껴지는 말이다. 자야는 사다리를 올라 깔끔하게 정리되어 있는 어머니의 처소에 들었다. 입는 것이 달라졌고 치장이 없어졌지만 그녀의 모습은 아직도 예전의 왕녀로서 위엄이 서려 있다. 노년에 들어선 지 오래 건만 아직도 허리를 곧추세워 앉아 있는 모습에서 기품이 느껴지기도 했다. 자야는 그런 어머니가 좋았다.

자야는 어머니의 물음에 대답 대신 다른 말을 꺼냈다.

"내일이 쫄츠남입니다."

"그래요! 우리 조상님들이 지혜로 내려준 가장 큰 명절이지요."

"네, 우리 조상님들이 일년 중 가장 덥고 힘든 이때를 정하여 노동에 지친 사람들이 일을 잊고 편하게 쉴 수 있도록 명절로 정한 날입니다. 진정 신민을 생각하는 마음이 깃들어 있는 날이라고 생각합니다."

잠시 자야와 어머니 사이에 정적이 흘렀다. 먼저 입을 연 것은 자야의 모친이었다. 요즘 자야를 보면서 느껴지는 그의 고독과 번민을 어미로서 인지한 탓이다.

"요즘 들이 힘올해 보여 지켜보기 안쓰럽니다. 세상을 내 마음대로 살 수는 없는 것이라오. 어떤 것은 마음에서 흘려보내야 하고 어떤 것은 아예 눈을 감아야 하는 것도 있을 것이오. 좀더 넓은 마음으로 조급해 하지 말고 세상을 보며 살도록 하오."

"지금은 변혁이 필요한 때입니다. 모두가 더 많은 어려움에 직면할 수도 있습니다. 하지만 잘 견디어 주신다면 좋은 날이 있을 것입니다."

자야의 모친은 지난 몇 달 사이 아들에게서 어떤 결의를 느꼈기에 다소 엉뚱한 이야기에 결코 당황해 하지 않았다.

"세상은 변하는 것이오. 변하는 가운데 적응하면서 살지, 아니면 변화를 원하는 대로 끌어갈지는 아드님의 선택이오. 후회하지 않는 삶이 되도록 하는 게 무엇보다 중요하지 않겠소.”

“이제 며칠 후면 많은 것이 달라질 것입니다. 그것이 영광이던 주검이던 지금의 삶이 계속될 수 없습니다.”

자야는 스스로도 횡설수설하고 있음을 느꼈다. 오히려 모친이 더욱 침착하다.

“우리 앙코르에서 가정은 여자들의 일이라오. 왕자가 어떤 일을 하던 우리는 왕자의 길에 방해가 되지 않을 것이오. 왕자의 길이 정도라고 생각하고 따를 것이니 집안일일랑 개의치 말고 하고 싶은 일을 성심을 다해 하오.”

“어머니의 뜻을 잘 알겠습니다. 하지만 가족을 내버려두는 일은 없을 것입니다.”

자야와 모친의 대화는 더이상 이어지지 않았다. 그러나 말없이 서로를 바라보고 있는 순간에도 수많은 생각들이 교차되었다. 자야는 어머니의 손을 꼭 잡아보고 일어나 모친의 처소를 물러나왔다.

다시 안채로 들어온 자야는 부인과 마주 앉았다.

“내일이 쫄츠남인데 준비는 잘하고 있소?”

“준비랄 게 뭐가 있나요. 친지들과 하인들에게 나눠줄 몇 가지 음식과 과일을 준비했습니다. 그리고 내일 서 바라이의 메본 사원에 가서 수호신과 조상님들께 바칠 작은 정성을 마련했습니다. 내일은 애들도 함께 메본에 가면 좋겠습니다.”

“애들도 많이 컸으니 그러도록 하시오. 당신이 어려움 속에서도 가정을 잘 꾸리고 있어 고마울 따름이오. 예로부터 우리는 체면을 매우 중시해 왔소. 지금 비록 가진 것이 없다고 하나 오랫동안 알고 지내온 친지들의 기대를 무시할 수 없을 것이오. 그런 기대를 저버리지 않고 현명하게 가솔들도 잘 보살피고 있는 부인에게 그저 고마울 따름이오."

자야는 부인의 눈가에 이슬이 맺히는 것이 안타까워 허공으로 눈길을 주었다. 자야의 부인 자야라자데비는 학자 가문의 여식이었다. 부친이 왕위에 오르기 오래전 자야는 앙코르의 대학자 집안의 딸로 지혜롭고 학식과 미모를 갖춘 이 여인을 배우자로 맞았었다.

자야가 부인을 처음 본 것은 우기가 끝난 후 하늘이 청명한 날 바푸온 사원[6]에서였다. 왕궁에 인접해 있는 바푸온 사원은 건설된 지 이제 막 백여 년이 지났지만 수백 년을 거기에 있었던 것 마냥 사람들에게 익숙한 모습으로 자리잡았다.

이 사원을 앞쪽에서 바라보면 거대한 돌덩이가 옹골지게 버티고 있어 사원의 장엄함이 보는 이들을 압도했다. 바켕 사원과 닮아 있으나 사원의 청동 지붕은 웅장함을 더했고 지붕 아래는 열 개도 넘는 방이 있었다. 바라다보는 것만으로도 천근만근의 무게로 대지를 누르고 있는 커다란 암석의 힘이 느껴지는 웅대한 사원이었다.

이 사원의 가장 인상적인 곳은 동쪽 입구 고푸라에서 사원 탑으로 이어지는 물에 떠있는 듯한 진입로였다. 세 줄의 기둥으로 지탱되고 있는 이 다리는 '천상의 다리'라고 불렸다. 다리 양쪽에는 물이 가득 채워져 있어 좁은 진입로를 걸어가노라면 누구나 몸과 마음이 정화되는 느낌을 가지게 되었기 때문이다.

바푸온 사원 위쪽에서 천상의 다리를 내려다보던 자야에게 먼발치서 걸어오는 두 젊은 처자가 눈에 띄었다. 그들은 동쪽 고푸라로 들어와 곧장 천상의 다리로 걸어 왔고, 탑 쪽으로 가까이 다가오자 테라스 위쪽에서 내려다보는 자야의 시야에서 사라졌다. 그러나 잠시 후 왼쪽으로 돌아 계단을 올라왔을 그녀들이 자야의 앞을 지나갔다.

그녀들에게서는 젊음의 향기가 스며났다. 젊은 처자들의 몸이 뿜어내는 육신의 향내가 자스민 향기와 어울려져 자야를 매혹시켰다. 정갈하게 말아올린 머리 아래로 드러난 목과 상체의 우유빛 피부가 싱그럽기 그지없다. 위로 봉긋이 솟은 그녀들의 소담한 젖가슴과 롱간[7]의 씨 같은 유두가 자야의 가슴을 두근거리게 하였다. 허리 아래에는 앙코르식 치마를 정갈하게 둘러 입어 드러난 상반신의 도발적인 모습과 대조를 이루었다.

두 아리따운 처녀들은 이야기에 팔려 자야를 아랑곳하지 않고 지나쳤다. 자야는 자신도 모르는 사이에 그녀들을 뒤쫓아 가면서 의도치 않게 대화를 엿들을 수 있었다.

"나 어젯밤 이상한 꿈을 꾸었어……"

"무슨 꿈을?"

"내가 서 바라이에 갔는데 뚝 위에서 그만 물에 빠졌지 뭐야. 그때 커다란 악어가 나타나 나를 산 채로 한입에 꿀꺽 삼켜버렸어. 어두워 아무것도 보이지 않아 무서워 죽어라 살려달라고 소리쳤는데, 기진맥진 할 무렵 악어의 배가 갑자기 갈라져 밖으로 나올 수 있었지. 그런데 축 늘어진 악어 옆에 늠름한 라마 왕자8)님이 서 있지 않겠어. 정신을 가다듬고 라마 왕자님께 고맙다고 절을 하려는데 왕자님이 가루다를 타고 멀어져 가버려 왕자님! 왕자님! 부르다 그만 꿈에서 깨어났지 뭐야."

한 처녀가 수줍게 이야기하였다.

"언니가 남자를 만나고 싶은가 보네!"

동생인 듯한 처녀가 깔깔거리며 대꾸하자 언니의 얼굴이 붉어졌다. 두 처녀는 끊임없이 쾌활하게 재잘거리며 자야에게서 멀어져 갔다. 그녀들이 사라지고 난 후에도 자야는 그들이 사라진 곳을 향해 멍하니 서 있었다. 한참 지나고 난 후 정신을 가다듬은 자야는 아무 말도 못 붙이고 헤어진 것을 후회하였다. 하지만 그녀들이 멀어져 간 곳에는 아무 흔적 없이 돌담만 덩그러니 남아있었고, 그들의 향내만이 자야의 코끝에서 한없이 맴돌았다.

며칠 후 자야의 부친은 바푸온에서 두 처자를 본 적이 있느냐고 자야에게 물었다. 그는 내심 아무 관심도 없는 척 부친에게 그런 기억이 없다고 했다. 그러나 이내 다시 생각이 난 것처럼 얼마 전 두 여인을 바푸온에서 본 적이 있는 것 같다고 대답했다. 부친은 그녀들이 친구인 대학자 이스바라의 딸들이라고 했다. 자야는 자신도 모르게 얼굴이 달아오르는 것을 느꼈고 부친도 그런 자야를 보면서 알 수없는 미소를 지었다.

그후 자야는 부친과 함께 대학자 이스바라의 집에 드나들게 되었고 자연스럽게 언니인 라자데비에게 호감을 갖게 되었다. 곧이어 형식적인 간택행사를 거쳐 자야와 라자데비의 혼인이 이루어졌다. 그들의 만남은 사실 우연이 아니었고 부친과 부친의 친구인 이스바라가 우연을 가장하여 만남을 주선한 결과였다.

앙코르 제국에서 혼인은 당사자들의 의사와 관계없이 부모들에 의해 결정되고 이루어졌다. 고대의 모계 전통이 남아 있어 남자가 장가를 들어 여자 집으로 거쳐를 옮기는 방식이 유지되고 있기도 했다. 부모들은 혼기에 이른 자녀의 배우자를 결정했고 자녀들은 당연스럽게 이를 받아 들였다. 그러나 생각이 유연하고 자유스러움을 좋아했던 자야의 부친과 이스바라는 남녀가 자연스럽게 이끌려 만나야 행복하게 잘 살 수 있다는 선각자적 사고를 가지고 있었다.

자야의 부친은 한때 자야가 무인가문의 여식을 배우자로 맞아야 그에게 도움이 될 것이라고 생각했던 적이 있었다. 하지만 자야가 활달하고 무인기질이 있어 오히려 심지가 굳고 차분한 배우자를 갖게 해야겠다고 생각을 바꾸었다. 그리하여 오랫동안 보아두었던 이스바라의 딸들 중 하나를 자야의 배우자로 맺어 주어야겠다고 생각했다.

앙코르 제국에서 가정살림은 여인들이 도맡아했다. 앙코르 여인들은 매우 강하고 가정을 잘 꾸렸으며 남편에게는 순종적이었다. 어렸을 때부터 강직한 학자인 부친 아래서 자란 자야의 부인은 학식을 겸비하고 심지가 매우 굳은 여인이었다. 하지만 그녀는 보기와 달리 정열적인 여인으로 밖으로는 조용하였으나 드러나지 않게 자야에게 야망을 불어넣기를 주저하지 않았다.

쫄츠남 아침, 자야와 그의 부인은 모친에게 새해맞이 인사를 마치자마자 집을 나섰다. 그의 집에서 메본까지는 그리 먼 길은 아니었으나 더위와 혼잡을 피하기 위해 자야는 아침 일찍 집에서 출발했다. 그들은 두 아이를 앞세우고 곧바로 서 바라이의 메본으로 향했다. 노예 둘이 공양물을 들고 뒤따랐고 자야의 가족은 도성을 옆으로 가로질러 메본으로 향했다.

예쁘게 차려 입은 두 아들은 아빠 엄마와 함께하는 나들이가 마냥 즐거운 모양이다. 유아 티를 벗고 제법 소년이 된 수리야와 비라⁹는 자야 부부에 앞서서 힘차게 길을 걸었다. 어제까지 북적거렸던 거리는 한산해졌고, 새 옷으로 단장한 아이들을 데리고 나들이 하는 부모들이 여기저기서 눈에 띄었다. 자야 가족은 앙코르 와트의 앞쪽을 지나서 바켕 산을 오른쪽에 두고 서쪽으로 돌아 나갔다.

도성을 벗어나자 하늘을 찌를 듯한 나무들이 무성히 우거져 있었다. 울창한 나무사이로 작은 원숭이들이 무리를 지어 떠돌고 있었으며 한 쌍의 원숭이가 작은 새끼들을 돌보고 있었다. 그리고 다른 원숭이 두 마리는 암컷이 수컷의 털을 골라주고 있었다. 자야는 사람이나 원숭이나 살아가는 모습이 똑같다고 생각했다.

숲속을 지나 서쪽으로 나아가자 커다란 저수지가 눈앞에 펼쳐졌다. 서 바라이다. 서 바라이는 동 바라이 보다 늦게 백여 년 전, 수리야바르만 1세 때에 건설되었다. 서 바라이는 도저히 사람들이 축조했다고 믿기 어려울 정도로 넓고 깊었다. 다른 저수지와 달리 깊게 파내어져 아무리 심한 홍수나 가뭄도 거뜬히 막아낼 것 같았다.

바라이 한가운데 섬을 쌓고 사원을 건설하는 것은 이미 오래전부터 확립된 앙코르 전통으로 제국의 초기부터 행해지고 있었다. 서 바라이가 축조된 후 얼마 안 되어 우다야딧야바르만 2세는 서 바라이 안에 축조된 섬에 메본 사원을 건설했다. 메본은 '은총이 넘치는 어머니' 라는 뜻이다.

서 바라이 메본으로 가기 위해 자야 가족이 선착장에 다다랐을 때 벌써 많은 사람들이 배를 기다리고 있었다. 자야도 순서를 기다렸다 배가 도착하자 아이들은 안아 배에 태우고 부인의 손을 잡아 이끌었다. 햇살에 검게 그을린 얼굴의 건장한 사공이 젓는 배는 서서히 메본을 향해 움직이기 시작했다.

배는 크지 않아 자야 가족과 따라온 노예 둘만을 태운 채 출발했다. 배는 작았지만 오히려 물살을 가르며 나가는 속도가 빨라서 시원함을 더해 주었다. 더운 계절임에도 불구하고 물보라를 일으키며 튀어 오르는 물방울이 차갑게 느껴졌다. 사이좋게 나란히 앉은 두 아이가 물살에 두려움을 느꼈는지 서로 한 손을 꼭 잡고 다른 손으로는 뱃전을 움켜쥐고 있었다. 자야는 아이들이 서로 의지하는 모습이 대견스러웠다. 노를 젓는 사공도 아이들이 놀라는 모습이 귀여웠는지 자야 부부를 보고 미소를 지었다.

자야 부인은 자야의 옆에서 다소곳이 앉아 먼 곳을 응시했다. 그의 부인은 젊었을 때 아리따움은 가셨지만 중년의 기품이 자태에 서려있었다. 자야는 손을 내밀어 부인의 손을 잡았다. 많이 거칠어진 손이다. 자야는 이렇게 가족과 함께할 수 있다는 것이 매우 푸근하게 느껴지자 이런 안락한 시간에 안주하고픈 욕구가 끌어 올랐다. 이러한 평온이 어찌될지 몰라 불안감이 엄습하자 자야도 마음을 안정시키기 위해 먼 데를 응시하면서 부인의 손을 더욱 꼭 잡아 쥐었다.

물살을 시원하게 가르던 배는 이내 메본 사원이 있는 섬에 도착했다. 섬에는 동서남북 네 곳으로 선착장과 고푸라가 모두 있었으나 동쪽 고푸라가 왕족과 귀족들이 드나들 수 있는 정문이었다. 우기가 끝날 무렵이면 물이 불어나 배가 선착장에 바로 닿을 수 있으나 지금은 건기가 한참 진행되고 있었기 때문에 자야 가족을 태운 배는 곧바로 선착장에 닿을 수 없었다.

자야 가족은 물이 낮아진 섬 기슭에 내려 동쪽 고푸라를 통해 메본 안으로 들어갔다. 저수지 안의 메본 사원은 중앙에 하나, 그리고 구석마다 탑이 있어 신의 세계인 신성한 수미산[10]을 상징했다. 사원은 신들의 거처로 그 자체가 하나의 우주를 형상했다.

사람들은 호수를 건너면서 물로 마음이 정화되고 엄숙한 사원에서는 신의 세계로 들어온 경건한 느낌을 갖게 되었다. 집을 떠나 메본에 닿을 때까지 장난과 재잘거림을 멈추지 않았던 아이들도 사원의 엄중함에 주눅이 들었는지 조용해졌다.

자야는 탑 하나하나를 찾아서 부인과 함께 합장하고 준비해 간 음식을 올렸다. 그리고 촛불을 밝히며 향을 태웠다. 마지막으로는 가장 높은 곳 한가운데 있는 탑에 가서 가족과 함께 무릎을 꿇었다. 중앙의 탑은 다른 탑보다 크고 그 안에는 거대한 청동 비슈누 상이 안치되어 있었다.

이곳의 철로 된 비슈누 상은 그 크기가 압도적이었다. 비슈누는 태양의 빛과 같이 구석구석을 두루 비추는 자비로운 신으로 앙코르 사람들에게 많은 추앙을 받았다. 자야와 그의 부인은 비슈누 신상 앞에서 오랫동안 한해의 평온과 안녕을 기원했다. 아이들도 뒤쪽에서 두 손을 합장한 채 무릎을 꿇고 부모를 따라 기원을 올리고 있었다. 두 손을 이마까지 높이 올려 셈뻬아[11]를 올리는 아이들이 더없이 사랑스러웠다.

메본에서 새해 봉헌을 마치자 자야의 마음이 다소 가벼워졌다. 가장 더운 계절임에도 불구하고 메본을 되돌아 나오는 뱃길은 한결 시원하고 상큼했다. 제방 쪽 선착장에 다다르자 아침보다 더 많은 사람들이 메본으로 들어가기 위해 배를 기다리고 있었다. 자야는 부인과 아이들을 이끌고 선착장 가에 있는 방죽길 언저리로 갔다. 저수지의 가장자리에서 벌써 몇몇 아이들이 물장구를 치며 놀고 있었다.

자야는 아이들은 물에서 놀게 하고 부인과 함께 뚝방길에 앉았다. 자야가 부인을 바라보며 다정스럽게 말했다.

"아이들 노는 모습을 보니 흐뭇하기 그지없구료."

"애들이 이제 제법 많이 컸습니다. 더이상 젖먹이들이 아니에요."

"그동안 당신이 아이들을 건사하느라 고생이 많았소."

"이 세상의 어미들은 누구나 하는 일인데요……"

자야는 방금 들어갔다 나온 메본을 향해 시선을 주었다.

"당신은 나에게 삶의 열정을 알게 해 주었소. 처음엔 그것이 즐거웠으나 이젠 그 굴레를 벗고 싶은 욕망도 없지 않다오. 왜냐하면 나의 일로 자칫 당신과 어린아이들이 큰 위험에 처할 수 있기 때문이라오."

"……"

"그러나 이제는 돌이키기에는 너무 멀리 와 버렸소. 여기서 멈춘다 해도 달라질 것이 없고 오히려 삶이 구차해질 것이오. 내가 없더라도 아이들을 잘 돌보아 주기 바라오. 가족을 끝까지 돌보아야 하는 게 가장의 역할이나 나로서도 어찌하지 못하는 상황이 올지도 모르오. 당신에게 큰 짐을 떠넘기게 되어 미안할 뿐이오."

"미안하다는 말씀을 마시어요. 아이들과 어머님은 걱정하지 마세요. 우리 앙코르 여인은 거뜬히 가족을 돌볼 수 있을 만큼 강하답니다. 아이를 낳을 때도 한줌의 뜨거운 쌀을 소금에 섞어 아기가 나오는 곳에 붙이면 하루 이틀이면 아이를 낳고, 아이를 낳으면 곧바로 강에 나가 목욕을 할 수도 있지요. 저는 진력하여 가족을 돌보겠으니 집안일은 잊어버리고 하고 싶은 일을 하세요. 어떻게 되더라도 아이들이 당신을 존경하며 살게 하겠어요."

물에 뛰어든 아이들은 한낮의 햇볕에도 불구하고 마냥 즐겁기만 하다. 자야는 부인의 위로에 잠시 가벼워졌던 마음이 아이들의 즐거운 모습을 보는 순간 다시 무거워져 옴을 느꼈다. 이들이 자칫 험난할 수도 있는 다가올 시간을 어찌 견디어 낼지 가슴이 먹먹했다.

---

5) 대체로 4월 중순으로 태양의 고도가 캄보디아에서 가장 높아진 시점이다.

6) 바푸온 사원은 1060년경 우다야딧야바르만 2세 때 건축되었다. 이 사원은 앙코르 톰 내에 있으며, 왕궁에 이웃해 있고 앞쪽 정면의 고푸라가 코끼리 테라스로 이어진다. 사원은 425m x 125m의 동서로 긴 직사각형의 외부담으로 싸여있다. 동쪽 고푸라를 통해 들어가면 172m의 진입로를 지나 밑변이 125m x 102m 최상층이 42m x 36m인 피라미드 형태의 5층 탑과 만나게 된다. 사원 탑 안에는 라마가 활쏘는 장면, 숲속의 동물들, 시타에게 안부를 묻는 하누만, 바린과 수그리바의 전투 등 다양한 주제의 부조가 곳곳에 숨어있다. 고푸라에서 탑에 이르는 진입로는 1250년경에 만들어져 자야바르만 시대에는 없었다. 13세기 말 원 나라 사신의 일행으로 앙코르를 방문한 주달관은 "금탑(바이욘)에서 1리를 가면 금탑보다 더 높은 동탑(바푸온)이 울창한 숲속에서 나타난다"라고 기록했다. 프랑스의 복원공사로 예전의 모습을 많이 회복했다.

7) 열대과일의 한 종류. 갈색 껍질을 벗기면 흰색 과육이 있고 그안에 작은 포도 크기의 밤색 씨앗이 있다.

8) 인도의 서사시 '라마야나'의 주인공이다.

9) 이들의 공식이름은 '수리야꾸마라'와 '비라꾸마라'이다.

10) 수미산과 메루는 같은 뜻으로 힌두교에서 신들의 거처이다.

11) 두 손을 가슴 앞으로 모으고 고개를 숙여 하는 앙코르식 인사법, 두 손을 높이 올릴수록 공손하며 부처, 신, 조상의 영혼에 대한 기원은 이마까지 두 손을 올린다.

3

어경절의
거사

한낮이면 태양이 머리 꼭대기에 걸려 그림자마저도 발 아래 숨어들고 날씨는 무더위의 극치를 이루었다. 그늘에 있어도 땀이 흐르고 햇살 아래서는 따가워 서 있기도 힘든 계절이다. 더위는 이 제국에 신들이 내린 고난이기도 하였지만 축복이기도 하였다. 이 더위가 있기에 만물이 무럭무럭 자라났고 제국은 풍성한 물산으로 부족함이 없었다.

더위는 사람들의 생각과 행동에도 많은 영향을 주었다. 제국의 역사를 돌이켜 보건데 수많은 격변과 소용돌이가 한해의 가장 더운 이 시기에 일어났거나 그 씨앗이 뿌려졌다. 의도하지 않았으나 자야의 거사도 우연인지 필연인지 지금 이 더위 안에서 칼날이 꿈틀거리기 시작하고 있었다.

쫄츠남 다음날 오후 늦게 반디따와 난다나가 자야의 집으로 찾아왔다. 그들은 예의를 갖춰 새해 인사를 나누었다. 반디따와 난다나는 자야와 그의 가족들이 오는 한해에 평안하기를 빌었고, 자야도 반디따와 난다나에게 신의 가호가 가득한 새해가 되기를 축원했다.

반디따는 자야가 어린시절부터 같이 수학한 절친한 친구였다. 그는 언제나 차분했고 옳은 일을 위해서라면 물불을 가리지 않았다. 자야는 동년배인 반디따에게 한때 열등감을 느끼기도 하였다.

그들은 청소년기에 사원에 함께 기거하며 교육을 받았다. 앙코르 제국의 아들들은 나이가 들면 사원에 들어가 몇 년간 기거하며 교육을 받는 풍습이 있었다. 사원에서의 생활은 엄격했으며 아이들은 제국의 기둥으로 자라날 수 있도록 지식을 기르고 품성을 쌓는 교육을 받았다.

맨 처음 사원에 들어갔을 때 자야는 먼저 사원에 들어와 있던 반디따와 사사건건 부딪치고 싸웠다. 반디따는 자야가 왕가의 자손으로 모든 면에서 특별한 대우를 받고 있는데 불만을 품었다. 반대로 자야는 뼈대가 있다고 하나 망해가는 가문 출신인 반디따가 어른스럽게 또래 아이들을 이끌어가고 매사에 심판자 노릇을 하는 게 못마땅했다.

얼마 안 있어 이들의 대립은 극에 달했다. 급기야 신상을 물로 씻는 공양을 같이해야 했을 때 둘은 주먹다짐을 하기에 이르렀다. 자야가 커다란 신상을 씻기는 작업이 힘들어 게으름을 피우자 반디따가 그런 자야를 신분에 아랑곳하지 않고 꾸짖었기 때문이다. 혈기 왕성한 젊은 아이들은 참지 못하고 한 몸이 되어 흙바닥에 나뒹굴며 싸웠다.

이 싸움으로 두 소년은 한 방에 가두어지는 처벌을 당했다. 다소 역설적인 앙코르식 처벌 방식이다. 처벌 방에서 두 아이는 처음엔 아무런 말도 하지 않고 으르렁거리기만 했다. 그러나 시간이 갈수록 심심해진 두 아이들은 서로 대화하지 않을 수 없었고, 이야기를 나누면서 어느 순간 서로의 약점을 보았다.

자야는 반디따가 망해가는 가문에서 태어나 왕실과 귀족 가문의 아이들이 수학하는 사원에 들어와 꿀리지 않기 위해 무던히 애쓰고 있음을 깨달았다. 반디따 또한 자야가 왕실의 자손이라고는 하나 장래가 없는 삶을 살아야 하는 희망 없는 생임을 알게 되었다. 다행히 상대의 고민과 약점을 알게 된 두 사람은 그것을 공격하기 보다는 감싸 안아주는 심성을 가지고 있었다.

서로의 사정을 이해하게 되자 차츰 반디따는 자야를 평범한 사람이 아닌 왕가의 사람으로 대우했고, 자야도 반디따를 심지가 굳고 지혜로운 친구로 여겼다. 차츰 자야에게 반디따는 경쟁자가 아니라 자신을 도와줄 조언자로 자리매김하게 되었다. 시간이 지나면서 어느덧 두 사람의 관계는 우정관계와 군신관계가 혼합된 끈끈한 관계로 굳어져 갔다.

난다나는 자야가 원정군의 일원으로 참파에 갔을 때 만난 혈기 왕성한 젊은 무사였다. 그는 참파에서 태어나고 자랐으나 대대로 앙코르에 살다가 참파로 이주해 간 부모를 두고 있었다. 참파에는 앙코르에서 이주해 간 많은 가족들이 살고 있었으나 이주자들이다 보니 아무래도 홀대를 받고 있었다. 그는 참파에서 자라며 앙코르 출신으로 푸대접 받은 어린시절이 있었기에 앙코르 군대가 참파에 진입하자 앙코르 병영을 찾아와 군병이 되기를 자청했다.

난다나는 자야보다 나이가 많이 어렸으나 무예에 있어서는 자야보다 뛰어났다. 그는 칼쓰기 창쓰기는 물론이고 여러가지 무예에도 능했다. 앙코르의 전통무술인 보까따오도 그에게 당할 자가 없었다. 자야의 부대에 배속된 난다나는 자신을 드러내지 않고 헌신을 다해 자야에게 봉사했다. 난다나는 전투 중에 자야를 보호하기 위해 큰 부상을 입기도 했는데 자야는 그런 난다나를 믿음직스러워 했다.

앙코르로 회군할 때 난다나는 자야를 따라와 그의 곁을 떠나지 않았다. 그리고 자연스럽게 자야의 호위무사가 되었다. 자야의 부친이 왕에서 폐위된 후 호위무사의 직책이 없어졌건만 여전히 자야의 곁에 머물렀다. 그는 아직도 다른 사람들이 곁에 없을 때는 자야를 왕자님이라고 불렀다.

자야는 몇 달 전부터 반디따와 난다나와 함께 왕을 암살하고자 준비해 왔다. 그는 옛 왕실의 후예 중 불만을 품고 있는 인사들을 포섭했으며, 참파를 원정할 때 전장터를 같이 누볐던 지휘관 서너 명을 설득하여 거사의 주축으로 삼았다.

자야는 왕을 중심으로 한 궁중 권력이 이율배반성을 가지고 있다고 생각했다. 왕을 중심으로 한 제국의 체제는 매우 강고해 보이지만 왕이 부재하는 순간 권력은 방황하고 준비하는 자에게 기회가 주어진다고 믿었다. 그래서 왕만 암살하면 그 다음은 일사천리로 일이 진행될 수 있을 것이라고 자야는 확신하였다.

❀

자야는 찾아온 반디따와 난다나를 위해 부인에게 일찍 저녁식사를 준비하라고 일렀다. 자야의 부인은 쫄츠남을 맞이하여 준비한 음식과 과일을 푸짐하게 차려냈다.

"다들 홀아비들이라 쫄츠남에도 잘 챙겨 먹지 못했을 것 같으니 우리집에서라도 마음껏 먹도록 하게나."

"일년 내내 오늘 같았으면 좋겠습니다. 아목12) 냄새가 너무 좋아 아까부터 배에서 꼬르륵 소리가 났습니다."

자야 부인이 내어놓은 음식을 앞에 두고 난다나가 넉살좋게 너스레를 떨었다.

"그래 사람들이란 먹는 것으로 하늘을 삼는 법이지."

"맞습니다. 신민들을 잘 먹이는 것이야 말로 성군이 해야 할 최소한의 일이죠."

반디따도 바나나 잎에 싸인 놈 언썸13)을 맛있게 먹으면서 한마디 거드는 것을 잊지 않았다.

그들이 식사하는 모습은 마치 형제들이 한 끼의 식사를 함께 나누는 것 같았다. 음식을 나누어 먹으면서 그들은 마음을 함께 하는 것도 잊지 않았다.

저녁 식사를 일찍 마친 자야 일행은 집을 나서 곧장 도성 밖으로 나갔다. 그들이 향한 곳은 마을에서 떨어져 있는 숲속의 허름한 농가였다. 그들이 들어서자 아직 불을 밝히지 않은 어두운 방에 대여섯 명의 젊은이가 모여 있었다. 가장 더운 시절의 열기와 함께 긴장감이 방안을 감쌌으며 어둠 속에서 그들의 결기가 느껴졌다.

한 사람 한 사람 돌아가며 손을 잡아 본 자야는 자리를 잡고 무겁게 입을 열었다.

"우리가 하려는 일은 권좌의 정당성이 없고 나라를 제대로 이끌지 못하는 군주를 징벌하는 것이다. 그의 참혹스런 압정으로 가까이 있는 신하들마저 등을 돌리고 있다. 이 일에는 많은 사람이 필요치 않다. 많은 사람이 관여하면 오히려 비밀을 유지하기 어렵기 때문에 소수인원으로 신속하게 거사를 행하는 게 좋다고 생각한다."

모두가 고개를 끄덕였다.

"지금의 왕은 야욕이 넘치고 주도면밀한 자이기는 하나, 의심이 많고 인덕이 부족하여 마음으로 충성하려는 자가 없다. 대부분 사람들이 마지못해 그를 따르고 있을 뿐이다. 그가 제거되면 아무도 그를 위해 희생하려 하지 않을 것이다. 어떻게 하면 그를 제거할 수 있는지가 거사 성공의 관건이다."

자야는 잠깐 동안 숨을 멈추었다.

"거사는 어경절 날에 일으키도록 하자."

듣고 있던 사람들의 표정이 일순간 굳어졌다.

"어경절에는 왕이 도성을 벗어나 행차하기에 경호가 어렵다. 그리고 모두가 들떠있어 왕의 호위가 취약한 때이므로 어경절 행사를 이용하여 왕을 제거하도록 하자!"

자야의 묵직한 음성이 농가 안에 가득 깔렸다.

"이제 어경절이 얼마 남지 않았으니 실행 계획을 철저히 준비해야 할 것입니다."

반디따가 흥분된 어조로 말했다.

자야는 왕의 호위군관으로 있는 팔라와 분톤을 바라보았다. 이들은 왕의 최측근 호위무사는 아니었으나 왕실 경호대의 중요한 직위에 있었다. 자야가 이들을 끌어들일 수 있었던 것은 참파와의 전쟁 중에 가졌던 인연때문이었다. 이들은 지방에서 온 평민출신이었으나 제국에 대한 충성심이 강한 믿음직한 병사들이었다. 오랫동안 이들을 눈여겨 본 자야는 팔라와 분톤을 동생처럼 보살폈고, 이들은 자야를 형님으로 대했다.

자야는 두 사람을 바라보며 거사 계획을 이야기 했다.

"오늘 여기 있는 팔라와 분톤이 이번 거사의 핵심을 맡게 될 것이다. 팔라는 왕을 베고 분톤은 활을 쏘아 왕이 죽었다는 신호를 하라. 그러면 우리 병사들이 숲속에 숨어 있다 뛰쳐나가 일시에 왕실 경호대와 고관들을 제압할 것이다. 우리 군대는 내가 지난 반년간 심혈을 기울여 설득한 서너 명의 장군과 그 휘하의 병사들이다. 그리고 자야디티푸라에서 비밀리 상경한 날랜 민병들이 합세할 것이다."

먼저 팔라가 자신 있는 어투로 한마디 했다.

"목숨을 아끼지 않고 실행하겠습니다. 어경절 날이면 모두 다 흥분해 있어 호위가 무뎌질 터이니 단칼에 왕의 목을 쳐버릴 수 있을 것입니다."

"팔라가 왕의 목을 못 베면 내가 활로서라도 처단하겠습니다. 저의 화살이 라마의 살[14]같이 왕의 가슴을 꿰뚫어 버릴 것입니다."

분톤도 자신에 찬 목소리로 거들었다.

자야는 거사를 준비하면서 외가 쪽과 긴밀하게 연락을 해오고 있었다. 외조부는 그에게 가장 든든한 후원자였다. 얼마 전 왕의 병사들에게 외조부가 처형되었고 외가가 쑥대밭이 되어버렸지만 다행히 남아있는 인척들과 외삼촌이 자야의 힘이 되어주었다. 외가 쪽은 같은 혈족이기도 한 야소바르만 왕의 잔악한 행위에 실망하여 자야를 지원하는 세력으로 굳어졌다.

자야는 외가에서 장정들을 보내주도록 하였다. 그의 요청에 따라 외가에서는 특별히 용감하고 날랜 자 백여 명을 뽑아 변복을 시켜 앙코르로 향하도록 했다. 이들이 관헌이나 사람들의 눈에 띄지 않도록 각별히 유념하였음은 물론이다. 심지어 외가의 인척들도 장정들이 특별히 어떤 일을 하게 될지 자세히 알지 못하였다.

드디어 어경절 날이 밝아왔다. 어경절 이른 아침 왕의 행렬이 화려하게 치장을 갖추고 왕궁을 출발했다. 왕의 행차는 여느 해 어경절 왕토로 가는 행렬과 다르지 않았다. 행렬 선두에는 호위 군대가 앞장을 섰고 수많은 깃발과 악대가 따라갔다. 수백 명을 헤아리는 궁녀들이 꽃무늬 천을 두르고 머리에 꽃을 꽂은 채 손에 초를 들고 대형을 이루어 나아갔다. 그들은 낮인데도 촛불을 밝혀 들고 있었다.

그 뒤로 일인승 가마, 사륜마차, 말, 그리고 코끼리의 한 떼가 행렬을 이루었다. 왕비와 후궁은 주로 가마를 탔고 대신과 왕자들은 코끼리나 말을 타고 있었다. 그들에게 그늘을 제공하는 셀 수 없이 많은 붉은 일산을 멀리서도 볼 수 있었다. 이들은 모두 화려하게 치장하고 있었으며 고관대작들은 하나같이 일산을 든 노예의 봉사를 받고 있었다.

제국에는 여러 높고 낮은 관직이 있었으나 고위직은 대부분 왕의 친족이 차지했다. 관리들의 치장은 지위에 따라 달랐는데 고관들은 금제 손잡이 들것이 달린 수레를 타고 금제 손잡이가 달린 일산을 사용할 수 있었다. 낮은 계급의 관리들은 은제 손잡이 들것이 달린 수레를 타거나 은제 손잡이가 달린 일산 아래 서서 걸었다. 모든 왕실 가족과 신료들은 어경절을 맞이하여 왕이 내릴 하사품을 궁금해하며 흥분하고 있었다.

왕은 수십 마리 코끼리 떼의 뒤쪽 한 가운데 있는 대장 코끼리를 타고 있었다. 왕이 입은 의복은 매우 근사하고 아름다웠으며 꽃으로 장식되어 있었다. 그는 머리에 금관을 쓰고 목에는 커다란 진주 목걸이를 걸었으며 손목과 팔목에는 금제 팔찌를 끼고 있었다. 그의 손에는 금빛 칼이 들려있었다. 이 칼이 바로 왕권을 상징하는 쁘레아 칸이다.

우기의 시작에 앞서 있는 어경절은 농경사회 앙코르의 독특한 전통이었다. 농경에 기반해 번성하고 있는 앙코르 제국의 왕들은 어경절 행사를 매년 성대하게 치뤘다. 이날 왕은 도성 밖의 왕실이 직할하는 농토로 나가 천신과 지신에게 농경이 시작됨을 고하고 풍성한 수확을 빌었다. 그리고 꽃으로 장식된 신성한 쟁기로 직접 쟁기질을 했다.

왕이 쟁기질을 마친 후 왕실의 소 앞에 물이 든 통, 쌀이 든 통 그리고 비어있는 통이 놓였다. 멍에에서 풀린 왕실 성우가 물이 들어있는 통으로 가면 충분한 비가 내릴 것이고 쌀통으로 가면 풍성한 수확이 예견되었다. 그러나 빈 통으로 가면 흉년이 예상되었다. 모두가 이 순간을 숨죽이고 지켜보았다. 행사가 성공적으로 끝나면 왕은 많은 선물을 하사품으로 관료들과 왕족들에게 나누어 주었다. 심지어 궁에서 일하는 하급 노무자들에게도 작지만 빠짐없이 선물이 내려졌다.

도성을 나온 왕의 행렬이 동쪽 농경지대로 나아갔다. 탁트인 앙코르의 대지는 끝이 보이지 않을 만큼 널찍하였다. 농토는 잘 정비되어 있었고 바라이에 저장된 물이 농사를 지을 수 있도록 대지를 적셔주었다. 이제 얼마 안 있어 씨를 뿌릴 수 있고 우기의 비는 벼가 실하게 자랄 수 있도록 뿌리를 흠뻑 적셔줄 것이다.

쌀의 생산이 앙코르 제국 농경의 근간이었다. 그러나 아무도 이 땅에 언제부터 벼농사가 시작되었는지 몰랐다. 그들에게 벼농사는 새로 시작된 것이 아니고 세상이 생겨나면서 같이 있어온 것이었다. 이 땅은 기름졌고 비는 충분하게 내려 수확은 많았다. 오래 전에 빗물을 가두고 물을 관리하는 기술이 개발되어 어떤 곳에서는 벼농사를 한 해에 서너 번까지도 지을 수 있었다.[15]

어경절 행사장에는 왕실의 성우와 쟁기가 준비되어 있었다. 왕실의 소는 일년 내내 왕실의 목우 관리인이 특별히 관리하였다. 성우는 튼실하여 거죽이 윤기가 날 정도로 건강해 보였으며, 채워질 쟁기는 아름다운 꽃으로 장식되어 있었다. 왕의 행렬이 행사장에 도착하자 어경절 행사는 순조롭게 시작되었다.

팔라는 왕을 시해하기 위해 은밀히 기회를 노렸다. 하지만 그는 왕이 지신과 천신에게 제사를 올려 풍년을 기원하고 쟁기질을 시작할 무렵까지 기회를 잡지 못했다. 왕의 좌우에는 장도를 거머쥔 네 명의 측근 호위무사가 항상 가까이에 있었고, 이들은 다 한순간도 긴장을 풀지 않았다. 시간이 갈수록 왕의 목을 베기로 한 팔라는 조마조마 해지기 시작했다. 초조해진 그는 온몸이 땀으로 젖었고 입안이 말라갔다.

왕이 쟁기질을 마칠 무렵 더이상 지체할 수 없다고 생각한 팔라는 쟁기를 뒤로 하고 돌아서는 왕을 향해 달려들었다. 그러나 그의 행동은 무모했고 호위무사들은 날래었다. 팔라의 칼이 왕의 근처에도 이르기 전에 호위무사의 칼날이 그의 가슴을 깊숙이 베어 들어갔다. 팔라는 비명조차 제대로 지르지 못하고 풀썩 쓰러졌다.

야소 왕은 매우 신중한 지략가였다. 그는 만일에 있을 반란에 대비하여 몇 겹이나 되는 정보망을 관리했다. 그는 자야의 행동을 주시했고 이미 오래전부터 자야의 행적은 낱낱이 왕에게 보고되었다. 쫄츠남 이튿날에 있은 모의도 여지없이 그의 정보망에 걸려들었다.

왕은 당장 자야와 그에게 포섭된 자들을 잡아들일 수 있었으나, 이 기회를 이용하여 왕에게 대적하는 일당을 일망타진하고자 했다. 먼저 왕은 경호대장을 시켜 아무도 몰래 분톤을 잡아들이도록 하였다.

"네가 분톤이라는 자냐?"

"……."

왕 앞에 무릎을 꿇고 있는 분톤은 사시나무처럼 몸을 떨뿐 아무 말도 하지 못했다.

"네가 분톤이더냐?"

왕이 짜증스런 목소리로 언성을 높였다.

"예, 폐……."

분톤이 기어들어가는 목소리로 말을 제대로 잇지 못했다.

"네가 왜 여기에 와 있는지 잘 알고 있을 것이다. 그간의 일을 이실직고 하렸다."

"폐하, 무슨 말씀을 하시는 것인지요?"

"네가 정령 나를 능멸하려 드는구나. 너에게 크게 의지할 것도 없다. 너를 이 자리에서 당장 베어버리면 그만이다."

왕의 지엄한 협박에 분톤의 버티기는 오래가지 못했다. 분톤은 결국 왕에게 자야가 벌여 온 모든 계획을 고변하였다.

"너를 이 자리에 부른 것은 굳이 자야의 반역을 듣고자 함이 아니다. 그 자의 작당이야 이미 다 알고 있는 터. 네가 여기에 잡혀 온 지는 아무도 알지 못한다. 네가 살아남기 위해서는 앞으로 내게 협조해야 할 것이다. 생명은 소중하기 이를 데 없는 것이다!"

왕의 겁박에 자포자기한 분톤은 목숨을 부지하기 위해 결국 자야와 그의 동조자들을 잡아들이는데 협조하기로 왕에게 약조하지 않을 수 없었다.

잠시 후 화살 하나가 어경절 행사장에서 높이 치솟아 올랐다. 숲 속에 있던 자야의 병사들이 함성을 지르며 어경절 행사장을 향해 달려 나갔다. 그러나 왕의 경호대가 몇 겹으로 자야 병사쪽을 향해 질서정연하게 전투준비를 갖추고 있었다. 오합지졸로 예상된 경호대가 아무런 동요도 없이 자야의 반란군을 기다리고 있었던 것이다. 자야의 그를 따르는 병사들은 뭔가 계획이 어긋나고 있다는 예감이 들었다. 왕이 시해되었다면 우왕좌왕하고 있었을 호위대였기 때문이다.

왕은 경호대의 호위를 받으며 이미 어경절 현장을 떠나가고 있었다. 곧바로 자야의 병사와 왕실 경호대간에 전투가 벌어졌다. 자야 군과 왕실 경호대간의 싸움이 승패가 결정나는 데는 오랜 시간이 걸리지 않았다. 왕의 군대는 훈련도 잘 되어 있었고 만약에 있을 반역자들의 공격에 대비하여 잘 준비하고 있었다. 하지만 자야 군은 기대만 높았지 훈련도 잘 되어 있지 않고 무기도 형편없었다.

경호대의 궁병들이 쉴 새 없이 자야 군에게 화살을 쏘아댔고, 갑이 튼튼하지 못한 자야의 병사는 속수무책으로 당했다. 형세가 판가름 나자 대부분의 자야 병사는 전의를 상실하고 왕의 경호대에 곧바로 투항해 버렸다. 투항하지 않고 우물쭈물하는 자는 왕실 호위병의 칼날에 여지없이 목이 떨어져 나갔다.

자야는 길게 생각할 시간이 없었다. 바로 그 자리를 탈출할 수밖에 없었다. 그는 후일을 도모할 수 있도록 각자에게 최대한 피하라고 소리쳤다. 다행히 자야의 추종자들 중 용감한 몇 사람이 기꺼이 최후를 맞으며 반디따와 난다나가 자야를 호위하여 도망칠 시간을 벌어주었다.

자야와 두 사람은 근처의 숲속으로 뛰어들어 가까스로 추격자들을 따돌렸다. 그들은 무성하게 엉켜있는 넝쿨과 커다란 나무로 한 치 앞도 보기 힘든 숲속을 사력을 다해 헤쳐나갔다. 그리고 숲속 깊은 곳에 도착해서야 걸음을 멈추고 어두워지기를 기다렸다.

어둠이 내리자 그들은 다시 강쪽으로 이동해 가기 시작했다. 난다나는 자야와 헤어져 자야의 가족에게 가겠다고 자처했다.

"왕자님, 지금 우리 셋이 함께 움직이기에는 너무 불리합니다. 저는 왕자님 댁으로 가서 가족을 구해 야소다라푸라를 탈출하겠습니다."

"아니다, 지금 집으로 돌아가는 것은 너무 위험하다. 신속히 야소다라푸라에서 멀리 떨어져 가는 것이 그나마 목숨을 구하는 길이다."

그러나 자야의 말이 채 끝나기도 전에 난다나는 도성을 향해 어둠속으로 사라져 갔다. 난다나의 움직임이 매우 빨라 자야는 그를 붙잡을 수가 없었다. 난다나와 헤어진 자야와 반디따는 강쪽으로 갔다. 강에 도착한 자야와 반디따는 물속에 몸을 숨기며 상류 쪽으로 나아갔다. 일년 중 가장 더운 시절이지만 꿀렌 산에서 발원한 강물이 차갑게 느껴졌다. 강물은 숨을 곳을 주었지만 결코 안전하지도 않았다. 강에는 뱀과 악어 같이 사람을 죽일 수 있는 위험한 동물들이 들끓었다.

그들의 진행은 더디었다. 밤새도록 기진맥진해 하면서 나아갔지만 상류로 가는 길은 멀고도 멀었다. 그들은 병사들이 하류로 탈출을 예상하기를 기대했다. 오직 운명이 그들의 생사를 결정할 것이다.

한편 난다나는 가까스로 몸을 숨겨가며 자야의 집에 다다랐다. 다행히 왕실의 경호군은 자야의 집에 도착해있지 않았다. 그러나 자야의 어머니는 집을 떠나기를 거부했다. 대신에 가족들 데리고 자야디티푸라로 가서 자야의 외가에 의탁시키라고 하였다. 난다나는 하는 수 없이 자야 부인과 두 아들만을 데리고 앙코르를 떠나 자야디티푸라로 향했다.

---

12) 캄보디아의 가장 대표적인 전통음식으로 생선이나 고기를 재료로 한 카레음식이다.
13) 캄보디아의 전통 떡으로 명절때 빠지지 않는 음식이다.
14) 마하바라타에서 나오는 일화로 라마 왕자는 스와얌바라 활쏘기 대회에서 시바가 자니카 왕에게 준 활을 들어 올려 표적을 맞추어 승리의 상으로 시타 공주와 결혼하게 된다. 이 활은 너무 무거워 보통 사람은 들지도 못한다.
15) 앙코르 시대 벼농사를 서너번씩 지을 수 있었다는 기록이 있다. 하지만 물을 잘 관리한다 해도 지력이나 인력 제약으로 이모작 이상은 현실적으로 불가능하였을 것이다. 오늘날 캄보디아에서는 물이 관리되지 못해 이모작도 거의 이루어지지 않고 있다.

4

꿀렌
고원

동이 틀 무렵까지 자야와 반디따는 강을 따라 야소다라푸라에서 멀어져 상류에 있는 꿀렌 고원을 향해 나아갔다. 날이 밝아오자 그들은 연잎이 우거진 연못 속에 몸을 숨기고 낮 동안을 보냈다. 우거진 연잎은 몸을 숨기기에 제격이었으며 연밥으로 허기를 달랠 수도 있었다. 이 땅에는 늪지가 많아 연꽃이 지천으로 널려있었는데, 연꽃은 더러운 연못에서 피어나지만 얼룩지지 않고 깨끗하여 앙코르 사람들이 매우 좋아하였다.

자야는 연못에 숨어서 눈앞에 펼쳐져 있는 꿀렌 고원을 올려다보았다. 꿀렌 고원의 평평한 구릉이 오른쪽에서부터 왼쪽으로 끝없이 이어졌다. 고원은 그리 높지 않았지만 워낙 평평한 앙코르 평원의 끝자락에 있어 드높아 보였고, 햇살 아래 장대하게 버티고 있는 자태가 신성함을 느끼게 하였다.

한때 자바에 인질로 잡혀 있었던 자야바르만 2세는 캄부자로 돌아와 지방 세력들을 물리치고 왕이 되었다. 그는 맨 처음 메콩 강 유역의 한 지방에서 세력을 모아가다 점차로 서진하여 똔레샵 호수를 넘어와 앙코르 평원에 이르렀다. 통치력이 불안전하여 방어가 급선무였기 때문에 그는 꿀렌 산 위에 도읍지 "마헨드라푸라"를 건설하였다. 그리고 데바라자 의식을 거행하여 신과 소통하는 지상의 신으로 유일한 통치자가 되었다.[16] 그가 앙코르 제국의 시조가 된 것이다.

얼마 안 있어 왕도는 꿀렌 고원을 떠나 멀지 않은 평야지대인 하리하랄라야로 옮겨 갔다. 하지만 앙코르 인에게 꿀렌 고원은 여전히 신성한 곳으로 남아 있었다. 이곳에서 발원한 강은 야소다라푸라를 거쳐 똔레샵 호수에 이른다. 강은 사철 내내 끊어지지 않고 물을 내주었고, 산속의 폭포수는 보는 사람들로 하여금 덥기만 한 이 땅에 생명수처럼 느껴졌다. 그리고 이 산의 엄청난 돌들이 있었기에 앙코르의 그 많은 사원과 도성을 축조할 수 있었다.

어두워지기를 기다리면서 자야는 거사를 너무 안이하게 준비했음을 뼈저리게 느꼈다. 거사에 뜻을 같이 했던 많은 사람들이 죽었고 몇몇은 체포되어 지금 온갖 고초를 당하고 있을 것이다.

"나의 경솔함이 많은 사람을 사지로 몰아넣었다."

자야가 중얼거렸다.

"지금은 자책하고 있을 때가 아닙니다. 우리가 여기서 잡혀 죽는

다면 지금 고초를 당하고 있고 죽어간 사람들의 넋이 더욱 서러울 것입니다. 부디 살아서 그들의 죽음을 헛되이 하지 말아야합니다."

"우리만 살아나간다면 그들의 넋이 더 서러울 게 아닌가!"

"아닙니다. 어차피 생명을 담보로 시작한 일입니다. 그들이 서러운 것은 죽음이 아니라 그들의 죽음이 헛되이 되어버리는 것입니다. 마음을 강하게 먹도록 하십시오."

반디따는 눈물을 억누르며 자야를 위로하였다. 하지만 그는 이 말이 자야에게 그다지 위안이 되지 못한다는 것을 잘 알고 있었다. 그들이 현재 처한 상황을 타개하고자 하는 강한 의지와 실천력은 오직 자야 자신의 몫이었다.

다시 어둠이 깔리기 시작했다. 어둠은 인간에게 공포로 다가오지만 그들에게는 탈출구가 되어 주었다. 자야와 반디따는 산 아래에서부터 피어오르는 어둠에 몸을 의지하며 강을 따라 꿀렌 고원으로 올라갔다.

반디따가 물었다.

"강의 북쪽으로 방향을 잡았을 때 어디로 가고자 했는지요?"

"탈출하면서 염두에 둔 곳이 있다네. 바로 꿀렌 고원이야. 거기는 산중이라 숨을 곳이 많을 거야. 거기에 가서 수바드라 선사를 찾을 것이라네."

"부왕의 친구였던 수바드라님 말입니까?"

"그렇다네. 그분은 나의 부친과 인연이 있고 나의 스승이었던 분이니 내가 도피할 수 있도록 도와줄 걸세. 그분이 꿀렌 고원 최고봉

근처 암자에 기거하고 있다는 소식을 작년에 들었네."

"그러면 지금은 그분이 거기 없을 수도 있지 않습니까?"

"물론 그렇기는 하네. 허나 우리에겐 선택의 여지가 별로 없잖은가. 운에 맡기는 수밖에……"

"수바드라 선사는 우리 앙코르 사람들과 생각이 다른 분이라고 들었습니다."

"나도 잘 알고 있네. 그분과 나의 부친이신 선왕은 같은 뜻을 가지고 있었네."

"저는 그분의 생각을 따를 수가 없을 것 같습니다. 그분의 생각은 우리의 미풍약속을 파괴하고 제국의 안녕을 보장하지 못할 것입니다."

자야는 대답하지 못했다. 사실 자야도 수바드라 선사의 생각을 정확히 알 수 없었다. 수바드라와 부친은 어렸을 때부터 절친한 친구였고 부친의 간곡한 청으로 그는 자야의 스승이 되었었다. 부친이 왕에 즉위한 후 부친과 수바드라는 군신관계를 이루었으나 우정도 변함이 없었다. 부친이 지금의 왕에게 폐위된 후 수바드라는 홀연히 앙코르에서 자취를 감추었다. 소문에 의하면 그가 꿀렌 산으로 숨어들어 새로운 세상을 이끌 종교에 심취해 있다는 것이었다.

자야는 부친과 수바드라 선사가 불교도였다는 것을 안다. 이들은 자야의 장인이 되는 부인의 부친과도 친하게 교류하였으며 모두 불교에 귀의해 있었다.

자야는 불교에 대해 잘 알지 못했다. 자야는 막연하게 불교는 중생들을 불쌍히 여기고 이들이 갖는 삶의 고해에서 해방시켜 주고자 한다고 알고 있었다. 그리고 붓다는 사람은 누구나 수행을 통하여 해탈할 수 있으며 만인의 평등을 주장했다고 들었다.

자야의 부친이 불교도였다고는 하나 앙코르의 백성들이 믿고 있는 보편적 종교는 힌두교였다. 힌두교는 브라흐마, 비슈누 그리고 시바 신을 믿었는데, 이들이 하나로 통합되어 삼신일체를 이루었다. 힌두교는 인도에서 시작된 것으로 앙코르 제국 훨씬 이전부터 이 땅의 족장과 통치자들은 힌두교를 받아 들여 자신의 권위를 높이는데 이용하였다.

힌두교의 경전 뿌라나스는 우주를 메루 산을 중심으로 동심원이 둘러싸고 있는 구조로 기술했다. 첫 번째 원은 삼부드바빠로 일컬어 지는데 장미와 사과나무가 있는 땅이다. 그 다음은 소금물 바다가 높이 있고 거기서 밖으로 나가면 암흑에 도달한다. 앙코르 제국 이전부터 최고 통치자의 거주지는 신들의 거처인 메루 산을, 성벽은 그 주변의 산을 그리고 해자는 바다를 상징하는 방식으로 건축되었다. 앙코르 제국의 도시와 큰 사원들은 예외없이 이를 따랐다. 또한 앙코르 사람들의 사고와 많은 관습도 힌두교를 기반으로 생성되어 있었다.

자야와 반디따는 밤하늘의 별이 또렷해 질 무렵에야 꿀렌 고원의 중턱에 다다랐다. 다행히 앙코르 땅은 온갖 야생과일이 풍부하여 과일로 허기를 달랠 수 있었다. 여기저기 지천으로 널려있는 꿀렌 고원의 붉은 바나나는 맛이 좋기로 유명했다.

성스러운 산으로 알려진 꿀렌 고원에는 많은 사찰들이 있었다. 대부분이 힌두사찰이었으나 불교 뿐 아니라 토속종교의 사찰도 적지 않았다. 앙코르 제국에는 여러 종교가 무리없이 혼재해 있었다. 물론 힌두교가 종교의 중심에 있었으나 재물로 물소를 바치는 민간신앙도 널리 퍼져있었고, 사람들을 속여먹는 정체불명의 사이비교 교주들도 많았다.

자야와 반디따는 몇 개의 암자에 들어 수소문한 끝에 수바드라 선사의 거처를 알아낼 수 있었다. 수바드라의 암자는 고원 깊은 곳에 자리잡고 있었다. 그들은 숲을 헤치고 한참이나 더 높은 곳으로 올라 밤늦게야 수바드라 선사의 암자에 이를 수 있었다. 그의 거처는 작지만 제법 잘 지어진 암자였고 주변은 깨끗이 정돈되어 있었다.

자야와 반디따가 가까이 갔을 때 늦은 밤이지만 다행히도 암자에서 작은 불빛이 새어 나왔다. 암자 앞에 선 자야는 조용히 수바드라 선사를 불렀다.

"스승님!"

잠시 후 문이 열리더니 큰 그림자가 보였고 곧바로 수바드라 선사가 모습을 나타냈다. 못 본지가 몇 해가 지난 수바드라 선사의 모습은 많이 변해있었다. 그의 복장도 보통 앙코르인의 옷과 달랐다.

자야가 찾아 온 것을 알게 된 수바드라는 자야를 반갑게 맞이하였다. 그러나 자야의 행색과 몰골을 보고 어려움이 생겨서 찾아왔음을 직감했다.

"스승님……"

자야가 말을 잇지 못했다.

"이게 누구신가! 오늘 새벽 토까이[17]가 그리 울어 대더니 귀한 손님이 오셨군요."

"스승님, 그동안 별고 없으셨는지요?"

"이미 속세를 떠난 이 늙은 몸에 별고가 있고 없고 할 일이나 있나요."

수바드라가 넉넉한 웃음으로 답했다.

자야는 그간에 있었던 사정을 간단히 이야기했다. 이야기를 들으면서 수바드라 선사의 미간이 흐려져 갔다. 자야의 말을 다 듣고 난 수바드라가 신음처럼 내뱉었다.

"성급하였습니다, 왕자님. 그런 과욕을 부리다니요. 세상은 거저 얻을 수 있는 것이 아닙니다."

수바드라 선사의 말에 자야가 얼굴을 붉히고 고개를 떨구었다. 과욕! 틀린말이 아니다.

"저도 그리 생각합니다. 저의 성급함으로 많은 사람들이 죽음을 맞았는데 저만 살아서 여기에 왔습니다. 부끄럽기 이를 데 없습니다."

자야는 자책감으로 다시 한번 몸서리쳤다.

"무릇 세상을 얻기 위해서는 사람들이 따를 수 있는 대의를 가지고 있어야 할진데, 단지 부왕의 복수를 하고 권력을 가지기 위한 거사가 무슨 의미가 있겠습니까. 대의가 없는 혁명이란 단지 권력욕의 산물에 불과한 것입니다. 또한 왕을 위시한 권력은 그 무게가 있어 쉽게 허물어지는 것이 결코 아닙니다."

"저의 잘못된 생각이 많은 사람들을 사지로 몰아넣었습니다. 그들의 원혼을 달래지 않고는 저는 죽을 수 없습니다. 당분간 몸을 숨기고 새 세상을 열기 위해 스승님으로부터 지혜를 배우고 싶습니다."

자야의 목소리에는 절절함이 베어있었다.

"스승님, 여기에 숨어지내며 가르침을 받고 싶습니다."

"왕자님, 그것은 아니 될 말입니다. 여기는 도성에서 너무 가까워 안전한 곳이 못됩니다. 왕의 군사들이 머지않아 찾아 올 것입니다."

"그러면 어찌해야 할런지요?"

"당렉 산맥으로 가십시오"

"쁘레아 비히어 사원이 있는 곳 말씀이신지요."

"그렇습니다."

당렉 산맥은 앙코르 제국의 북쪽에 위치한 산악지방이었다. 산이 깊고 험준하여 사람의 자취가 뜸한 곳이다. 선대왕들은 이곳을 신성시하여 일찍이 험준한 준봉을 택해 쁘레아 비히어 사원을 건설했었다.

"우리는 매우 지쳐있습니다. 가더라도 며칠 쉬었다 길을 떠나고 싶습니다."

"그리할 수 없습니다. 오늘 밤은 여기서 쉬어갈 것이나 행장을 차려줄 테니 내일 아침 동트기 전에 떠나십시오. 그렇지 않으면 왕의 군대에 곧 붙잡히고 말 것입니다."

"……"

"여기를 떠나 곧바로 쁘레아 비히어 사원으로 가세요. 그리고 다른 사람들 눈에 띄지 않도록 하고 사원지기를 찾으십시오. 사원지기를 만나면 도승 따디의 거처를 알려달라고 해 따디를 찾아가 의탁하세요."

"그럼 스승님과는 다시 못 만나는 것입니까?"

"나도 일이 정리되는 대로 뒤쫓아 가도록 하지요. 여기는 산속이지만 보는 눈들이 있었으니 얼마 안있어 왕의 군대가 수소문해 올 것입니다."

"제가 스승님의 평온을 깨뜨렸습니다."

"다 부처님의 뜻인 게지요. 나무관세음 보살……"

자야와 반디따는 흙물로 더럽혀진 옷을 벗고 수바드라 선사가 마련해 준 옷으로 갈아입었다. 작은 방에 마련된 안락한 잠자리에 들었건만 피곤에 지쳐있음에도 불구하고 자야는 밤 늦도록 잠을 이루지 못했다.

한순간 선잠이 든 자야는 악몽에 시달렸다. 왕의 병사들이 시커멓게 쫓아왔고 그는 있는 힘을 다해 도망쳤으나 발길이 허둥거려졌다. 결국 강물이 앞에 있어 더 나가지 못하고 그는 왕실 경호대에 붙잡히게 되었다. 경호대장이 그에게 다가와서 말 위에서 뭔가가 싸인 보자기를 던져주었다. 풀어보니 그의 가족들의 잘려진 목이 싸여져 있었다. 자야는 안돼!라고 소리지르며 잠에서 깨어났다.

자야는 가족들의 안위가 걱정되는 안타까운 마음에 다시 잠들지 못했다. 가족을 버리지 않겠다고 어머니와 한 약속을 지키지 못했다는 자괴감에 자야는 소리없이 피눈물을 쏟아냈다.

밤 사이 수바드라 선사는 자야와 반디따에게 줄 행장을 준비했다. 자야는 번민과 고통으로 온몸을 떨고 있었으나 꿀렌 고원의 밤은 아무일도 없는 듯 무심히 아침을 향해 달려가고 있었다.

---

16) 이때가 802년으로 앙코르 시대와 우리역사를 비교해 보면 앙코르 제국이 개국된 것은 통일신라 시대 장보고가 청해진을 설치(828)한 것보다 약간 이르고, 앙코르 제국이 종말을 고한 시기는 1430년대 조선시대 초기로 세종대왕이 한글을 반포한 해(1446) 보다 조금 앞선다.

17) 캄보디아 도마뱀. 캄보디아 인들은 이 도마뱀의 울음 소리가 '토까이 토까이' 로 들려 토까이라고 하는데, 연속해서 다섯 번 이상 우는 소리를 들으면 행운이 온다고 한다.

5

쁘레이 비히어
사원

아침 햇살이 암자에 닿기 전이라 아직도 지근의 물상마저 외관을 구분하기 어려운 이른 시간이었다. 먼 길을 떠날 행장을 갖추고 승복을 입어 변장한 자야와 반디따가 수바드라 선사와 마주 앉아있었다. 자야가 먼저 입을 열었다.

"이렇게 서둘러 떠나야만 하는지요?"

"선택의 여지가 없습니다. 왕의 군대가 곧 들이닥칠 수도 있으니 잠시도 더 지체할 수가 없습니다."

"……"

"여기서 북동쪽으로 산을 내려간 다음 계속해서 왕의 도로를 따라 가세요. 아마도 왕의 도로에는 왕자님을 잡으려는 왕의 병사들이 깔려있을 것이니 한시도 긴장을 늦춰서는 아니 됩니다. 다행히 쫄츠남 공양을 위해 꿀렌 고원에 왔다가 돌아가는 승려일행들이 있을 터이니, 그들과 함께 하십시오. 내일 오후면 방 미알리아[18]에 이를 것입니다."

"방 미알리아를 거처 자야디티푸라에 다녀온 적이 있어 저도 거기까지의 길은 잘 알고 있습니다."

"방 미알리아에서 자야디티푸라로 가는 동쪽 길이 아닌 북쪽 길로 올라가면 됩니다. 그러면 옛날 도성이 있었던 링가푸라에 닿을 것입니다. 링가푸라에서 쁘레아 비히어로 가는 길은 험하여 자칫 산길을 헤맬 수도 있으니 각별히 북쪽으로 방향을 잃지 말고 올라가십시오."

수바드라 선사는 자야가 길을 잃을지 몰라 걱정이 많은 눈치다.

"스승님께서는 언제 당렉으로 오실 런지요?"

"아직은 언제라고 딱히 말할 수 없습니다 여기가 정리되는 대로 신속히 가도록 하지요."

자야와 반디따는 수바드라 선사에게 작별인사를 마치자마자 곧바로 암자를 나섰다. 그들은 꿀렌 고원을 벗어나기 직전 잠시 끄발스핀[19]에서 발길을 멈추었다. 물속에 비슈누 상이 누워있고 주변에 수천 개의 링가, 악어, 개구리, 소 등 다양한 조각들이 강물 속에 여기저기 흩어져 있었다. 자야는 저 많은 조각들을 하루아침에 만들 수는 없었을 것이라고 생각했다. 하나씩 하나씩 만들어가다 보니 오랜 시간을 거쳐 이렇게 엄청난 양이 되었을 것이리라. 자야는 '시간은 많은 일을 해내는구나' 라고 생각했다.

꿀렌 고원을 벗어난 후 자야와 반디따는 숲속에 몸을 숨기고 있다가 수바드라 선사가 알려준대로 지나가는 승려 일행에 끼어들었다. 그들 일행은 십여 명의 승려와 종자 그리고 딸린 노예들이었는데, 여러 곳에서 쫄츠남 공양을 위해 앙코르에 올라온 사람들이었다. 그들은 자야와 반디따가 일행으로 합류하였건만 앞서가다 뒤처진 두 명의 승려라고 생각해서인지 아무런 의심을 품지 않았다.

고원을 벗어나자 다시 평지가 계속되었다. 야소다라푸라에서 방미알리아에 이르는 평야지대에는 제국의 도로가 건설되어 있었다. 도로는 불그스레한 황토로 된 길이 끝없이 이어져 있고 길 양쪽은 서러우리만치 흐드러지게 야생화가 피어있었다.

자야는 몸과 마음이 지쳐있었다. 길을 가면서 가족들이 어떻게 되었을지 염려가 되어 마음이 아팠다. 그는 가던 길을 돌아서 당장 야소다라푸라로 달려가 가족들의 생사를 확인하고픈 유혹에 몇 번이나 사로잡히곤 했다.

자야의 표정에서 마음을 읽었던지 반디따가 다른 사람들 몰래 조용히 입을 열었다.

"왕자님, 너무 상심하지 마십시오. 난다나가 갔으니 가족들을 안전하게 피신시켰을 것입니다."

"지금 당장 발길을 돌려 야소다라푸라로 돌아가고 싶네."

"……"

"아니, 지금 차라리 외가의 본거지인 자야디티푸라로 가야 할 지도 모르겠네. 무사히 자야디티푸라를 탈출했다면 아마도 외가가 있는 자야디티푸라로 향하고 있을 것이네. 거기라면 지금 가는 길에서 조금만 벗어나면 되는데……"

"왕자님, 야소다라푸라려건 자야디티푸라려건 위험한 것은 마찬가지입니다. 우리가 택할 수 있는 유일한 길은 수바드라 선사께서 말씀하신대로 쁘레아 비히어 사원이 있는 당렉 산맥으로 숨어 들어가는 것입니다. 거기에 가서 때를 기다리다 보면 재기할 기회가……"

반디따가 갑자기 말을 끊었다. 저 앞쪽에서 왕의 병사들이 지나가는 사람들을 검문하고 있는 모습이 눈에 들어왔기 때문이었다.

자야와 반디따는 앞을 살피지 못해 갑작스레 병사들의 시야에 들어갔기 때문에 검문을 피할 수가 없었다. 그들이 가던 길을 피해 달아난다면 오히려 의심을 받아 곧바로 잡히기 십상이었다. 두 사람은 최대한 침착함을 잃지 않으려고 애쓰며 검문하는 병사들 앞으로 다가갔다.

왕의 병사들은 지나가는 사람마다 한 명씩 질문을 한 후에야 통과시켜주었으나 승려들에게는 깍듯이 예우를 갖추었다.

한 병사가 자야와 반디따 앞에 섰다.

"어디서 오신 분들 이신지요?"

"소승과 이 동료는 이샤나푸라에서 왔습니다. 쫄츠남을 맞아 꿀렌 고원을 순례하고 돌아가는 길입지요."

"유서깊은 곳에서 오셨군요."

"앙코르 제국이 서기 훨씬 이전부터 번성했던 곳이지요. 허나 요즘에는 많이 쇠퇴해 있답니다."

"헌데 똔레삽 호수길로 아니 가고 왜 이 길로 돌아가시는지요?"

자야는 한순간 등줄기에 땀이 흐르는 느낌이 들었다.

"이번 기회에 링가푸라에 들러 옛 벗을 만나고 갈려고 이 길로 가고 있습니다. 어렸을 적 동문수학한 친구가 작년에 링가푸라 인근의 새로운 사원으로 갔었지요."

병사는 더이상 묻지 않고 자야와 반디따를 통과시켰다. 다행히 제국의 여러 지역에 대해 알고 있었기에 자야는 병사의 검문을 벗어날 수 있었다. 이샤나푸라나 링가푸라가 앙코르에서 그리 먼 곳에 있는 것도 아니었건만 제국의 신민들은 거의 태어난 곳을 벗어나는 적이 없어 이 정도의 지명을 아는 것으로도 병사들이 의심을 벗어나기에 충분했다.

한 차례의 검문을 벗어나자 왕의 도로에서는 더이상 병사들이 눈에 띠지 않았다. 방 미알리아에 도착한 자야와 반디따는 수바드라가 일러준 대로 두 갈래 길에서 북쪽 길로 접어들었다. 갈 길은 하루하루 더뎌졌지만 꿀렌 고원을 떠난지 닷새만에 그들은 링가푸라에 도착했다.

일찍이 부인과 결탁하여 처남을 제거하고 7대 왕좌를 차지한 자야바르만 4세는 반란이 두려워 지방에서 야소다라푸라로 옮겨오지 못했다. 고민 끝에 그는 자신의 본거지였던 링가푸라를 왕도로 정하고 그곳에 정착했다. 그가 죽은 후 다시 야소다라푸라가 제국의 왕도로 회복되자 링가푸라는 밀림 속에 버려졌다. 짧은 기간에 왕도로 건설되었지만 링가푸라는 여기저기에 사원과 건물들이 옛 영

광을 그대로 간직하고 있었다.[20]

버려진 도성은 사람들의 인적이 뜸하였고 관리하는 자도 없었다. 자야는 신민들이 피땀 흘려 이룩한 이 위대한 도성이 시간을 이기지 못하고 쇠락해 가고 있음에 한없는 안타까움을 느꼈다.

쁘레아 비히어까지 이르는 길은 험난하고 매우 멀었다. 링가푸라를 지나면서부터 땅이 높아지고 숲이 더욱 무성해지기 시작했다. 며칠을 더 가자 당렉 산맥에 들어서고 있다는 느낌이 들었다. 산은 높아지고 계곡은 깊어졌다. 나아가던 길은 자주 끊어졌고 진행은 더디어졌다. 그러나 이제는 왕실 경호대의 추격은 더이상 염려하지 않아도 될 만큼 앙코르 도성에서 멀어져 있었다.

당렉 산맥은 장엄하였다. 험준한 산악이 한눈에 들어왔고 오갈 수 없는 밀림이 끝없이 이어지고 있었다. 산의 영봉들이 동북방향에서 내려와 서쪽으로 끝없이 달려갔다. 앙코르의 평원과 대조적으로 산봉우리들은 여기저기 서로 매우 높게 이어졌다. 말로만 들었던 당렉 산맥이 이 땅의 기다란 지붕처럼 느껴졌다.

자야와 반디따는 물어물어 쁘레아 비히어 사원[21]으로 찾아갔다. 사원이 위치한 당렉 산맥의 준봉은 남쪽으로는 절벽을 이루었으나 북쪽으로는 완만한 경사를 이루었다. 두 사람은 북쪽으로 돌아서 가지 않고 사력을 다해 남쪽 절벽을 올라 사원에 다다랐다.

쁘레아 비히어 사원은 높은 산의 정상에 남북방향으로 길게 위치해 있었다. 사원은 야소다라푸라의 사각형 사원과 달리 매우 독특한 구조로 북쪽의 낮은 사원에서부터 남쪽의 높은 사원까지 길게 다섯 개의 사각형 사원이 연결되어 있었다. 아마도 높은 지역의 정상에 거대한 사원을 건설하다 보니 좁은 정상을 극복하기 위한 구조로 생각되었다. 자야는 새삼 조상들의 지혜가 경탄스러웠다.

이 사원은 처음 축조된 이후 여러 대에 걸쳐 증축되어 오늘날에 이르렀다. 다섯 개의 사원은 높이가 올라가면서 하나씩 연이어 위치해 있어 한 사원에서 다른 사원이 보이지 않았다. 그래서 이어져 있는 사원을 하나씩 올라갈 때마다 새로운 세계로 들어가는 듯한 신비감이 더해졌다.

이 사원은 시바신에게 헌정된 것으로 힌두교의 우주를 표현하고 있었다. 사원 정상에서는 아래 남쪽으로 넓게 펼쳐진 산자락들이 한눈에 들어왔다. 반대로 남쪽에서 올려다보는 사람들에게는 사원은 신들의 거처로 장엄함을 나타내기에 손색이 없었다.

자야는 수바드라 선사가 일러준 대로 사람들의 이목을 피하여 조용히 사원지기를 만났다. 사원지기는 나이가 많이 든 매우 괴팍해 보이는 노인이었다. 그의 얼굴에 깊게 패인 주름살에서 삶의 풍상이 드러났으며, 제멋대로 걸친 가사에서 세속의 평에는 아랑곳하지 않겠다는 고집이 느껴졌다.

"젊은 사람이 이 늙은이를 찾는 이유가 뭔가?"

"수바드라 선사께서 찾아뵙고 도승 따디의 거처를 여쭈라 했습니다."

"그럼 젊은이도 죄를 지은 사연 많은 자겠구먼."

"……"

"그대의 관상을 보아하니 잡범으로는 아니 보이고, 큰 죄를 지어 잡혀 죽거나 아예 나라를 통째로 도적질 할 자구나!"

"저로 인하여 누가 될 생각은 없습니다. 다만, 잠시 길을 묻고자 할뿐입니다."

"염려할 건 없네. 어차피 우리는 세속의 이야기에 눈 감은지 오래 니까. 따디가 기거하는 암굴을 가르쳐 주지. 여기서 동쪽으로 한나 절 들어가면 시바 신을 모시는 조그마한 사당이 있어. 사원 위로 한 참 올라가면 일년 내내 물이 마르지 않는 폭포가 나오지. 폭포 옆으 로 돌아가면 절벽이 보이는데 거기에 암굴이 있다네. 사당에는 들 리지 말고 바로 암굴로 가도록 하게나."

"어르신, 감사합니다."

자야는 사원지기에게 간단히 감사 인사를 드렸다.

"수바드라를 알고 지낸다니 젊은이도 불교도인가 보군. 나같이 오래 살아봐 믿음이란 다 한 가지야. 괜히 이 신, 저 신 따져 봤자 헛거야. 같으신 한 분이 우리 인간들에게 다른 모습을 보여줄 따름 일세."

자야는 사원지기가 남기는 마지막 말을 곰곰이 생각하며 쁘레 아 비히어 사원을 나와 반디따와 함께 동쪽 방면으로 발걸음을 옮 겼다.

자야와 반디따는 사원지기가 일러준 대로 길을 따라가 어렵지 않게 암굴을 찾아냈다. 그들이 암굴에 도착해 안으로 들어갔으나 아무도 없었다. 암굴은 자연동굴을 약간 다듬은 것으로 보였는데 더운 시기임에도 불구하고 전혀 더위가 느껴지지 않았다. 동굴 안은 밖에서 보이는 것과 달리 매우 넓어 여러 사람이 기거해도 어려움이 없을 것 같았다.

해질녘이 되어서야 체구가 크고 머리가 벗겨져 나이를 짐작하기 어려운 승려가 나타났다. 오렌지 빛 가사를 입어 승려로 생각되었지만, 숱이 없는 머리와는 반대로 자랄대로 자라난 수염이 말라붙어 그는 우스꽝스러운 몰골을 하고 있었다. 그는 승려라기보다 차라리 산 도둑놈 같았다.

암굴에 들어온 그는 낯선 사람이 둘이나 자신의 거처에 들어와 있어 당황해하며 험악한 인상을 지었다. 그리고 순식간에 등에 맨 몽둥이를 한손에 곧추 잡았다.

"웬 자들이 남의 거처에 허락도 없이 들어와 주인 행세를 하고 있느냐?"

"송구합니다. 아무도 없는 곳에 들어올 생각은 없었으나 어디 마땅히 기다릴 곳이 없어서 안에 들어와 있는 중입니다. 이곳의 주인께서 이제 오신 것 같군요."

자야가 공손하게 사과하며 말하자 그의 표정이 약간 누그러졌다.

"사실 저희는 앙코르에서 왔습니다. 수바드라 선사께서 도승 따디님을 만나 얼마간 기거할 수 있도록 부탁드리라고 했습니다."

수바드라 선사라는 말을 듣자 승려가 반색하는 얼굴빛을 보이며 몽둥이를 내려놓았다.

"아니 자네들이 어떻게 수바드라를 아는가? 그는 지금 꿀렌 산에서 수도하고 있을 텐데."

"수바드라 선사님은 저의 오래된 스승입니다. 우리에게 피치 못할 사정이 있어 꿀렌 고원으로 선사님을 찾아가 뵈었는데 거기도 머무를 형편이 못되어 하는 수없이 이곳까지 왔습니다."

"그럼 자네가 자야인가 보군. 수바드라 선사는 나의 오랜 친구라네. 우리는 어려서부터 동문수학 했지. 그는 능력이 있어 왕실로 들어가 강학을 했지만 나는 공부는 싫고 세상이 좋아서 떠돌아 다녔지. 작년에 꿀렌 고원에 갔을 때 그를 만난 게 마지막인데 무슨 사정이 있어 자네들을 여기로 보냈겠지."

"저희는 앙코르에서 쫓기는 몸입니다. 여기는 워낙 앙코르에서 멀리 떨어져 있고 산세도 깊어 안전할 듯 하오니 머무를 수 있도록 허락하여 주십시오. 수바드라 선사님께서도 조만간 여기로 오겠다고 하셨습니다."

"수바드라가 보냈다니 내가 허락하고 말고가 어디 있겠나. 그래 여기는 세상과 인연을 끊고 사는 곳이니까 숨어 지내기는 좋을 것이야. 수바드라가 곧 온다니 기쁘구먼."

도승 따디는 어려서부터 힘이 좋고 체구가 커서 청년이 되었을 때는 이미 산적같아 보였다. 그도 원래 수바드라와 학문을 같이 하였으나 정통학문보다 여러 종교의 가르침에 심취하여 전국을 떠돌아 다녔다. 그는 힌두교, 불교 그리고 전통종교의 교리에 두루두루 밝았다. 여기저기를 떠돌다 보니 몸을 건사하기 위해 무예도 익혀 상당한 수준에 올라 있었다.

도승 따디도 한때 꿀렌 고원을 거쳐 간 적이 있었으나 그가 마지막으로 정착한 곳이 당렉 산맥이었다. 그는 당렉의 거대함과 거기서 느껴지는 정기에 흠뻑 빠지고 말았다. 그는 누구보다 앙코르 제국을 사랑했고 이곳 당렉 산맥을 좋아하여 죽어서도 이곳을 지키는 수호신이 되고 싶은 염원을 가졌다.

자야와 반디따는 도승 따디와 암거에서 함께 기거하게 되었으나 그들의 생활은 크게 불편하지 않았다. 그러나 시간은 더디 흐르고 곧 오겠다던 수바드라 선사는 나타나지 않아 자야는 답답하기 그지없었다.

당렉 산맥의 암굴은 그야말로 세상과 완전히 멀어진 딴 세상에 존재해 있었다. 마냥 좌절한 채 기다릴 수 없다고 생각한 자야는 암굴에 있는 책들을 읽기 시작했다. 따디는 온갖 분야에 관심이 있어 암굴에는 무척이나 다양한 서책들이 있었다. 인도에서 건너온 듯한 몇 권의 산크리트 말로 된 책과 바나나 잎에 옮겨 적은 경전, 그리고 제국의 역사를 기술한 글도 있었다. 자야는 또한 틈나는 대로 보까따오 무예 수련도 게을리 하지 않았다. 도승 따디도 무예에 조예가 있어 둘은 서로에게 좋은 겨루기 상대가 되었다.

거의 두어 달이 지난 후에야 수바드라 선사가 도착했다. 수바드라가 자야에게 그간의 사정을 말해주었다.

"아무래도 세상이 잠잠해질 때까지 이곳에 머무르는 게 좋겠습니다. 꿀렌 산을 떠난 후 야소다라푸라에 들렀습니다. 가족들이 도성을 탈출한 것 같은데 정확한 상황을 더이상 알아볼 수 없었습니다. 왕의 경호대가 얼마 전까지도 삼엄한 근무를 서고 있고, 거사에 가담한 사람들을 추격하고 있다고 들었습니다."

자야는 가족들의 생사를 확인하지 못해 크게 낙담하였다.

"너무 실망하지 말고 여기서 시간을 벌어 보세요."

"저도 그렇게 생각하고 있습니다. 가족들의 안위가 걱정되고 얼마나 여기에 숨어 지내야 할지 답답할 따름입니다."

"조급해 하지 않는 게 좋습니다. 시간이 필요합니다. 세상을 잊고 당분간 공부와 수련에 전념하세요."

수바드라 선사의 사뭇 질책 어린 말이었다.

자야와 수바드라 선사는 매일 매일 종교와 정치에 관한 이야기를 이어나갔다. 수바드라 선사는 자야에게 제국의 뿌리를 알려주기 위해 역사를 일러주는 것도 잊지 않았다. 수바드라 선사가 이야기하고 자야가 경청하였다. 옛날 자야가 왕자시절 스승과 제자간의 관계가 재현된 분위기였다. 다시 배우는 위치에 섰지만 자야는 엄청난 경험을 한 후라서 모든 담화에서 다른 느낌을 갖게 되었다. 스승의 가르침이 막연한 이야기가 아니라 삶의 무게로 가슴깊이 다가왔다.

수바드라 선사는 단순한 믿음으로서의 종교이야기가 아니라 시대를 이끌어가는 치국의 도로서 종교를 이야기 했다.

"우리 앙코르 사람들은 오랫동안 산스크리트 제국과 통교를 했지요. 우리는 그들의 종교와 문화도 받아들였습니다. 그들의 힌두교를 받아서 우리의 종교로 삼았고 그들의 신화인 마하바라타와 라마야나가 우리의 신화로 깊이 자리잡았습니다. 힌두교의 삼신 브라흐마, 비슈누 그리고 시바는 우리 삶의 여기저기에 깃들어 있습니다. 우리가 지은 대부분의 사원들은 힌두신에게 봉헌된 것입니다. 요즘에는 비슈누 신이 가장 널리 신봉되고 있습니다. 앙코르 와트를 건설한 수리야바르만 왕은 자신을 비슈누의 분신이라고 생각했으며 사후 시호로 '비슈누이트'가 추서되었습니다."

수바드라 선사가 잠시 말을 끊었다. 그리고 심각한 표정으로 힘주어 다음 말을 이어나갔다.

"이제 우리는 새로운 시대를 이끌어 갈 새로운 종교가 필요합니다. 그것은 불교입니다. 불교도 힌두교 못지않게 역사가 깊고 뜻이 거룩합니다. 다만 우리가 인도와 긴밀히 통교하다 보니 그들에게서 흥한 종교를 우리도 공유하게 되어 힌두교가 중심이 되었습니다. 허나 힌두교의 원시성은 제국을 이끌어 가는 이념으로는 부족합니다. 이제는 부처님의 가르침이 새 정신이 되어야 합니다. 그동안 앙코르의 제왕은 시바 신이나 비슈누 신과의 특별한 관계 속에서 신과 같은 지위를 가졌습니다. 그래서 왕은 멀리 떨어진 존재였고 궁궐 안에 숨어있는 무시무시하고 신비스러운 존재였습니다. 이제는 제왕이 신이 아니라 인간으로서 같은 인간인 백성을 이끌어 가야 합니다. 제왕은 많은 중생들의 고해를 이해하고 그들을 구원해야 합니다. 일찍이 수리야바르만 왕도 국교로 시바신을 섬겼으나 불교를 허용했습니다. 그래서 불교도를 지원하여 브라만들을 견제하려 하였습니다. 부왕이신 다란인드라바르만 왕은 불교를 처음으로 왕실에 공식 도입했습니다."

❀

자야도 차츰 힌두교와 불교의 차이에 눈뜨게 되었고, 불교에 귀의하기로 결심하였다. 그는 생각했다. 힌두교의 왕은 백성이라는 존재관념이 없고 오직 신에게 제사와 사원에 봉헌함으로써 그의 지위를 보존하려 하였다. 나아가 힌두교에 기반한 세계에서 왕은 신과의 특별한 관계 속에서 신에 상응하는 지위를 가졌다. 왕은 신에 준하는 존재가 아니라 우월한 인간의 모습으로 인간들을 이끄는 존재로 자리매김해야 한다는 생각이 자야의 믿음이 되어갔다.

그는 부처님의 가르침에 귀의하여 자신의 제국을 건설하겠다고 생각했다. 그리고 그의 불교제국에서 자비로써 신민들을 보살펴야겠다고 생각했다.

그러나 반디따는 수바드라 선사의 이야기와 자야가 불교도가 되어가는 것을 못마땅하게 생각하였다. 결국 그는 자야에게 떠나야겠다고 말했다.

"왕자님, 새로운 세계에서 신민을 잘 보살펴야 한다는 것은 좋은 생각입니다. 그러나 왕은 지고지순한 위치에 있는 신의 대리자입니다. 힌두교는 우리의 오래된 믿음이고 생활이기도 합니다. 새로운 세계는 이러한 옛날의 전통을 바탕으로 구현되어야 합니다. 저는 수바드라 선사님의 가르침을 받들 수 없습니다. 여기에 온 지도 꽤 시간이 흘렀으니 이제 세상으로 나가 보렵니다."

자야는 떠나겠다는 반디따를 굳이 막지 않았다. 다만 그가 좀더 많은 사고와 정진을 통해 새로운 종교와 치도에 대해 자신과 같은 생각을 가져주기를 바랬을 뿐이었다.

"세상으로 다시 나가겠다니 막지 않겠네. 그러나 한시도 내가 그대와 함께 대업을 이루고자 한다는 것을 잊지 말아주게. 시간이 흘러 세상이 잠잠해지면 야소다라푸라에서 만나기로 하세."

"여기를 떠나서 우선 자야디티푸라로 가보고자 합니다. 거기에 가서 왕자님 가족의 근황을 알아보고 연락해 드리지요."

며칠 후 반디따는 행장을 꾸려 암굴을 떠났다. 아무런 희망이 없는 가운데 반디따를 떠나보내는 자야의 마음이 아팠다. 그러나 마음속 깊은 곳에서는 그들의 인연이 끝이 아니라는 큰 울림이 있었다.

반디따가 떠난 뒤에도 자야는 경전과 치세에 대한 공부에 정진하였다. 그의 불심은 깊어갔고 혼인 후 잠자리에서까지 불교교리를 자야에게 열정적으로 이야기해 주었던 부인의 말도 이해가 되기 시작했다. 또한 세상을 다스리는 도에 대해서도 깊이 있는 깨우침을 가지기 시작했다.

자야는 스승과의 대화와 사색으로부터 무엇보다 자신이 추구하는 혁명이 가지는 대의를 분명히 하게 되었다. 그것은 다름 아닌 신민들을 고해에서 구제하여 행복하게 사는 보람을 느끼는 세상을 이루고자 하는 것이었다.

반디따가 떠난 한참 후에야 인편에 소식이 도착하였다. 다행히도 가족들이 무사히 도성을 빠져나와 자야디티푸라 인근에 숨어 지내고 있다고 했다. 그렇지만 불행하게도 모친은 야소다라푸라에 남았지만 그후 행방을 알 수 없다고 했다. 자야는 마음이 찢어지는 듯 아팠다. 하지만 그가 할 수 있는 일은 없었고 미래의 대업을 준비하기 위해 가족의 일은 접어두어야만 했다.

---

18) 방 미알리아에는 수리야바르만 2세 때 건축된 아름다운 사원이 있다. 마을 한가운데 위치한 사원은 1025m x 875m의 규모이고, 현재 울창한 산림 안에 사람들의 손길이 거의 닿지 않은 상태로 보존되어 있다.

19) 우다야딧야바르만 2세 때 조성된 조각품들의 집단으로 반띠아이 스레이에서 북쪽으로 12㎞ 지점에 위치해 있다. 비슈누 상을 비롯하여 링가와 동물들이 수없이 많이 조각되어 강물 속과 계곡에 널려있어 신비로워 보인다. 앙코르의 왕들은 이곳에서 제사를 지내고 물놀이를 즐겼을 것이다.

20) 링카푸라는 오늘날 코 케르로 앙코르에서 북동쪽으로 60km 지점에 방 미알리아가 있고 거기서 다시 북쪽으로 58㎞ 지점의 밀림 속에 위치하고 있다. 10세기 중반 앙코르 제국의 왕도였으며 가로 세로 6km에 달하는 대도시 안에 수많은 사원과 유적이 남아있다. 기존 도시를 기반으로 확장된 것으로 추정되지만 불과 200여년의 짧은 기간 동안 이 거대한 수도를 건설해 낸 능력은 당시 앙코르 제국의 동원력을 잘 나타내고 있다. 아직은 방문이 어렵지만 조만간 시엠립에 버금가는 관광지로 개발될 수 있는 곳이다.

21) 수리야바르만 1세가 시바 쉬크하레시바라를 위해 893년 헌정한 것으로 추정되며, 자야바르만 5세, 자야바르만 6세, 수리야바르만 2세가 재임하는 300여년에 걸쳐 복원되고 확장되었다. 이 사원은 표고 525m 지대에 위치하며, 매우 길게 다섯 개 사원을 이어 놓은 독특한 형태로 축조되었다. 사원은 길게 남북으로 펼쳐져 있는데 전체 길이는 800m에 달한다. 국경지역의 정상이 남쪽(캄보디아 방면)은 가파르고 북쪽(태국 방면)은 완만하기 때문에 사원은 북쪽에서 진입하여 남쪽으로 올라가며 이어진다. 캄보디아와 태국의 국경에 위치해 있어 양국간 소유권 분쟁의 대상이 되었었는데, 1962년 국제사법재판소는 캄보디아 소유로 판결하였다. 같은 해 시하누크 국왕의 일행이 힘들게 한나절에 거쳐 남쪽 절벽을 통해 사원에 올라 재판에서 승리한 기념식을 거행하였다. 이 사원은 2008년 UNESCO 세계문화유산으로 등재되었다.

6

똔레삽
호수

자야가 암굴에 온 지도 어언 2년여의 시간이 흘러갔다. 앙코르에서 반역 사건도 사람들의 일상의 기억에서 잊혀져 갔다. 자야는 암거를 떠나야겠다고 결심하고 수바드라 선사와 마주 앉았다.

"스승님, 이곳에 온 지도 어느 덧 두 해나 지났습니다. 여기를 떠나 우리 강역을 돌아보고 싶습니다."

"잘 생각했습니다. 진정 신민들을 위한 군주가 되기 위해서는 글과 생각으로만 되는 것이 아닙니다. 사람들 사이에 들어가 그들이 무엇을 하며 살고, 무엇에 기뻐하고 슬퍼하는지 알아야 합니다. 이제 암거를 떠나 그들과 몸소 부딪쳐 보도록 하세요."

"스승님 말씀대로 제국의 방방곡곡을 돌아다니며 우리의 신민들이 어떻게 살고 무엇을 희로애락으로 삼아 살고 있는지 듣고 보도록 하겠습니다."

　자야의 눈시울이 붉어졌다. 스승에 대한 고마움과 자신의 처지에
대한 안타까움 때문이었다. 오랜 수도생활에서 속세의 삶에 처연해
하는 수바드라 선사건만 아무런 미래가 없이 떠돌아 다녀야 하는
자야의 운명에 낯빛이 흐려졌다. 대의를 실현하기 위해 반드시 거
쳐야 할 관문이라고 생각했지만 마음이 무거운 것은 어쩔 수 없었
다. 수바드라 선사는 '회자정리會者定離' 라고 불가의 말을 이었고,
이제는 온전히 불자가 된 자야는 마음속 깊이 그 뜻을 헤아렸다.

　당렉 산맥을 떠난 자야는 남서쪽으로 내려갔다. 처음 당렉으로
갔던 길을 되돌아 내려와 야소다라푸라를 멀리 돌아 남쪽으로 길
을 잡았다. 그래서 톤레삽 호수에 닿고 거기서 강을 따라 내려갈 생
각이었다. 그는 당장에라도 자야디티푸라로 달려가 가족들을 만나
고 싶은 유혹을 느꼈으나 고개를 가로 저었다. 그는 아직은 가족에
게 가야할 때가 아니라고 마음을 고쳐먹고 스스로를 강하게 채찍
질했다.

　자야는 거의 보름을 걸어 톤레삽 호수에 도착하였다. 마침 도착한
때가 오랫동안 건기가 계속된 뒤라서 호수의 물이 많이 낮아져 있
었다. 그럼에도 불구하고 워낙 넓은 호수라 가히 바다에 견줄만했
다. 호수 반대쪽은 전혀 보이지 않고 수평선만이 있을 따름이다.

　이 호수는 앙코르 제국의 신민들이 삶을 지탱해 나가는 근원이었
다. 호수는 우기에는 물을 받아들여 담고 건기에는 이를 내어 준다.
우기의 범람이 새로운 생명과 삶의 터전을 일구게 하는 단초이다.

우기가 되면 호수와 강변이 범람하여 광대한 지역이 잠기게 된다. 심지어 큰 나무조차도 물 아래 잠겨 버린다. 그곳에서 물고기들은 알을 낳고 토지는 흘러온 부유물에 다시 비옥해 진다. 호수는 광대하고 기름져 많은 물고기들이 자라나 끊임없이 먹거리를 내 주었다. 호수와 강이 잉태한 생산 작용은 비단 그 주변 사람들에게만 시혜를 베푸는 것이 아니라 제국의 신민 전체를 먹여 살렸다.

이 제국의 강역은 토지가 비옥하고 햇볕이 좋아 물만 잘 관리하면 한 해에도 몇 번씩 농사를 지을 수 있었다. 어떤 곳에서는 벼를 심지 않았는데도 자연적으로 자라서 수확을 할 수 있었다. 물속에 사는 벼는 너무 빨리 자라서 물의 높이가 올라가면 그 속도에 맞추어 자라서 물속에 가라앉지 않았다.

호숫가에는 수많은 사람들이 모여서 마을을 이루어 살고 있었다. 그들의 생업은 물고기와 가재를 잡고 조개를 채취하는 일이다. 호숫가에 지어진 집들은 허름하기 이를 데 없어 바람이 불거나 비가 오면 곧 무너져 버릴것 같았다. 집은 호수의 물이 차오르면 물속으로 잠길 듯했고 건기에 물이 멀리 빠져나가 버리면 나무 위에 걸려 있는 듯 했다. 그러나 호숫가의 사람들은 오래 전부터 이곳에 살아와서 호수는 엄마 품처럼 온화하게 그들의 삶을 지탱해 주었다.

그들의 삶은 남루하지만 부족함이 없었다. 물고기를 잡고 그것이 모자라면 육지로 나가 농사를 짓거나 열매를 따 먹었다. 배부른 삶은 아니나 배고픈 삶도 아니었다. 그저 자연의 일부로 살고 있었다.

자야는 강에서 물고기를 잡고 있는 어부를 만났다. 어부는 커다란 어구를 연이어 강에 던지며 무심히 물고기를 거두어 올리고 있었다. 자야는 어부에게 다가가 고기잡는 일을 도울 테니 잠잘 곳과 먹을 것을 달라고 청하였다.

"물고기를 잡아본 적이 있는가?"

어부가 물었다.

"아닙니다. 하지만 건강하고 힘이 있으니 하루하루 일을 너끈히 해낼 수 있습니다."

"고기잡이가 쉬워 보여도 기술이 많이 필요하다네. 힘으로만 하는 일이 아닐세."

"잔일이라도 할 터이니 시켜만 주십시오."

어부는 자야가 간청하자 하는 수 없이 일을 거들며 기거하도록 했다. 자야와 함께 강물에 어구를 던지며 어부가 말했다.

"나는 어려서부터 할아버지 아버지와 함께 물고기를 잡았다네. 할아버지가 돌아가지고 아버지와 내가 고기를 잡고 이제는 가끔씩 내 아들 녀석이 돕기도 하지. 아마 이렇게 대를 이어 수천 년을 변함없이 고기잡이가 있어왔겠지. 나의 아버지, 아버지의 아버지, 그리고 그 아버지의 아버지… 끝도 없었겠지. 앞으로도 내 아들의 아들, 그 아들의 아들… 영겁의 시간 동안 고기잡이가 있겠지. 우리는 여기에 잠시 와서 영겁을 견디어 내는 자연의 일부를 빌려 쓰다 갈 뿐이야."

자야는 넓디넓은 똔레삽 호수를 보며 마음이 울컥해 옴을 느꼈다. 우리 제국의 강산이 이렇게 광활할진데 누구하나가 지배하고 독점

할 것이 아니다. 모든 신민이 다함께 가지고 누려야 할 것이리라.

다음날 아침 일찍 일어난 자야는 물가로 나갔다. 이미 많은 사람들이 호수가로 나와 분주한 아침 시간을 보내고 있었다. 그들은 밤새 호수에 넣어 둔 어구를 거두어 그 안에 가득 찬 작은 물고기들을 잡아냈다. 그리고 잡은 작은 물고기들은 처리하느라 쉴 새 없이 손을 놀리고 있었다. 더운 나라에서 물고기를 오래 보관하는 방법은 염장이다. 앙코르 제국에서도 작은 물고기를 소금에 절인 다음 삭혀서 여러 음식재료로 사용했다.

"늦잠을 잤구먼! 얻어먹는 주제에 게으름 피우기는……"

어부는 핀잔을 하고 있었으나 결코 크게 꾸짖는 품새가 아니다.

"죄송합니다. 깨우시지 그러셨습니까."

"먼 길을 와 매우 고단해 보여서 말이야. 하여간 나왔으니 빨리 일을 도우라고!"

자야는 사람들 틈에 끼어 열심히 물고기 염장하는 일을 도왔다. 이미 오래된 염장물에서는 고약한 냄새가 나서 자야는 코를 움켜쥐지 않을 수 없었다. 바라보던 어부가 웃음을 지었다.

"이 친구, 아직 쁘로혹[22]이 뭔지 잘 모르나 보군. 이게 냄새는 이래도 먹으면 얼마나 맛있고 몸에도 좋은 줄 아나."

"저도 앙코르 사람인데 쁘로혹을 모르겠습니까. 쁘로혹을 먹을 줄 모른다면 앙코르 사람이 아니지요. 그렇지만 냄새가 너무 고약해서요."

"그래 냄새는 고약하지. 하지만 쁘로혹은 거의 모든 우리 음식에 들어가는 양념이기도 하고, 직접 먹기도 하지. 지금이 쁘로혹을 만드는 제 철이라네. 한 두어 달 잘 삭히면 아주 제 맛이 나지. 우리집 쁘로혹은 맛으로 이 고장에서도 소문이 자자하다네. 일을 끝내고 가서 우리집 쁘로혹 맛을 보여주겠네."

어부와 자야는 힘든 아침 일을 마치고 집으로 돌아와 아침 식사를 하였다. 아침식사로 밥과 함께 먹는 쁘로혹은 감칠맛이 있고 그 냄새가 오히려 고소하게 느껴졌다.

자야는 하루일이 끝나면 넋을 놓고 호수를 바라다 보았다. 호수의 저쪽에서 한 무리의 물고기 떼가 자맥질하며 몰려갔다. 그런데 모양새가 여느 물고기와 다르다. 바로 쁘싸옷[23]이었다. 이 돌고래는 민물에 살았는데 총명해 보이는 눈과 웃는 듯한 생김새가 귀엽기 그지없다. 쁘싸옷의 울음소리는 자야의 마음을 온통 흔들어 놓았다.

똔레삽 호수에서 바라보는 해지는 광경은 장관을 이루었다. 바켕에서 보는 일몰과 사뭇 달랐다. 해가 천천히 물결 위로 다가가자 세상은 온통 붉은 빛으로 물이 들었다. 하늘도 물도 땅도 모두 붉게 붉게 물들어 갔다. 해가 물속으로 빨려들어 가면 언제 그랬냐는 듯이 한순간에 아무것도 없는 암흑의 세상이 되어 버렸다.

자야는 한 달여를 어부의 집에서 머물렀다. 자야가 떠나겠다고 하자 어부는 어느새 정이 들었는지 섭섭해 하며 말린 물고기를 잔뜩 싸주었다. 어부의 집을 떠난 자야는 꼬박 사흘을 걸어 호수 아래의 강이 시작되는 곳에 닿았다.

호수의 물은 여러 개의 작은 강으로 흘러 나갔다. 자야는 여러 강 줄기 중에서 가장 큰 물줄기를 따라 내려가기 시작했다. 그러나 강을 따라 내려가다 보니 어느 틈엔가 강물이 커다란 한줄기가 되어 있었다. 이 강을 따라 열흘을 내려가면 메콩 강에 닿을 것이다.

이 큰 강의 이름은 발원한 호수와 같이 똔레삽이다. 똔레삽은 참으로 신기한 강이다. 비가 적은 건기인 11월경부터 4월까지는 강물이 호수에서 메콩 강 쪽으로 흘러나간다. 그러나 우기인 5월부터 10월까지는 강물이 메콩 강에서 호수로 흘러 들어간다. 그만큼 이 제국의 강역은 평평하고 높낮이가 없다는 징표이기도 하다. 강폭은 넓고 강물의 흐름은 매우 느려 예로부터 물건을 나르는 뱃길로 이용되었다.

강을 따라 내려가는 육로는 제대로 갖추어져 있지 않았다. 강변에는 늪지가 많아 가던 길이 갑자기 끊어져 갔던 길을 되돌아 오기도 다반사였다. 걸식하며 가는 길이라 힘들고 더디기 그지없다. 하지만 자야는 허기진 배를 부여잡고 땡볕 아래서 끈기있게 길을 갔다.

자야가 가던 길이 갑자기 나무가 잔뜩 우거진 숲으로 이어졌다. 숲이 깊어 낮인데도 어둠이 깔려있다. 그런데 갑자기 고함치는 소리가 들려왔다.

"거기 서라!"

자야는 놀라지 않았다. 궁핍한 삶에 내몰린 자들이 곳곳에서 도적이 되어 길가는 이들의 물건을 빼앗거나 강을 오르내리는 배를 노린다고 수차 들었던 터였다. 제국을 돌아다니면서 누차 도적을 만나게 될 것이다. 자야는 연마해 온 보까따오 실력을 시험해 볼 좋은 기회라고 생각했다.

보까따오는 앙코르 제국의 전투무술이다. 앙코르 병사들은 체력을 단련하고 전투력을 높이기 위해 평소에 이 무술을 수련했다. 보까따오는 그 의미가 '사자를 쳐라'고 할 만큼 힘 있는 권법이고, 신체의 모든 부위를 이용하여 상대를 제압하는 필살의 무술이다. 아무데서나 손쉽게 구할 수 있는 막대기나 짧은 방망이를 사용할 수도 있었는데, 이런 무기를 사용하면 더욱 강력한 공격이 가능했다.

자야는 어렸을 때부터 보까따오를 좋아했다. 글을 읽기보다 활달하게 움직이기를 좋아했던 자야는 어려서 이미 초급단계인 오리, 게, 말, 독수리, 용권을 배웠고, 원숭이, 호랑이, 코끼리, 악어의 권법도 청년이 되면서 익혔다. 지금은 최고수 단계를 이루기 위한 정진의 단계에 있었다. 자야는 사원의 부조나 조형에 보까따오 동작이 있으면 언제나 따라해 보곤 하였었다.

도적들은 대 여섯 명에 불과하고 그나마 잘 먹지 못해서 몸도 변변치 않아 보였다. 중늙은이와 젊은이들이 사뭇 험악한 표정을 지으려 하였으나 오합지졸에 불과했다. 자야는 도적들에게 연민이 느껴졌다. 그들은 아무 생각없이 지나가는 나그네를 불러 놓고 보니 기골이 장대하고 느껴지는 기가 예사롭지 않아 움찔하였다.

하지만 단도를 허리에 차고 있는 우두머리로 보이는 자가 호기있게 앞으로 나섰다.

"우리는 무자비한 도적이 아니다. 가지고 있는 것에서 적당히 성의를 보이면 무사히 지나갈 수 있다."

자야가 웃으며 말을 받았다.

"도적인 주제에 인심이 후하구나."

"네 놈이 아직 뜨거운 맛을 못봐서 입이 살아 있구나."

우두머리인 자가 화가 난 듯했다. 그는 단도를 꺼내 휘두르며 자야에게 달려들었다. 나머지 도적들은 그저 방심하고 지켜보고 있었다. 그런데 달려들었던 자가 한순간에 억하고 쓰러지더니 움직이지 못한다. 그제서야 다른 도적들은 대적할 상대가 보통이 아니라고 생각했던지 한꺼번에 자야에게 덤벼들었다.

그들은 보잘것없는 무기를 지니고 있었고 싸움에도 능하지 못했다. 도적들은 하나같이 자야의 보까따오에 한순간에 땅바닥에 나뒹굴었다. 어느 틈엔지 도적들이 가지고 있던 단도와 몽둥이가 자야의 손에 들어와 있었다.

가까스로 정신을 차린 우두머리인 자가 자야 앞에 엎드렸다.

"어르신, 제발 목숨만 살려주십시오. 저희는 먹을 것이 없다보니 과객들의 도움을 받아 살아가고 있는 가난한 농사꾼들입니다."

자야가 웃으면서 응대했다.

"그대들은 도움을 받는 방법이 독특하구나. 도움을 받을 요량이면 처음부터 무릎을 꿇고 도와달라고 빌어야 되지 않느냐."

"……"

도적들은 아무 말도 하지 못했다.

"나는 떠도는 나그네다. 오늘 너희들이 사는 마을에 들러 하루를 머물러 가고 싶구나. 마을로 안내하거라."

자야에게 급소를 타격당한 도적들은 다리를 절거나 팔을 제대로 움직이지 못한 채 걷기 시작하고, 자야가 그 뒤를 따랐다. 숲을 지나 조그만 마을에 닿아 자야는 마을 촌장에게 안내되었다. 촌장은 자초지종을 듣고 자야에게 머리를 숙여 사과했다.

"원래 선대부터 젊은이들이 모여 마을을 지키는 풍습이 있었습니다. 지나가는 거렁뱅이나 도둑들이 물건을 훔치거나 해코지 하는 경우가 있어 이를 막기 위해서였습죠. 저도 젊었을 때 그런 일을 한 적이 있습니다."

"……"

"헌데 언젠가부터 지나가는 사람들에게 통행료를 뜯어내기 시작했으며, 아예 강제로 통행료를 받았습죠. 이제는 인심이 나빠져 물건을 뺏는 지경에 이르렀으니 세상이 말세인가 봅니다."

"다 먹고살기 어려우니 저지르는 일인 게지요."

"젊은이들에게 지나가는 선량한 사람을 해코지 말라고 가르치지만 궁핍한 삶에 먹고 살기 힘들어 저지르는 일입니다. 과객께서 너그러이 생각해 주시오. 우리 인심이 그리 야박하지도 않다오."

자야는 촌장에게 하룻밤 묵어 갈수 있기를 청했다. 그날 밤 자야와 촌장은 세상살이에 대해 많은 이야기를 나누었다. 이야기를 나눌수록 촌장은 자야가 범상한 인물이 아니라는 것을 깨달았다. 저녁을 먹고 밤이 이슥할 무렵에야 그들은 이야기를 멈추었다. 촌장은 아래채로 자야를 안내하고 불편한 방이지만 묵어가도록 하였다.

방은 허름하고 벌레들이 많아 먼 여행으로 지친 자야였으나 쉽게 잠들지 못했다. 막 잠들려는 순간 조용히 문이 열리자 자야는 한순간 긴장하지 않을 수 없었다. 자야는 낮에 당한 자들 중 하나가 분풀이 하려고 숨어드는 것이 아닌지 의심했다.

자야는 잠든 척 하면서 들어오는 자를 몰래 살폈다. 그런데 침입자는 사내가 아니라 젊은 여인이었다. 침입자는 한순간 주춤하더니 자야의 곁에 누웠다. 여인은 부끄러운지 자야를 등지고 옷을 벗어 한순간 알몸이 되었다.

놀란 자야는 "왠 여인이냐"고 물었다.

"아버님께서 어르신이 범상한 인물이 아니라며 오늘밤 어르신을 모시라고 했습니다."

"아니될 말이오. 어떻게 아무럼 알지도 못하는 여인을 범할 수 있을게요. 더구나 나는 내일이면 이곳을 떠날 사람이라오."

"제가 오늘밤 어르신을 모시는 것은 아버님의 뜻이기도 하지만 저의 바램이기도 합니다. 어르신의 범상함에 어르신의 씨를 받고 싶사옵니다. 결코 어르신께 해가 되지 않을 것입니다."

자야는 처자가 당돌하다고 생각했다. 하지만 한 여인네의 일생이 달린 일이라며 처자와의 동침을 극구 사양하지 않을 수 없었다. 어느 순간 처자는 자야를 향해 돌아눕더니 흐느끼기 시작했다. 흐느끼는 여인을 앞에 두고 자야는 모른 채 할 수 없어 하는 수 없이 안아서 달랠 수밖에 없었다.

처자의 몸이 자야의 가슴으로 파고 들어왔다. 오랫동안 여자를 멀리해온 자야에게 한순간 아래쪽에 힘이 느껴졌다. 여인은 자야에게 더욱 바짝 다가들었다. 자야 육신의 일부가 처자의 깊은 곳을 침범하자 그녀는 파르르 떨었다. 곧이어 여인은 고통의 아픔인지 쾌락의 신음인지 알지 못할 소리를 뱉어냈다. 자야는 이내 깊은 잠에 빠져들었다.

밝아 오는 아침 햇살과 새들의 지저귐 소리에 자야는 잠에서 깨어났다. 일어나 보니 곁에 아무도 없다. 한순간 간밤에 있었던 일이 머리에 스쳤으나 누군가 다녀간 흔적마저도 없었다.

자야가 아침식사를 마치고 떠날 무렵 집 뒤켠에서 그를 향하는 눈길이 느껴졌다. 자야는 생각했다.

"허망함이다. 그저 꿈이었으리라!"

자야가 마을을 떠나기 위해 어귀로 나섰을 때 이제 막 소년티를 벗은 청년이 자야의 앞길을 막아섰다. 그는 자야를 보자마자 자야 앞에 무릎을 꿇었다. 자세히 보니 그는 어제 대여섯 도적 중 가장 어린 자였다. 그는 자야의 팔꿈치에 얼굴을 맞아 아직도 볼이 주먹만큼 부어 올라있었다.

청년이 무릎을 꿇고 자야를 올려다보며 애원하였다.

"어르신, 저는 빠드마라고 합니다. 어르신께 무술을 배우고 싶습니다. 저를 거두어 주십시오.”

“나는 무술을 가르치는 무술사가 아니다.”

“무술이 아니면 어르신을 모시는 종자라도 되고 싶습니다. 시키시는 일이면 무엇이라도 하겠습니다. 제발 거두어만 주십시오.”

자야는 일행이 생기면 먹거리를 해결하기는 어렵지만 위험에 처할 때 도움이 될 것이라는 생각이 들었다. 그보다도 이 청년은 어리기는 하지만 몸이 탄탄하고 얼굴을 보니 결의가 있어 보였다. 잘 가르치고 기르면 나중에 나라의 좋은 인재가 될 성 싶었다.

“내가 너를 여기서 데리고 가면 너희 부모님은 내가 너를 납치했다 할 것이다. 부모님께 네 생각을 말씀드리고 승낙을 받았느냐?”

“예, 이미 허락을 받았고 이렇게 행장을 차리는 것까지 도와 주셨습니다.”

빠드마는 아버지가 돌아가시고 어머니와 함께 살아왔다고 했다. 자야는 홀어머니를 모시고 사는 게 사람의 도리라고 타일렀으나, 그는 어머니에게 이미 허락을 받았다며 한사코 거두어주기를 청하였다. 하는 수 없이 자야는 빠드마를 데리고 그의 어머니를 만났다.

“이 청년이 나를 따라 이곳을 떠나겠다고 합니다. 그래서 그러지 말라고 타이르고 있습니다.”

“어르신, 그 아이를 거두어 주십시오. 남편 없이 여러 형제자매를 돌보기가 버겁습니다. 입 하나를 덜도록 애를 거두어 주십시오.

“……”

“아이가 어려서부터 영특했습니다. 잘 가르쳐 사람답게 살 수 있게 해주세요. 제발 부탁입니다."

자야는 하는 수 없이 빠드마를 데리고 마을을 떠났다. 남동쪽으로 길을 가며 자야와 빠드마는 걸식을 했다. 사람들은 길가는 나그네에게 그리 호의적이지는 않았지만 얼마간의 끼니를 내어 놓기를 주저하지도 않았다. 나누어 먹을 줄 아는 인심이었다.

---

22) 캄보디아의 젓갈.
23) 똔레삽 호수와 메콩 강에 서식하는 민물 돌고래. 그 동안 남획으로 지금은 매우 희귀한 돌고래가 되어 버렸다.

7

프놈 펜

자야와 빠드마는 닷새를 걸어 우동24)이라는 곳에 닿았다. 야트막한 크고 작은 두 개의 산이 연이어 있고 사찰이 그 위에 있어 멀리서도 보였다. 그리고 평야지대 쪽으로 제법 번화한 마을이 펼쳐져 있었다.

이제 한나절만 가면 똔레삽 강이 메콩 강과 만나는 곳이다. 우동에서 하루를 머물고 싶었지만 자야는 말로만 들어왔던 똔레삽 강이 메콩 강과 만나는 거대한 물길을 하루라도 빨리 보고 싶어 발길을 재촉했다.

그러나 나그네의 발길은 더디고 해는 빠르게 서편으로 사라져 버렸다. 해가 평원 뒤쪽으로 잠기자 주변이 빠르게 어두워졌다. 자야는 하는 수 없이 이른 아침 해뜰 무렵에 두 강이 만나는 곳으로 가

보기로 했다. 자야와 빠드마는 길가의 오두막으로 하룻밤을 청하여 들었다. 그들이 들어간 오두막은 밖에서 보아도 형편이 그리 넉넉해 보이지 않았다.

빈궁한 주인이 재워줄 곳도 먹을 것도 없다며 미안해 하였다. 그리고 펜 할머니 보살 집으로 가보라며, 펜 보살은 가난한 사람을 돌보고 과객들에게 먹을 것과 잠자리를 베풀어 준다고 했다.

자야와 빠드마는 하는 수 없이 주인이 일러준 대로 발길을 옮겼다. 조금가다 보니 야트막한 언덕이 보이고 그 위에 큰 가옥이 하나 있었다. 마당 안으로 들어가니 여러 사람과 여행객들로 보이는 이들이 있다. 그곳을 관리하는 일꾼으로 보이는 노인이 그들을 맞았다.

"이 늦은 시간에 어디서 오는 객들인지요?"

"야소다라푸라에서 출발하여 정처없이 떠도는 사람들입니다. 하룻밤 묵어갈 수 있게 해 주십시오."

"사람들이 많아 좀 불편하겠지만 밤 짐승과 이슬을 피할 수 있으니 묵어가도 좋소. 하지만 너무 많은 것은 바라지는 마오. 여기는 크게 드릴 것은 없다오."

"들판에서 자지 않는 것으로도 충분합니다. 그런데 염치없지만 먼 길을 오다보니 허기가 진데 먹을 것을 좀 주실 수 있는지요?"

"저녁식사 시간이 끝나버렸지만 부엌에 가서 남은 음식이 있나 보리다."

관리인은 다행히 부엌에 약간의 음식이 남았다며 간단한 끼니를 내어 놓았다. 자야와 빠드마는 무척 배가 고픈 터라 관리인이 내주는 저녁식사를 맛있게 먹었다. 음식은 식은 밥 덩어리와 염장한 생선 한 움큼에 불과하였으나 그들이 허기를 채우기에 충분하였다. 자야는 잠자리를 구한 것만도 고마운데 저녁밥까지 얻어먹을 수 있어서 더할 나위가 없었다.

저녁을 먹고 난 후 자야는 관리인에게 펜 할머니가 어떤 분인지 물어보았다. 관리인이 자랑스럽게 대답했다.

"펜 보살님은 일찍 남편을 여의신 불쌍한 분이었습니다. 남편이 돌아가시고 먹고 살기가 막막하여 조그마한 장사를 시작하였는데, 정이 많고 인심이 후하다 보니 많은 사람들이 몰려와 거래를 하였습니다. 그러다 보니 자연히 장사가 잘되고 장사가 잘되니 사람들에게 더 잘해 주고 그래서 재물이 순식간에 불어났습죠."

"하지만 재물이 많다고 꼭 베푸는 것은 아닐텐데요."

"그렇습죠. 하지만 펜 할머니는 사람들을 위해 음식을 나누어 주고 병든 사람들을 구완해 주어 인근에서 칭송이 자자합니다. 그분은 자기 입에 들어가는 음식보다 남의 입에 들어가는 음식을 더 소중히 여기시는 분이지요. 제가 펜 보살님을 십년 째 모시고 있는데 세상에 그런 분은 또 다시는 없을 것입니다."

"펜 할머니를 만나 뵙고 싶군요."

"그분은 지금 여기에 없습니다. 사원에 들어가 계신데 마침 108일 봉헌을 끝내고 내일이 돌아오기로 되어 있는 날입니다. 아마도 내일 다시 오면 펜 보살님을 뵐 수 있을 것입니다."

자야는 펜 할머니가 어떤 분인지 궁금해졌다. 그는 이곳을 떠나기 전에 꼭 펜 할머니를 만나뵈어야겠다고 생각했다.

　다음 날 아침 일찍 자야는 빠드마와 함께 강가로 나섰다. 아침 해가 떠오르기 전이지만 세상은 매우 훤했고 똔레삽 강과 메콩 강이 합류되는 모습이 한눈에 들어왔다. 이제 막 건기가 끝나고 우기로 접어든 가운데 물이 불어나기 시작하면서 강은 거대한 바다가 되어가고 있었다. 물이 불어나고 있었기에 물풀과 나뭇가지들이 강물 위에 여기저기 새파랗게 떠다녔다. 우기가 좀더 진행되면 물은 메콩 강에서 똔레삽 호수로 역류해 흘러 들어갈 것이다.

　"빠드마, 여기가 어딘지 알겠니?"

　"저는 태어나서 한번도 마을을 떠난 적이 없었습니다. 하지만 어른들한테서 우리가 살던 마을에서 물을 따라 동으로 가면 아주 큰 강물을 만난다고 들었는데 이곳이 그곳인가 싶습니다."

　"그래 이곳이 똔레삽 호수에서 흘러나온 물이 저 북쪽에서 흘러내려와서 남쪽바다로 가는 큰 강인 메콩 강과 만나는 곳이란다. 똔레삽 강이 메콩 강의 지류인 셈이지. 나도 말로만 들었지 이곳에 와 보기는 처음이다. 정말 거대한 물줄기구나!"

　두 강이 만나는 곳은 자야가 상상했던 것보다 훨씬 넓었다. 반대쪽 강언덕이 저 멀리 아득히 보였고, 메콩 강 하류쪽으로 내려가는 강줄기는 그 끝이 전혀 보이지 않았다. 큰 두 물이 만나는 이곳은 정기가 느껴졌다. 자야는 여기가 언젠가 제국의 중요한 고장이 될 수 있을 것이라고 생각되었다.

조금 있으니 강 너머에서 해가 떠오른다. 자야는 몇년 전 프놈 바켓에서 보았던 해를 생각했다. 해는 같다. 달라지지 않았다. 제국을 비추는 해는 어디에서 보나 장엄하고 강렬하다. 태양은 붉게 강물을 물들이더니 이내 중천으로 떠오르고 강물은 여전히 도도하다.

자야는 강에 흠뻑 매료되었다. 물은 넘실거리고 크고 작은 배들이 끊임없이 오갔다. 어떤 배는 물건을 싣고 강을 따라 올라가고 있었으며, 물고기를 잡기 위해 밤새 담가두었던 어구를 건져내는 배들도 여기저기서 눈에 띄었다. 강 이쪽과 저쪽을 왔다갔다 하며 사람들을 건너게 해주는 배도 있어서 끊임없이 사람들이 오가는 모습을 볼 수 있었다.

자야는 강을 보면서 다짐했다. 저 해가 비추는 이 제국의 모든 신민이 삶의 즐거움을 만끽하게 하리라!

강변에서 해돋이를 마친 자야는 강가에 있는 시장으로 발길을 옮겼다. 시장은 아침 일찍 해가 뜨기 전부터 열리기 때문에 벌써 거래가 한창이었다. 앙코르 제국에서 장사는 여자들의 일이었기 때문에 물건을 사고파는 대부분의 사람들은 여자들이었다.

시장에서는 많은 물건들이 교환되고 있었는데 대부분이 먹거리였다. 어떤 골목에서는 쌀, 호박, 옥수수, 콩, 양파, 겨자와 향신료를 파는 상점이 몰려있었고, 다른 골목에는 소, 물소, 염소, 닭, 돼지의 고기를 파는 가게들이 많았다. 앙코르 사람들은 살생을 달가워하지 않았기 때문에 중국인들이 주로 가축 잡는 일을 도맡아 하고 있었다.

사람들은 집에서 길러낸 채소, 닭, 오리, 과일, 계란을 가지고 와서 필요한 물건을 바꾸어 갔다. 물건과 물건을 교환하기 때문에 불편함이 없지 않았으나, 사람들은 서로를 잘 알고 있었고 신용을 중시하여 외상을 통하여 교환의 불편함을 덜고 있었다. 물론 가끔은 천이나 값나가는 금속을 내놓고 물건을 바꾸어 가는 이도 없지 않았다.

강가라서 생선을 파는 상점도 많았는데 이름 모를 생선들은 물론이고 가재, 게, 조개가 산더미처럼 쌓여있었다. 톤레삽과 메콩 강에서 잡히는 생선이 없었더라면 많은 사람들이 굶주림으로 고통받았을 것이나 두 강이 내어 주는 생선과 산물은 사람들을 배고프지 않게 해주었다. 생선은 쌀과 함께 앙코르 사람들이 가장 많이 의존하는 먹거리였다. 시장에서는 말린 생선의 고소한 냄새와 함께 생선 썩는 고약한 냄새도 스멀스멀 피어올랐다.

시장 한쪽에 많은 사람들이 몰려 있어 자야도 그쪽으로 발길을 향하였다. 가까이 가보니 사람들이 동물에게 싸움을 시키고 도박을 하고 있었다. 처음에는 닭싸움이 있었고 다음에는 돼지 싸움이 이어졌다. 짐승들이 싸우는 소리와 사람들이 물건을 걸고 응원하는 소리가 어우러져 시장은 매우 시끌벅적하고 요란스러웠다. 많은 사람들이 돼지 싸움을 좋아하였는데, 커다란 두 마리 돼지가 싸우는 모습은 도박하는 사람들이 심각한 것과 달리 매우 우스꽝스러웠다.

이곳 시장은 메콩 강과 톤레삽 강이 만나는 곳이어서 물길로 오가는 교통이 편리하여 모든 물산이 풍족했다. 아직은 야소다라푸라에 비하면 규모가 작았지만 입지가 매우 좋아서 앞으로 번성할 수 있는 곳이라고 생각되었다. 제국이 강성해지기 위해서는 이런 곳들이 전국에 많이 생겨나야 할 것이다.

＊

자야는 시장에서 하루를 다 보내고 나서 다시 펜 언덕으로 돌아왔다. 마땅히 갈 곳도 없었지만 꼭 펜 할머니를 만나보고 싶었기 때문이다. 자야가 펜 언덕으로 돌아가자 관리인이 말해 준 대로 펜 할머니 보살이 돌아와 있었다.

"할머니 저는 야소다라푸라에서 온 자야라고 합니다."

"참 먼 데서 오시었구료."

따뜻함이 베어나는 음성이다. 자야는 불현듯 어머니가 생각났다.

"사람들을 위해 인덕을 베푸신다고 들었습니다."

"인덕이랄 게 뭐 있나요. 나도 욕심이 있는 사람입니다. 다만 신의 은덕으로 좀더 많이 가지게 되어 조금은 내려놓고 싶을 따름입니다. 사람들의 기대가 오히려 부담스럽답니다."

"베풀기보다 모으는 데만 전력을 쏟는 사람들이 훨씬 더 많습니다. 할머니께서는 겸손의 말씀이십니다."

자야는 한순간 펜 할머니를 자세히 보았다. 넉넉한 상이다.

"얼마 전 물에 떠내려 오는 불상을 하나 건져냈다오. 그 불상을 모시려고 이곳 언덕에 사원을 지을 생각이오. 내일이 길일이라 첫삽뜨기 제祭를 지내기로 했으니 축원에 참여해 주오."

자야는 흔쾌히 그러리라고 했다.

다음날 새로운 사원을 건설하기 위한 의식이 열렸다. 아침 일찍부터 인근에 사는 많은 사람들이 몰려왔으며 자야와 빠드마도 군중들 틈에 끼어들었다. 여기저기서 펜 할머니를 칭송하는 소리가 들렸다.

"글쎄 말이야, 작년에 홍수로 우리 동네 사람들이 모두 굶주렸잖아. 그때 펜 할머니가 내놓은 곡식이 아니었으면 우린 모두 굶어 죽었을 거야."

"그뿐이 아닐세. 지금 그분이 거두어 주고 있는 고아들이 얼마나 많은지 아나. 펜 할머니는 꼭 극락왕생 하실 거야."

"암 그렇고 말고, 펜 할머니 같은 분이 아니면 누가 극락에 가겠는가."

첫삽뜨기 제가 시작되자 맨 먼저 초빙된 승려가 긴 축원문을 읽어 나갔다. 제가 진행되는 동안 모여든 사람들은 두 손을 모아 합장하고 연신 무릎을 꿇었다 일어났다 하며 함께 기원하였다. 자야와 빠드마도 축원하는 군중 속에 끼어 훌륭한 사원이 건축되어 대대손손 이어지기를 성심껏 기원했다.

첫삽뜨기 제례가 끝나자 펜 할머니는 준비한 음식을 모여든 사람들에게 나누어 주었다. 사람들은 펜 할머니에게 큰 소리로 고마움을 표하고 나누어 주는 음식 꾸러미를 공손하게 하나씩 받았다. 바나나 잎으로 싼 작지 않은 꾸러미는 맛있는 음식이 가득하였다. 무엇보다 앙코르 사람 누구나가 즐겨먹는 생선에 코코넛을 가미한 '아목'이 있었고 개구리를 튀겨놓은 '껭까엡'도 들어 있었다. 그리고 망고와 파파야 조각은 물론, 이름을 알 수 없는 여러 가지 과일도 곁들어있었다. 음식을 받아든 사람들은 여기저기 그늘에 흩어져 매우 즐거운 표정으로 맛있게 음식을 먹었다.

자야는 지어질 사원을 상상해 보았다. 평지 한가운데 우뚝 솟은 사원은 바라다보는 사람들의 마음을 정화시켜 주고 편하게 해줄 것이다. 그리고 바켕 사원이 야소다라푸라의 중심이 되어 온 것처럼 이 사원도 마을의 중심이 되어 이 땅과 사람들을 지켜나갈 것이다.[25]

---

24) 앙코르 제국의 멸망이후 남쪽으로 이주해 건설된 새로운 도읍지로 프놈펜에서 북서쪽으로 30Km 지점에 위치해 있다.
25) 이 사찰이 오늘날 프놈 펜 시내 중심에 있는 '왓 프놈' 으로 '언덕의 사원' 이라는 뜻이다.

8

메콩 강

자야는 메콩 강[26]을 따라 상류로 갈까 강 하류로 갈까 한동안 망설였다. 상류로 가면 산악이 성할 것이고 하류로 가면 평야가 성할 것이다. 이것이 대자연의 이치다. 강은 이내 바다에 닿을 것이고 강물은 바다의 일부가 될 것이다.

자야는 산악이 성한 상류로 가기로 했다. 아무래도 산악이 복잡하고 변화가 많아 더 많은 기회를 줄 것이라고 생각했다. 그리고 상류로 갔을 때 앙코르에서 참파국의 수도로 가는 도로도 가까이 있었다.

자야는 강을 따라 오르내리며 물건을 나르고 장사하는 상인을 만났다.

"상류로 가는 뱃길에 좀 태워 주십시오."

"우리는 사람을 태우는 배가 아닐세. 하지만 가는 길에는 노를 저을 사람이 필요하니 노꾼으로 함께 가면 어떤가?"

"기꺼이 노를 젓도록 하겠습니다. 우리가 짐이 되지 않고 배가 강물을 거슬러 올라갈 수 있도록 있는 힘을 다하겠습니다."

"하지만 품삯은 기대하지 말게. 배불리 먹여주는 것으로 만족하게나."

"당연한 일입니다."

상류로 가는 배는 매우 더디게 나아갔다. 평평한 대지를 가르는 메콩 강은 물살이 빠르지 않았으나 큰 흐름이 있었다. 자야와 빠드마가 탄 배는 바다로 나선 배와 같이 큰 물결 위에서 살랑거렸다. 이미 우기가 시작되어 위에서 내려오는 강물이 불어나고 있어 상류로 가는 뱃길은 더 힘들었다. 배에는 자야와 빠드마 이외에도 십여 명의 노꾼들이 있어 교대로 노를 저었다. 강물은 단 한순간도 쉬지 않고 배를 하류로 밀어냈기 때문에 상류로 가는 배의 노젓기는 매우 힘들고 고단했다.

메콩 강은 앙코르 제국의 북쪽에서 남쪽으로 흘러 나가는 젖줄이었다. 이 강이 어디서 출발하는지는 아무도 몰랐다. 북쪽 세계의 끝에서 온다고도 하고, 히말라야에 있는 메루산에서 시작된다는 말도 있었다. 북쪽에서 발원한 이 강은 앙코르 제국에 도달할 때 이미 거대한 물줄기가 되어 있다.

똔레삽 강과 같이 이 강에도 강변에 수많은 사람들이 깃들어 산다. 그들의 생업도 물고기를 잡고 강물에 서식하는 생물들을 채취하며 농사를 짓는 일이다. 우기에 메콩 강 물이 불어나면 바다로 미처 빠져나가지 못한 물이 메콩 강변을 홍수로 적시고 일부는 똔레삽 호수로 역류해 들어간다. 우기의 강물은 강과 호수 주변으로 범람하여 앙코르 제국의 사람들에게 삶의 터전을 제공해 주었다.

강이 넓어 상류로 가다보니 강 한가운데 널찍한 섬이 있기도 하고, 그 섬에는 마을도 있다. 강 양쪽에 줄지어 마을들이 있었으나 이들 마을들은 물길로만 이어져 있을 뿐 마을에서 마을로 가는 길이 없었다.

자야가 탄 배가 강을 거슬러 오르는데 갑자기 배 한 척이 쏜살같이 다가왔다. 다가온 배는 앙코르 제국의 관헌이 탄 배로 강의 순시선이었다. 관헌 하나가 익숙하게 한달음에 자야가 타고 있는 배로 건너 올랐다.

"어이 사공들, 어디로 가는 길인가?"

관헌은 멀루와 술라[27]를 씹고 있었는지 검붉게 드러난 이빨과 피를 흘리는 듯한 입술이 매우 위협적으로 보였다. 관헌의 물음에 배와 물건의 주인인 상인이 답했다.

"똔레삽에서 잡은 물고기로 만든 건어물을 싣고 왓푸로 가는 길입니다."

"꽤 멀리까지 올라가는 구면. 우리가 이 강의 안전한 운항을 위해 불철주야 애쓰고 있음을 잘 알지 않나! 요즘같이 물살이 빨라져 배가 올라가는 속도가 늦어지면 배를 노리는 자들이 더 많지 않은가."

"여부가 있나요. 나리들이 있어 우리 같은 장사치들이 안심하고 강을 오르내리며 장사를 하고 있지요. 감사하다마다요."

"그리 말해 주니 고맙네. 요즘 우리가 궁핍하니 건어물이나 몇 섶

주게나?"

상인이 의례 있어왔던 일인 것처럼 아무 말없이 건어물을 꺼내려는 순간 자야가 관헌 앞으로 나섰다.

"앙코르 제국의 관헌이면 국가의 녹을 받고 당연히 물길을 온전히 하기 위해 일하는 것이지, 이렇게 장삿길에 참견하여 물건을 요구하면 어떡하자는 것입니까?"

아직까지 이런 항의를 받아 본 적이 없는 관헌은 자야의 당돌한 대구에 어이없어 했다. 하지만 이내 정색을 하고 상인에게 화를 냈다.

"이 자가 정말 세상 물정을 모르는구먼. 아니 되겠어, 이 배에 실린 물건들을 다 조사해야겠으니 따라오도록 하게나."

상인이 당황해하며 관헌의 옷소매를 부여잡았다.

"어르신! 이 자는 한낱 이 배의 노꾼에 불과합니다. 제가 이번에 아주 질 좋은 쁘로혹과 말린 생선을 가지고 가는데 맛보시도록 좀 내어드리겠습니다."

"자네가 그리 말한다면 이번에는 좀 참도록 하지. 헌데 아무리 노꾼이라도 좀 생각이 있는 자들을 데리고 다니도록 하게."

상인은 쁘로혹 한통과 말린 건어물 서너 섶을 관헌에게 넘겨주었다. 물건을 넘겨받은 그는 더이상 관심이 없다는 듯이 그 자리를 떴다. 관헌이 떠나자 상인은 자야를 질책하기 보다는 그의 용기에 탄복했다. 그리고 관헌들이 나라를 빙자한 도둑에 불과하다고 푸념하고, 그런 관헌들의 배를 여러 번 만나면 먼 물길을 오가는 장사가 이익을 거둘 수 없다고 한숨 쉬었다. 자야는 이 제국에서 왜 신민들이 관리들의 횡포에 찌들어 살고 있는지 아쉬움을 금할 길이 없었다.

며칠 동안 물길을 따라 메콩 강을 올랐던 자야는 상인에게 감사 인사를 하고 배에서 내렸다. 상인은 떠나가는 자야와 빠드마가 섭섭해서인지 염장물 한 통을 손에 들려주면서 길을 떠돌다 보면 유용하게 쓰일 것이라고 했다.

자야가 배에서 내린 곳은 메콩 강변에 있는 농경지대로 강의 양쪽에는 끝없이 넓은 평원이 펼쳐져 있었다. 계절이 본격적인 우기를 앞두고 있다 보니 농부들이 농사지을 채비로 바삐 일하고 있었다. 일년 중 몇 번이나 농사를 지을 수 있지만 아무래도 이때가 가장 왕성하게 농사를 시작할 시기였다.

자야와 빠드마는 강가에서 멀리 떨어지지 않은 한 마을로 찾아들었다. 마을은 제법 크고 넓은 농토를 가진 마을이라 삶에 여유가 있어 보였다. 가장 넉넉해 보이는 집을 찾아가 당분간 일을 도우면서 묵어갈 것을 청하자 집주인은 마침 일손이 부족하고 비어있는 방이 있다며 흔쾌히 받아들였다.

그들이 찾아든 집은 앙코르 어디서나 있는 보통 구조의 집이었으나 삶이 풍족해서 널찍했다. 집은 단단한 나무로 된 12개의 지주에 사각 구조로 되어 있다. 입구는 동쪽을 향해 있고 부엌은 건물의 북쪽에 있었다. 곳간은 남서향에 있었으며 주인 가족은 북쪽 편에 거주하고 자야와 빠드마에게는 남쪽을 향한 방을 내 주었다.

자야는 일손을 거들며 한동안 머물기로 했다. 마침 농사가 한창이라 일꾼이 모자라 하루하루의 일자리를 구하기도 쉬웠다. 자야는 처음으로 벼농사 짓기를 직접 해보게 되었다. 어떤 집은 볍씨를 틔워서 그냥 논에 뿌렸고, 어떤 집은 볍씨를 한 곳에 집중하여 뿌려 얼마동안 자라게 한 후 한 뼘정도 자라면 이를 뽑아서 넓은 곳에 옮겨 심었다. 옮겨 심는 방법이 새로운 방법으로 생산량이 많지만 일손이 많이 가는 어려움이 있었다. 자야에게 농사일은 처음에는 매우 어려웠으나 차츰 익숙해져갔다.

이곳의 농토는 끝이 보이지 않을 만치 넓었다. 들판 여기저기에 한 그루씩 흩어져 있는 야자수만이 일하는 농부에게 해를 피하는 조그마한 그늘을 제공하였다. 한여름을 지나면서 뿌린 볍씨는 무럭무럭 자랐다. 그리고 여름이 끝나갈 무렵 벼는 주렁주렁 쌀알을 달아갔다. 얼마 안 있어 너른 들이 온통 황금빛으로 변해갔다.

어느 날 마을에서 어린아이가 사라지고 피가 묻은 옷이 발견되었다. 마을 사람들은 호랑이 짓일 것이라고 했다. 원래 앙코르 제국에는 밀림지대를 제외하고 호랑이가 흔한 짐승은 아니었다. 이 마을도 산이 없어 호랑이가 나타나는 일이 흔치는 않았지만 가끔씩은 호랑이가 나타나 사람을 해치곤 한다고 했다. 그런데 한번 인육 맛을 본 호랑이는 또 다시 사람을 해치기 때문에 마을 사람들은 공포에 사로잡혔다.

자야는 곧바로 촌장을 찾아가 호랑이를 잡을 수 있도록 젊은이 몇 명을 모아 달라고 했다.

"촌장어른, 제가 호랑이를 잡아 사람들이 더이상 공포에 떨지 않고 평화롭게 살도록 하고자 하니 장정 몇 명만 모아주십시오."

"호랑이는 매우 무서운 짐승 아니오! 그대 뜻은 가상하나 모두가 조심하면 되니 호랑이잡길랑 그만두도록 하오."

"어르신, 호랑이는 사람의 지혜와 용기를 당하지 못합니다. 예로부터 호랑이가 민가에 나타나 사람들을 해치는 경우가 없지 않았습니다. 호랑이가 나타나면 관가에서 관군을 풀어 호랑이를 잡지만 요즘 같이 관청의 힘이 미약하면 당연히 여러 사람이 힘을 모아 문제를 해결해야 하지 않겠습니까?"

"당신 말이 틀리지는 않소. 허나 우리들은 농사꾼이오. 사냥꾼을 모셔온다면 모르지만 칼 하나, 창 하나 제대로 다룰지 모르는 농사꾼들이 여려 명 모인다고 해도 어떻게 호랑이를 당해낸단 말이오. 호랑이는 매우 크고 사납기 이를 데 없는 짐승이지 않소. 괜히 어설프게 나섰다가 다치기라도 하면 큰일이오."

마을의 촌장은 매우 완고하였으나 자야 또한 물러서지 않았다.

"사실 저는 농사일에는 익숙하지 못하오나 과거 군병으로 종사한 적이 있습니다. 그리고 저를 따르고 있는 이 젊은이에게 무술을 가르치고 있어 우리 둘이 앞장서고 몇몇 장정들이 거들어 준다면 충분히 호랑이를 잡을 수 있습니다."

"호랑이를 어떻게 잡겠다는 것이오! 나는 우리 마을 젊은이들을 쓸데없이 위험에 빠뜨릴 수는 없소."

"저에게 염소 두 마리를 주시고 대여섯 명의 장정이 거들게 해주십시오. 염소는 호랑이를 끌어들이기 위한 미끼이고 장정들이 할 일은 북소리를 내서 호랑이가 한쪽으로 도망치도록 하는 것이니 결코 위험하지 않습니다. 호랑이와 직접 맞서는 일은 저와 이 청년이 할 것입니다."

촌장은 내심 못미더워 하는 눈치를 보이면서도 자야의 계책을 듣고 마을 청년들에게는 위험하지 않다고 생각하여 호랑이 잡는 일을 해보라고 했다. 촌장의 허락을 받은 자야는 빠드마에게 근처 대장간에 가서 긴 창과 단도를 만들어 오도록 했다.

드디어 모든 준비가 끝났다. 자야는 호랑이가 출몰할 가능성이 있는 곳에 염소 두 마리를 매어 두었다. 그리고 호랑이가 도망칠 것으로 예상되는 길목에는 자신이 있기로 하고, 마을 청년들은 다른 쪽에 배치하여 손에 북을 들고 있게 했다.

염소들은 '메에' 하고 소리를 내기 때문에 호랑이를 유인하기 쉬웠다. 두 마리의 염소를 가까이에 함께 매어 두었으니 호랑이의 공격을 받으면 적어도 한 마리는 소리를 낼 수 있을 터였다. 마을 청년들에게는 염소의 비명 소리가 들리면 그것은 호랑이가 공격하고 있다는 뜻이니 일제히 북을 울리고 고함을 치게 했다. 그러면 호랑이는 소리가 나지 않는 자야 쪽으로 달아날 것이고, 그러면 기다리고 있던 자야가 창으로 호랑이를 처치하기로 했다. 불려온 청년들은 처음에는 무서워 하다가 자야가 호랑이 잡을 계획을 설명하자 자신들에게는 별 위험이 없다는 생각에 용기를 내었다.

며칠 낮과 밤을 기다렸으나 호랑이는 나타나지 않았다. 마을 사람들은 이제 호랑이가 떠나가 버린 것 같다며 호랑이 잡기를 끝내도 될 것이라고 했다. 하지만 자야는 호랑이는 영물이어서 사람들이 방심하기를 기다릴 것이니 좀더 호랑이 잡기를 계속하자고 했다.

그믐에 이른 달이 거의 빛을 내지 못하는 어두운 밤 염소가 한 마리가 날카로운 비명소리를 냈다. 깜빡 졸고 있던 마을 젊은이들이 호랑이는 보이지 않았지만 일제히 북을 울리며 큰 소리를 쳤다. 자야도 황급히 창을 곧추잡고 어둠 속에서 호랑이가 튀어나오면 찌를 준비를 했다. 염소의 비명이 멎는가 싶더니 사람들의 고함소리가 커지자 커다란 호랑이가 아무 소리도 나지 않는 자야쪽으로 내달음질 치기 시작했다.

자야는 거대한 짐승이 자신을 향해 달려오는 것을 보고 순간적으로 몸을 피하며 창을 찔러 넣었다. 그의 창이 호랑이의 옆구리에 꽂혔으나 큰 호랑이는 쓰러지지 않았다. 뒤돌아선 호랑이는 이내 다시 자야에게 달려들었다.

자야는 호랑이가 한번의 창으로 죽지 않고 공격해 올 수 있다고 생각하여 이에 대비하고 있었다. 그러나 호랑이는 생각보다 훨씬 컸고 다시 공격해 오는 순간도 매우 짧아 한순간 당황하지 않을 수 없었다. 옆에서 빠드마가 지켜보고 있었으나 순식간에 일어난 일이라 그는 얼어붙은 듯 미처 움직이지도 못하고 있었다.

호랑이가 자야를 덮치려 할 찰나 자야는 품안에서 단도를 꺼내 들었다. 그리고 달려오는 호랑이와 함께 나뒹굴며 호랑이의 목을 향해 있는 힘을 다해 단도를 찔러 넣었다. 자야가 호랑이 밑에 깔리기는 했으나 호랑이도 온몸이 마비되어 움직이지 못했다. 그제서야 빠드마가 호랑이에게 달려들어 창으로 찌르고 호랑이의 죽음을 확인한 후, 호랑이를 밀치고 깔려있던 자야가 일어 날 수 있게 도왔다.

"큰일 날 뻔 했습니다."

"그래 생각보다 큰 호랑이였어. 단숨에 꺼꾸러뜨리기 어렵겠다고 생각은 했지만 너무 큰 녀석이어서 자칫 내가 당할 뻔 했다. 처음 찌른 창이 조금 빗나가 불안했는데 단도를 준비해 두길 잘했다. 그리고…, 네가 곁에 있어서 다행이었다."

"……"

빠드마는 호랑이가 달려올 때 오금이 저려 움직이지도 못했던 것을 기억하고 자야의 칭찬에 아무말도 못하고 겸연쩍어 했다.

자야가 흙을 털고 일어날 즈음 청년들이 북소리를 멈추고 자야가 있는 곳으로 달려왔다. 자야 옆에는 커다란 호랑이가 죽어 널부러져 있었다. 마을 젊은이들이 환호를 질렀다. 호랑이가 나타나면 항상 전전긍긍 했었는데 이번에는 호랑이를 처치했다는 기쁨에 모두 탄성을 질렀다.

얼마 안 있어 아침이 밝아왔다. 그들은 마을 한가운데로 자랑스럽게 죽은 호랑이를 떠메고 갔다. 온 마을 사람들이 죽은 호랑이를 보고 자야를 칭송하면서 이제 다시 안심하고 살 수 있겠다고 안도하였다.

촌장은 자야와 호랑이 잡이에 나선 청년들을 위해 성대한 잔치를 열어 주기로 했다. 그는 돼지와 닭을 잡고 많은 음식을 준비하여 인근 마을 사람들까지 초대하여 잔치를 열었다. 자야와 마을 사람들은 함께 어울려 호랑이를 잡은 기쁨을 나누었다. 마을의 어른들과 자야가 높은 곳에 자리잡아 앉았고, 죽은 커다란 호랑이가 잔치가 열리는 마을 한가운데 전리품처럼 놓여있었다.

잔치 중간에 촌장이 일어나 마을 사람들에게 자야를 소개했다. 자야가 어떻게 호랑이를 잡게 되었는지 설명하자 마을 사람들은 자야의 영민함과 용기에 감탄하였다. 잔치는 밤늦게까지 이어졌다.

잔치가 끝나자 촌장은 자기 집의 한 켠에 자야와 빠드마가 머물라고 했다. 그러나 자야는 촌장에게 이제 길을 떠날 때가 되었다고 사양했다. 다음날 그들은 많은 마을 사람들의 환송을 받으면서 마을을 떠났다.

---

26) 메콩 강은 중국의 티벳 고원에서 발원하여 미얀마, 라오스, 태국, 캄보디아, 베트남을 거쳐 남중국해로 흘러나가는 강이다. 그 길이도 4,400km에 달하며 강을 따라 약 1억 명의 사람들이 깃들어 산다.
27) 캄보디아의 노인들이 즐겨 씹는 기호식품이다. 멀루는 넝쿨식물인 구장나무의 초록색 잎이고 술라는 빈랑자라는 빈랑나무의 열매로 술라를 멀루에 쌓아 씹으면 맵고 떨떠름한 맛이 난다. 멀루와 술라를 씹으면 입에서 피를 흘리는 듯한 모습이 흉측해 보이나 치아를 보호하는 성분이 있다고 하는데, 반면 최근에는 술라에서 발암물질이 발견되었다는 연구결과도 있다. 중독성이 있는 기호품으로 전통적으로 중시되어 결혼식에서 신랑측의 중요한 예물 품목의 하나이다.

9

변방
몬돌끼리

마을을 나선 자야는 빠드마와 함께 동쪽으로 길을 향했다. 길을 가던 자야는 허물어진 성벽과 건물들, 그리고 그 한가운데 덩그러니 서있는 검은 벽돌 사당을 마주쳤다. 자야는 이곳이 옛날의 브야다푸라[28]임을 직감했다. 이곳은 한때 진랍국[29]의 하나였던 왕국의 도성으로 매우 번성했었다.

자야는 지평선 위에 넓게 펼쳐져 있는 성벽과 제방에서 옛 왕도의 광대한 크기를 짐작할 수 있었다. 도성은 벽돌 사당을 중심으로 여러 건물과 해자가 있고, 그 밖으로는 제방이 흩어져 있었다. 거대한 단지의 중앙 벽돌사당 하나만 온전히 보전되어 있을 뿐이고 다른 건물과 시설은 형체만 남아있다. 옛날의 영광은 모두 사라지고 폐허만이 조상들의 위업을 숨겨 안고 있었다.

도심 한가운데 우뚝 선 벽돌 사당에는 전해 오는 전설이 있었다.[30] 아주 오랜 옛날, 이 나라에 왕자가 태어났다. 그런데 왕국의 점술사는 그 아들이 왕을 죽이고 어머니와 혼인하게 될 것이라고 예언하였다. 왕은 하는 수 없이 갓 태어난 왕자를 죽이라고 하였다. 그러나 왕자를 죽이도록 명령 받은 병사는 왕자를 불쌍히 여겨 차마 죽이지 못하고 들판에 내다 버렸다.

버려진 왕자는 지나가는 농부에게 거두어져 용맹스러운 청년으로 커갔다. 늠름한 청년으로 성장한 왕자는 큰 세계를 동경하여 왕국의 도성으로 가게 되었다. 그는 도성에 닿을 무렵 길에서 시비가 붙어 그만 노인을 죽게 만들었다. 도성에 정착한 후 그는 성공하여 왕이 되고 결국 왕비를 부인으로 맞게 된다. 그러나 마침내 자신이 죽인 노인이 아버지였고 결혼한 부인이 어머니임을 알게 되자, 왕이 된 왕자는 죄의식으로 고통스러워 하며 죄를 씻고자 아름다운 벽돌사당을 건축했다고 한다.

사원 옆에는 비문이 하나 서 있었다. 이미 읽기가 힘들 정도로 풍파에 마모되어 있었으나, 비문은 이곳이 앙코르 제국의 시조 자야바르만 2세가 최초로 권력을 잡기 시작한 곳임을 말해주었다.

자야는 여기가 한때 왕국의 도성이었음이 실감나지 않았다. 링가푸라에서도 보았지만 사람의 손길이 떠나게 되면 너무도 짧은 시간에 자연의 침범으로 사라져가는 인간의 흔적이 허무하게 느껴졌다. 이곳 브야다푸라에서도 무너져 버린 옛 도성의 모습을 보고 자야는 세상사의 무상함을 절실히 느꼈다.

브야다푸라를 뒤로하고 자야와 빠드마는 동쪽으로 동쪽으로 나아갔다. 며칠 후 벼농사 지대가 끝나고 이제는 숲이 이어졌다. 사람들은 숲 사이사이를 개간하여 후추와 카사바를 경작하고 있었다. 이곳은 높은 산악은 아니었지만 경작지도 협소하여 나무들이 무성한 평원을 이루고 있었다.

숲은 온갖 기묘한 나무로 울창하고, 나무가 없는 초지에는 코끼리, 코뿔소 그리고 온갖 신기한 동물들이 깃들어 서식하고 있었다. 이들로부터 상아, 공작 깃털, 코뿔소 뿔이 생산되었다. 어떤 나무는 껍질에서 좋은 향기가 나는 기름을 만들어 냈다. 나무 중에서 장미목은 매우 단단하여 비싼 가구와 장식품을 만드는데 사용하기 때문에 이곳에서 소중한 목재로 벌채되고 있었다.

자야는 숲속을 지나다 코끼리 사냥에 나서는 일행을 만났다. 자야는 코끼리 사냥을 함께 해보고 싶어 사냥꾼 일행에게 같이 가게 해달라고 부탁하였다. 사냥꾼의 중간 우두머리쯤 되어 보이는 자가 무뚝뚝하게 대답했다.

"허! 이 사람 도대체 생각이 있는가. 코끼리 사냥이 얼마나 위험한 줄이나 아나. 이보게 코끼리 사냥은 아무나 하는 게 아니라네. 코끼리는 힘도 세고 워낙 큰 짐승이라 발에 밟히기라도 한다면 뼈만 부러지면 다행이고 목숨을 잃기가 다반사지."

"저희는 여러 가지 무술을 익힌 사람들입니다. 저는 전쟁터에도 다녀온 적이 있습죠. 간단한 일이라도 시켜주시면 고맙겠습니다."

"코끼리 사냥을 한다면 모두 도망가기 바쁜데 당신같은 사람들도 있구먼. 하지만 위험하니 직접 코끼리 잡는 일은 시키지는 못하겠고 몰이꾼이라도 하겠다면 따라 오게나."

코끼리 사냥꾼 일행은 모두 50여명이 족히 넘었다. 최고 우두머리 외에도 중간 우두머리급 사냥꾼이 대여섯 명이나 있었다. 코끼리 사냥꾼들은 하나같이 거칠고 힘이 센 장정들이었다. 그들은 처음에는 무뚝뚝하였으나 차츰 친해지자 코끼리 사냥 무용담을 앞다투어 해댔다.

그들 중 한 사람은 코끼리 사냥 도중 부상을 당해 한쪽 팔을 쓰지 못하였는데도 한 손으로 익숙하게 코끼리를 몰아갔다. 그는 코끼리의 등을 머리쪽부터 꼬리까지 마치 평지를 오가듯이 걸어 다녔다. 그는 지금까지 셀 수 없이 많은 코끼리를 잡았다고 자랑했다.

빠드마가 어떤 연유로 팔을 못 쓰게 되었는지 물었다.

"그게 말이야. 아주 큰 흰 코끼리를 잡으려고 욕심내다 그랬지."

그는 팔을 못 쓰게 되었다는 말에 화내지 않고 오히려 다친 팔이 훈장이라도 되는 듯이 흔들어 보였다.

"벌써 한 오년 전 일이야. 코끼리 사냥을 나갔는데 며칠 동안이나 코끼리 흔적도 못봤어. 그래서 하는 수 없이 그냥 돌아오고 있었는데 스무 마리쯤 되는 코끼리 떼를 만나게 되었지. 헌데 그 코끼리 떼의 대장 코끼리가 흰 코끼리라서 다들 욕심을 냈다네. 흰 코끼리를 국가에 헌상하면 큰 상을 받을 수 있거든.”

팔을 못 쓰는 그는 신이 나서 지난 이야기를 하였다.

“내가 나서서 제일 먼저 밧줄을 던지기로 했지. 제일 먼저 밧줄을 거는 사람에게 큰 영예가 돌아가거든. 내가 제일 먼저 능숙하게 밧줄을 머리에 걸었고, 다른 사람들도 나머지 네 발에 모두 밧줄을 걸었어. 하지만 이 녀석이 힘이 너무 세서 그만 우리가 끌려가게 되었지. 화가 난 흰 코끼리가 절벽근처에서 우리를 밀쳐내려 했어. 매우 위험한 순간이었지. 잘못하면 우리 모두가 떨어져 죽을 수도 있었어. 하는 수 없이 내가 재빨리 타고 있던 코끼리에서 뛰어내려 큰 나무에 밧줄을 돌려 묶었는데 서둘다가 그만 밧줄에 내 팔이 끼어 묶이는 바람에 팔이 부러지고 말았어. 얼마나 아프던지. 하지만 다행히 밧줄이 튼튼해서 흰 대장 코끼리를 잡을 수 있었지.”

빠드마는 감격한 듯한 표정을 지으며 그의 무용담을 들었다.

코끼리 사냥은 국가의 명령과 수요에 따라 이루어졌다. 사냥꾼들은 지방 관아를 중심으로 조직되었다. 지방관들은 잡아온 코끼리를 길들여 중앙에 헌상하거나 장사꾼들에게 넘겼다. 코끼리는 대개 어린 상태를 갓 벗어난 1~2세 연령의 코끼리를 잡았지만, 중앙의 수요가 많으면 이미 성년에 이른 코끼리도 잡았으나 길들이는데 어려움이 많았다.

코끼리는 전투나 대규모 공사에 사용되었다. 또한 먼 거리로 물자를 운송하는데도 매우 긴요하게 이용되어 경제적으로 중요하였다.

코끼리는 힘이 대단해 무거운 물건을 나르기에 제격이어 대규모 공사에서는 없어서 안될 가장 중요한 일꾼이었다. 하지만 흰 코끼리는 신성하게 여겨져 작업장에서 일하지 않고 왕궁의 특별한 우리 안에서 대우를 받았다.

코끼리 사냥꾼들은 며칠씩이나 코끼리 떼를 찾아 나섰다. 코끼리 떼를 만나면 먼저 잡을 코끼리는 점찍어 사로잡을 계획을 짰다. 그리고 코끼리를 타고 사로잡을 코끼리를 무리에서 떼내어 긴 대나무 장대 끝에 달린 밧줄 고리를 목과 네발에 걸어 사방에서 잡아 당겼다. 코끼리는 힘이 센 짐승이어서 줄을 풀어주고 감아서 지치게 한 후에야 사로잡을 수 있었다.

자야가 함께 한 사냥꾼 일행은 모두 매우 경험이 많고 유능하였다. 코끼리 사냥은 전투와 같았다. 작전에 따라 최고 우두머리 그리고 중간 우두머리를 중심으로 일사분란하게 움직였다. 코끼리 사냥에서 가장 중요한 것은 잘 길들여진 힘이 있고 유연한 코끼리였다. 몰이꾼들이 사로잡을 코끼리를 몰아가면 코끼리를 탄 걸이꾼들이 코끼리를 쫓아가며 밧줄을 코끼리의 네 발에 걸었다.

자야와 빠드마는 코끼리 사냥에서 몰이꾼이 되었다. 당황한 코끼리가 사력을 다해 달아나려 하기 때문에 몰이꾼의 일도 위험하기는 마찬가지였다. 자야가 함께한 사냥꾼 일행은 보름 동안 다섯 마리나 되는 코끼리를 사로잡았다.

코끼리 사냥꾼들이 잡은 코끼리를 큰 나무에 묶어 되돌아 갈 무렵 자야와 빠드마는 사냥꾼 일행에게 작별인사를 했다. 코끼리 사냥에 즐겁게 참여했던 자야는 다시 동쪽으로 발길을 옮겼다.

동쪽으로 가자 이제 땅이 높아지기 시작했다. 밀림이 울창하여 가는 길이 끊어지기도 하고, 갑자기 벼랑이 나오기도 한다. 그러나 사람들의 삶의 고집은 집요해서 그 험한 산악에까지 작은 오솔길이 있어 오가는 것이 불가능하지 않았다.

힘들게 동쪽으로 향하는 자야에게 빠드마가 물었다.

"어르신, 왜 이렇게 힘들게 밀림을 올라가고 있는지요? 어디가 목적지 인가요?"

"참파의 국경과 맞닿아 있는 산악지역으로 가고 있다. 나도 들어만 보았지 한번도 가본 적이 없다. 거기는 제국의 통치가 잘 미치지 아니하고 사람들의 말도 다르다고 들었다. 우리가 가는 곳은 몽족이 많이 살고 있는 지방이다. 그곳은 매우 높은 곳이어서 여름에도 밤이 되면 시원하고 겨울에는 춥기까지 한다는 구나."

"하지만 이렇게 어렵게 찾아갈 이유는 없지 않는지요. 산길은 험해서 가기도 힘들고 매우 위험합니다."

"거기도 우리 제국의 강역이다. 우리가 사용하는 독특한 물산이 만들어지는 곳이기도 하지. 앙코르에서 이 지역에 대해 몇 번 들었으나 실제 가본 사람조차 만난 적도 없다. 군병들이 제국을 순회할 때 들리는 지역이라고 들었다."

앙코르 제국에서는 변방의 사람들을 야만인이라고 불렀다. 제국의 말이 통하는 야만인들은 잡혀 오거나 먹을 것이 없어서 앙코르로 팔려와 노예가 되었다. 말이 전혀 통하지 않는 야만인들도 변방에 살고 있었으며, 그들 중에는 짐승과 다르지 않은 생활을 하는 족속들도 있었다.

그들은 사납고 다른 부족들과는 싸움질하기도 일쑤였다. 어떤 집단은 일정한 거처없이 떠돌아다니며 사냥을 하고 그 고기로 연명하기도 하였다. 어떤 부족은 그나마 문명화되어서 카다몬, 카사바, 후추를 재배하여 팔기도 하고 조잡하지만 베를 짤 수도 있었다.

땅이 높아지면서 열기가 적어지고 더위가 가셨다. 밀림을 헤매기를 족히 열흘을 넘도록 하자 매우 높은 고원지대에 발길이 닿았다. 조금만 더 가면 참파국에 이를 것이다. 지대가 높아 큰 나무는 더이상 자라지 않고 가도가도 끝이 없는 초원이 펼쳐져 있어 평야지대와는 완전히 다른 이국의 세계였다.

밤이 되자 사람들의 인적이 끊어지고 날씨는 춥기까지 했다. 이러다 사람들을 만나지 못하면 굶어 죽을 수밖에 없을 것 같았다. 다행히 그 깊은 밀림에도 사람들은 길의 흔적을 남기더니 이런 초원에도 어김없이 길은 남겨져 있다.

자야와 빠드마는 십여 가옥이 밀집해 있는 조그만 마을에 도착하였다. 그들은 생긴 것도 앙코르 사람들과 다르고 말도 잘 통하지 않았다. 그들의 삶은 산 짐승들의 삶과 크게 다르지 않아 보였다. 그들은 풀로 엉성히 만든 지붕만 있고 벽도 없는 아주 단순한 움집을 지어 살고 있었다.

그들의 집은 서서 걸어다니기도 어려울만치 낮았지만 들어가면 좌우측에 간단한 저장소가 있었다. 밤에 날씨가 추워서인지 가운데는 불을 피울 수 있는 화덕이 있고 거기서 조리도 할 수 있었다. 그들은 초원에서 잡은 토끼와 멧돼지 같은 산짐승과 함께 채취한 열매를 먹고 살았다. 마을 근처의 경작지에서 얻은 카사바는 그들이 허기를 달래는데 매우 요긴하였다.

이들은 외지에서 온 자야와 빠드마에게 경계의 눈초리를 보냈다. 잘못하면 그들에게 죽임을 당할 수도 있었다. 자야는 그들과 자연스럽게 의사를 소통하기가 어려웠으나 몇 개의 단어와 손짓 발짓으로 기본적인 뜻만 나눌 수 있었다. 이곳도 앙코르 제국의 땅이라고는 하나 조정의 힘이 전혀 미치지 않는 딴 세상이다.

처음 경계심을 품던 사람들이 차츰 자야와 친해지기 시작했다. 워낙 외지인과 접촉이 없는 사람들이라 이방인을 경계하였으나 가진 게 없고 물욕이 없어 순박하기 이를 데 없는 사람들이었기에 자야와 빠드마는 곧 그들과 친해질 수 있었다.

자야도 조그만 움집을 하나 지었다. 집이라고는 하지만 보잘 것 없고 초라하기 이를 데 없었다. 큰 나무를 모아 뼈대를 만들고 작은 나뭇가지로 지붕을 엮었다. 그리고 긴 풀을 모아서 빗물이 스며들지 않도록 하였다. 자야와 빠드마가 작업을 하고 이웃사람들도 거들었으나 도구가 없이 맨손으로 하는 일이다 보니 간단한 움집을 하나 짓는데도 어려움이 많았다.

　산악지대는 매우 흥미로운 지방이었다. 산 사람들은 산에 불을 질러 경작을 하고 지력이 떨어지면 다른 곳을 찾아 옮겨갔다. 자야가 도착할 무렵이 우기가 끝나고 건기로 접어 든 때라 푸르던 풀들이 하루하루 누렇게 변해갔다. 여기저기서 연기가 피어올랐다. 경작지를 만드느라 불을 지른 까닭이다.

　똔레삽 강과 메콩 강의 사람들이 물고기를 잡으며 그렇게 살아왔듯이, 이 지역 사람들도 불을 질러 경작지를 만들어 카사바나 감자를 키우며 알 수 없는 오래전부터 이곳에 살아왔다. 자야는 인간의 삶이 존속되는 위대한 힘이 무엇인지 그 근원이 궁금했다.

　산악의 밤이 추워졌다. 북쪽에서 불어오는 바람은 계곡을 돌아가며 으르렁 거리는 소리를 내고 멀리서 산짐승 우는 소리는 스산함을 더했다. 추위에 떨고 굶주림을 참아가며 잠들었던 어느 깊은 밤 자야는 울음소리에 잠에서 깨어났다.

　울음소리는 하나가 아니었다. 가까운 곳에서 들리는 울음도 있었고 멀리서 들리는 울음도 있었다. 가냘픈 울음, 통곡 그리고 가슴 안으로 밀어넣는 꼭꼭 참아가며 우는 울음도 있었다. 자야는 이 울음이 도대체 무엇인지 의아해 잠을 이루지 못했다. 몇몇 울음은 새벽을 지나 아침이 동터올 때까지도 그치지 않았다.

　날이 밝자 자야는 가까운 이웃으로 찾아가서 간밤의 울음소리에 대해 물었다.

　"지난밤 밤새도록 우는 소리를 들었소. 무슨 일이 있었던 것이오?"

"댁이 알 일이 아니오."

젊은 남자가 무뚝뚝하게 대답했다.

"울음소리가 하도 애달아 궁금해 하는 것이오."

"여기는 농사도 많지 않고 풍부한 과실도 없으니 끼니를 해결하기 어렵소. 그래서 입이라도 덜고자 아이들을 평야지대로 떠나보내곤 한다오."

그의 말에 따르면 그날이 마을에서는 갓 어린티를 벗은 아이들을 모아 떠나보내는 날이라고 하였다. 아이들은 모두 가까운 곳이나 멀리의 큰 마을로 보내진다고 했다. 아이들을 보내는 댓가로 약간의 곡식이 주어졌고 이들은 이제 평생 노예로 살게 될 운명이었다.

그들은 평생 부모를 만날 수도 없고 자유로이 주인을 바꿀 수도 없었다. 자비로운 주인을 만나면 편안한 생활을 할 수 있으나 운이 없으면 나쁜 주인을 만나 죽임을 당할 수도 있었다. 노예는 도망치다 잡히면 발목이 잘리는 형벌을 받기도 했다. 이러한 사정이니 헤어지는 자식과 부모와의 이별이 눈물로 얼룩지지 않을 수 없었다.

자야는 야소다라푸라에서 부렸던 노예들을 생각했다. 그는 노예들을 그저 물건과 같이 생각하였었다. 그들에게도 부모가 있고 똑같이 감정이 있어 이별의 아픔이 있었다는 생각을 해본 적이 없었다. 이들의 삶에 큰 연민을 느껴졌다. 삶에는 가슴 아픈 일이 많기도 하다고 자야는 생각했다. 자야는 부처님이 말하는 중생의 고통이 이런 것인가 싶었다.

고원의 겨울이 가고 봄이 왔다. 새싹이 드러나고 봄꽃들이 만발하기 시작한 초원은 아름답기 그지없다. 겨울철 불을 질러 태워 놓은 곳에 산악인들은 카사바를 심었다. 자야는 카사바의 싹이 땅을 뚫고 올라오는 것을 보면서 그곳을 떠났다.

---

28) 오늘날 '반테이 쁘레이 노코르' 유적이다. 반테이 쁘레이 노코르는 캄퐁참 지역에 있으며 프놈펜에서 동북 방향으로 약 100Km 지점에 위치한다.

29) 오늘날 캄보디아가 위치한 인도차이나 메콩 강 하류에는 기원전부터 5세기경에 이르기까지 부남국이 번성하였다. 그러나 대륙의 실크로드가 개발되면서 바닷길에 연한 부남국이 몰락하고, 좀더 내륙쪽으로 여러 세력이 생성되고 소멸되었는데 이들을 총칭하여 진랍국으로 부른다. 진랍의 세력 가운데 몇몇은 명실상부한 왕조를 이루었으며 대체로 550년부터 800년까지 메콩 강 강변과 똔레샵 호수의 동쪽 평야 여러 곳에 터잡아 통치체제를 이루었다. 이들이 전국단위의 중앙통치체제를 마련한 것은 아니었지만 인도에서 건너온 힌두문화를 흡수하여 번성하였고, 훗날 앙코르 제국의 토대가 되었다.

30) 이 전설은 그리스 외디푸스 신화와 너무 닮아 있어 신기하다.

10

자야디티푸라

참파의 국경과 인접한 고원지대에서 겨울을 지낸 자야는 동북쪽의 밀림지대를 돌아 1년여의 유랑을 끝내고 외가의 본거지인 자야디티푸라에 도착했다. 자야디티푸라는 야소다라푸라에서 동쪽으로 80여 km 떨어진 곳에 위치해 있는 매우 유서 깊은 도시였다. 확실한 유래는 알 수 없었으나 이곳은 앙코르 제국이 건국되기 훨씬 전인 진랍시대부터 많은 사람들이 정주했던 곳이다. 자야디티푸라는 앙코르 제국의 현 왕조를 이룩한 마히다라푸라 혈족의 본거지이기도 했다.

자야디티푸라에는 푸라삿 바칸 사원[31]이 있었다. 이 사원은 지금부터 100여년 전 수리야바르만 1세때 중건되었으며 앙코르 제국 북부의 중심지 역할을 하였다. 사원은 종교는 물론 사람들이 살아가는 삶의 중심이기도 하였다.

자야의 외가는 큰 지방세력이었기 때문에 자야의 거사를 지원하였음에도 불구하고 지방세력으로 살아남았다. 몇몇 사람들이 야소다라푸라로 잡혀갔고 자야디티푸라가 야소바르만 왕과 불편한 관계에 있었음은 물론이다. 하지만 야소바르만 자신도 이 지역 가문에 직접 연결되어 있었기 때문에 이곳을 완전히 버릴 수는 없었다.

자야는 자야디티푸라에 도착하자마자 가족들을 수소문했다. 다행히 그의 가족들은 난다나의 도움으로 앙코르에서 피신하여 외가 친인척의 도움을 받아 인근에서 숨어 살고 있었다.

자야가 도착한 다음날 아침 일찍 자야가 왔다는 소식을 들은 난다나가 찾아왔다. 난다나는 자야를 보자 너무도 반가운 나머지 눈물을 감추지 못했다.

"살아 계셨군요! 아니 한번도 돌아가셨다고 생각해 본 적이 없습니다. 꼭 살아오실 거라고 믿고 있었습니다. 일년 전 반디따님께서 다녀가면서 머지않아 왕자님께서 오실 것이라고 했는데 이리 오래 걸리다니요."

"그래 미안타, 너도 살아남아 주어 너무 고맙다."

"가족들은 어디에 있느냐? 어머니는?"

"......"

난다나가 대답을 못하자 자야가 다시 한번 재촉해 물었다.

"왕자님, 모친께서는 도성을 빠져나오지 못하셨습니다. 아니 떠나오지 아니하셨습니다. 우리가 야소다라푸라를 떠난 후 곧바로 관병에게 끌려가신 후 돌아가셨다고 합니다. 다행히 다른 가족은 무사히 빠져나와 여기에 살고 계십니다. 제가 가족들이 살고 있는 곳으로 모셔다 드리겠습니다."

자야는 모친이 돌아가셔 상심이 컸지만 부인과 아이들이 무사한 것만으로도 신에게 감사하였다. 자야는 난다나를 따라 부인과 아이들이 숨어 살고 있는 집으로 찾아갔다. 그들이 기거하는 집은 반나절을 걸어 도착한 숲속 깊은 곳에 있었는데 허름하기 이를 데 없었다.

부인과 함께 앉은 자야는 한편 반가우면서도 다른 한편 서글펐다.

"그동안 아이들을 건사하느라 고생이 많았소."

"아닙니다. 난다나님이 많이 도와주었고, 외가 친지들도 힘이 되주어 생활에 어려움이 없었습니다. 당신의 생사를 알 수 없어 노심초사 하였는데 반디따님이 와서 당렉에 계신다고 해서 안심했습니다."

"어머님이 관병에게 끌려가 돌아가셨다고 들었소. 좀더 자세히 말해 보오."

"네, 그러합니다. 어머님께서는 함께 가게 되면 피신이 지체되어 모두 왕실 경호대에 잡히게 된다며 집에 남았습니다. 모시고 오려했지만 워낙 완강하셔서 모실 수가 없었습니다. 관병에게 체포되어 잡혀가신 후 식음을 전폐하셔서 돌아가셨다고 합니다. 이 소식이나마 들은 것은 얼마 되지 않았습니다."

자야가 자야디티푸라에 도착하자 외가 가문의 원로들이 모였다. 그들은 찾아온 자야를 어찌할 지 의견이 분분했다.

한 원로 어른이 말하였다.

"자야를 이곳에 받아들이는 것은 곤란합니다. 그는 권력야욕 때문에 우리 혈족을 분열시켰습니다. 아직도 왕은 자야에 대해 매우 괘씸하게 생각하고 있어, 우리가 자야를 받아준다면 왕이 우리를 적대시하게 될 것입니다."

하지만 다른 의견을 가진 원로도 없지 않았다.

"그는 우리 가문의 사람입니다. 오갈 곳이 없어 우리에게 의탁하고자 왔는데 그를 내친다는 것은 도리가 아니지요. 외진 곳에 정착시켜 조용히 살아가게 합시다."

"그는 야망이 있어 결코 조용히 있지 않을 것입니다. 어떻게든 분란을 일으키게 될 것이 뻔한데 어떻게 그를 받아들인다는 말입니까. 혈족의 도리라면 그에게 얼마간의 재물을 주어 그가 먼 곳으로 떠나게 합시다."

"사람은 누구나 어려운 때에 처할 수 있습니다. 어려운 시기에 가문에서 그를 도와주지 않는다면 우리 가문에 대해 모두가 손가락질 할 것입니다. 우리 혈족의 위엄과 의리를 보여주기 위해 그를 받아줍시다. 대신에 잘 단속해 나가면 되겠지요."

원로회의는 논란 끝에 자야가 자야디티푸라에 머무는 것은 허락하였다. 그 대신 최고 원로 촌장이 각별히 주의하여 그를 단속하도

록 하였다. 자야가 자야다라푸라에 온 지 며칠 후에 외가의 촌장이
그를 불렀다.

"자야가 어르신을 뵈옵니다. 더 일찍 찾아뵙지 못해 송구합니다."

"도착했다는 이야기는 들었네. 반갑구나! 외조부께서 살아계셨
으면 자네가 온 것을 매우 기뻐했을 것이네."

자야는 외조부 이야기를 듣자 한없는 안타까움이 밀려왔다.

"제가 미숙하여 많은 분들이 어려움을 겪었습니다. 그런데도 이
렇게 염치없이 신세를 지게 되어 부끄럽기 그지없습니다. 이곳에
도움이 될 수 있는 무슨 일이라도 하고 싶습니다."

"자네도 원로회의에서 결정된 바를 들었겠지?"

"……"

"너무 섭섭해 하지 말게. 여기 사람들도 입장이 있고, 야소다라푸
라에 있는 왕의 눈치를 볼 수밖에 없지 않겠는가. 여기는 도성 앙코
르에서 얼마 떨어져 있지 않네. 자네가 여기에 왔다는 소식이 왕의
귀에 들어가는 것은 시간문제이고, 왕이 자네가 여기가 있다는 것
을 알게 되면 무슨 조치를 하려고 할 걸세. 그러면 우리가 야소다라
푸라와 대결해야 할 위험한 상황이 될 수도 있지 않나. 여기서 지내
는 데 불편함이 없도록 도와줄 테지만 다른 사람들의 이목도 생각
해 주게나."

외가의 촌장은 자야에게 자중하고 조용히 지내라고 일렀다. 그는
자야가 이곳에 왔다는 게 야소다라푸라에 알려져 다시 한번 편지풍
파가 일어날 것을 두려워하였다. 야소바르만 왕도 같은 혈족에 속

했기 때문에 왕이 자야디티푸라를 말살하려 하지 않는다면 이곳 사람들 대다수가 자야를 두둔하여 왕과 대립할 이유도 없었다.

"어르신 뜻을 잘 알겠습니다. 이곳에 머물게 해 주시는 것으로 충분합니다. 결코 누가 되는 일을 하지 않겠습니다. 조용히 지내라고 하시지만 꼭 한 가지만은 할 수 있도록 허락해 주십시오."

"그게 뭔가?"

"청소년들을 가르치는 일입니다. 이 땅의 많은 아이들이 못 먹고 못 배우고 있습니다. 단 한 명의 청소년이라도 가르쳐 떳떳하게 살아가는 방법을 알려주고 싶습니다."

자야는 간곡하게 아이들을 가르칠 수 있도록 부탁하였다. 촌장은 하는 수 없이 원로들의 동의를 받는 조건으로 아이들을 모아 가르치는 것을 허락했다.

외가 원로들을 찾아다니며 설득한 끝에 자야는 마침내 조그마한 학당을 열 수 있었다. 맨 처음 자야가 아이들을 모았을 때 가난에 찌든 부모들은 선뜻 자녀를 자야의 학당에 보내려 하지 않았다. 하지만 자야는 인근에 있는 가정을 방문하여 배움의 소중함을 설득하여 마침내 서너 명의 청소년들을 모을 수 있었다.

자야는 학당에 오는 아이들에게 글과 제국의 역사를 가르쳤다. 그리고 틈 나는대로 몸을 단련하도록 무술을 연마하게 했다. 자야는 앙코르 제국이 얼마나 위대한 제국이며 이를 영원히 이어 나가기 위해서는 젊은 사람들이 무엇을 해야 하는지 깨우치게 했다.

태어나서 아직껏 아무것도 배워보지 못하고 자라온 아이들은 배움이 무엇인지 알지 못했고 무술연마도 힘들어만 했다. 자야는 열성을 다해 아이들을 가르쳤다. 다행히 배움은 인간의 본성이고 아이들의 잠재력은 커서 시간이 가자 아이들은 물을 빨아들이는 흙처럼 앎을 빨아 들였다.

어느 날 한 소년이 자야에게 물었다.

"우리가 힘들게 배워서 무엇에 쓸 수 있는가요?"

자야가 빙그레 웃으며 대답했다.

"배움이 당장에 먹을 것을 주지는 않는단다. 하지만 배우다 보면 세상의 이치를 알게 되지. 그리고 깨우치지 못한 때 보다 많은 기회를 갖게 된단다. 그러면 억울한 일도 당하지 않게 되지. 그런 배운 사람이 많아지면 나라도 강해지고."

소년은 자야의 설명에도 불구하고 확실한 답을 얻지 못했는지 고개를 연신 갸우뚱거렸다. 자야도 지금 그의 배움이 당장 그 아이에게 무언가를 달리 하지는 못한다고 생각했다. 하지만 커가면서 차츰 알게 될 것이다. 모르며 사는 것과 알면서 사는 것이 얼마나 큰 차이를 가져오게 되는지. 굶주림과 학당에 오가는 어려움으로 포기하는 아이들도 없지 않았으나 시간이 가면서 아이들의 숫자가 늘어 갔다. 자녀들에게 배움의 기회를 주고자 하는 부모들도 적지 않았기 때문이다. 학당에 오는 아이들 수가 늘어나자 자야는 나이에 따라 또래들로 나누어 가르쳤다. 큰 아이들에게는 지식을 넓히고 몸을 단련시켜주었다. 이들이 언젠가 제국의 동량이 될 것이라고 자야는 의심치 않았다.

시간이 지나면서 자야는 틈틈이 주변 마을을 돌아다니며 더 많은 사람들과 인연을 맺는 것도 게을리 하지 않았다. 자야는 항상 자신을 낮추고 사람들을 대하였으며 상대 입장에서 생각하려고 노력하였다. 자야의 정성이 통했는지 자야는 자야디티푸라 인근의 여러 마을의 촌장들과 돈독한 관계를 맺을 수 있었다.

자야의 자야디티푸라의 삶은 단조로웠지만 평화로웠다. 다행히 야소바르만 왕은 자야가 자야디티푸라에 머물고 있는데도 아무런 조치를 하지 않았다. 그는 너무 전횡을 하다 보니 여러 곳에서 반발을 샀으며, 궁중 내에서 반란 조짐이 있어 이를 단속하느라 멀리 떨어져 있는 자야에게까지 손쓸 겨를이 없었다.

그러던 중 자야디티푸라에 머물던 자야에게 야소 왕이 궁중의 한 신하에게 살해당했다는 소식이 들려왔다. 야소 왕을 살해한 자는 트리부바나디티야였다. 그는 마히다라푸라 가문과 전혀 관계가 없어 외가 혈족들도 이 새로운 권력자에 대해 적개심을 가졌다.

자야는 무슨 일이 있게 되면 자야디티푸라 친족들로부터 지원받을 수 있을 것으로 확신하고 앙코르로 되돌아가기로 마음먹었다. 그는 출발에 앞서 외가의 촌장 어른을 만났다.

"어르신, 야소다라푸라로 되돌아갈 때가 된 것 같습니다."

"그래, 이제 돌아가도 될 것이야. 새로 실권을 장악한 자는 군출신으로 병권을 장악한 자이니 조심하게. 자네가 앙코르로 되돌아 왔다는 소식을 들으면 가만 두려하지 않을 수도 있으니 각별히 조심하게나. 여기 자야디티푸라 사람들은 자네 편일세."

"어르신의 말씀 감사합니다. 떠나기 전에 청이 하나 있습니다."

"그게 무언가?"

"여기 있으며 아이들을 모아 가르쳤습니다. 이제 제가 떠나가면 그들은 뿔뿔이 흩어지고 말 것입니다. 우리 가문에서 누군가가 아이들을 가르치는 일을 계속하게 해 주십시오."

"쉬운 일이 아닐세. 내가 원로들과 의논해 보겠으나만 자네처럼 열성을 갖고 아이들을 배움의 길로 이끌어 줄 사람이 있을지 모르겠네. 하여간 염려하지 말고 앙코르에서 돌아가서 어찌 살아갈 지 생각해 보게나."

자야는 이곳에서 하던 일을 마무리 짓지 못하고 떠나는 것이 못내 안타까웠으나 앙코르로 돌아가는 일이 늦어지면 그만큼 기회에서 멀어질 것을 염려하였다. 그는 신속히 자야디티푸라의 일을 정리한 후 가족들을 이끌고 앙코르로 향하였다.

---

31) 현재 Kompong Svay주에 있는 Preah Khan 사원이다. 이 사원은 5km x 5km 규모의 성벽 안에 축조되었는데, 오늘날에도 이 성벽 안에는 사원뿐 아니라 수많은 건물과 탑들의 잔해가 산재해 있다. 동쪽 성벽은 길이 2.8㎞와 폭 750m의 저수지로 뚫려있는 특징을 가지고 있다. 아직은 개발되지 않아 여행하기 어려운 지역이다.

11

귀환

자야가 야소다라푸라로 되돌아왔을 때 도성은 그가 거사에 실패하고 떠날 때와 크게 변한 것이 없었다. 궁중 정변으로 왕이 살해되어 나라의 질서가 흔들렸으나, 사람들의 일상생활은 예전과 그다지 다를 게 없었다.

자야는 옛집으로 돌아왔다. 그의 집은 허물어져 겨우 형체만 남아 있었으나 집으로 돌아온 감회가 무척이나 새로웠다. 허물어져 가는 집이지만 돌아와서 기쁜지 아이들과 부인의 얼굴이 편안해 보였다. 아이들은 이제 어린애가 아니라 어엿한 청소년이 되어 있어 새삼 집을 떠난 지난 몇 년간의 세월을 실감나게 했다.

자야는 집으로 들어서자마자 뒤뜰로 갔다. 그는 '어머니!' 라 부르면 곧 대답이 있을 것 같아 뒤뜰로 들었으나, 막상 텅 빈 곳을 보고 실망을 금할 길이 없었다. 어머니가 거처했던 뒤쪽 정원은 수풀만이 무성해 있었다.

자야는 우선 집을 수리하고 정리하기 시작했다. 그는 앙코르로 돌아온 후 거처의 정비를 끝내자 곧바로 어머니의 유해를 수습하고자 했다. 그는 사람들에게 수소문하여 어머니의 시신이 버려졌던 곳을 찾아냈다. 다행히 무덤이랄 것도 없는 흙무더기 한켠에서 어머니의 유골을 수습할 수 있었다. 자야는 어머니에 대한 죄책감으로 마음이 아팠다. 그는 유골을 정성껏 모아 사원으로 모셔가 화장의식을 치르기로 했다.

어머니의 화장을 준비하면서 자야는 애도의 뜻으로 머리를 삭발했다. 그리고 유골을 수습한 곳에서부터 화장지의 사원까지 풍악을 울리고 두 접시의 밥을 준비해서 중간에 넉넉히 뿌리며 어머니의 저승길이 편하도록 발원하였다.

"이제 평안히 잠드세요."

자야는 어머니의 극락왕생을 간절히 빌었다. 그리고 다시 한번 반드시 신민들을 행복하게 하고 제국의 영광을 드높이기 위해 꼭 왕위를 되찾겠다고 어머니의 영혼 앞에서 결의를 다졌다.

자야가 앙코르로 돌아온 지 얼마 되지 않아 그의 귀환 소식을 들은 반디따가 찾아왔다. 자야의 두 손을 맞잡은 반디따가 반가워 어쩔줄 몰랐다.

"왕자님, 드디어 돌아오셨군요."

"이렇게 건강한 모습으로 만나게 되어 기쁘기 그지없네. 자야디티푸라에서 그대의 소식을 몰라 무슨 일이 있지나 않을까 걱정이 많았다네."

"저는 당렉 산에서 나온 뒤 곧바로 꿀렌 고원으로 돌아와 숨어 살고 있었습니다. 고원에 있는 한 사찰에 들어가 일꾼으로 기거하며 세월을 보냈습죠. 틈나는 대로 도성에서 돌아가는 사정을 알아보고 있었습니다."

"그동안 고생이 심했겠네!"

"고생은 참을 수 있었으나, 왕자님과 난다나의 소식이 궁금해서 무척 견디기 어려웠습니다. 이렇게 다시 온 것을 뵈오니 모든 것이 제자리를 찾은 듯 합니다."

"이제 우리 모두가 다시 모였으니 무슨 일인들 못 하겠는가."

자야는 반디따의 손을 꼭 잡았다. 그리고 새로 데리고 온 빠드마를 소개하였다. 모처럼 함께한 세 사람과 빠드마는 지난 이야기를 나누느라 시간가는 줄을 몰랐다.

자야는 반디따로부터 그가 역모에 실패하고 야소다라푸라를 떠난 후 자야를 도왔던 많은 사람들이 왕실 경비대에 체포되어 죽음을 맞았다고 들었다. 희생자 중에는 거사 전에 바켕에서 잠시 만났던 브라 그루 삼앙도 있었다. 사실 그는 거사와 아무런 관계가 없는 억울한 희생자일 뿐이었다. 자야는 경솔했던 거사로 많은 사람들이 죽어간 것에 부끄럽고 안타까운 마음을 금할 수가 없었다.

왕을 살해하고 새로운 권력자로 등장한 트리부바나는 군인출신 으로 지혜는 없고 매우 의심이 많으며 성격도 포악해서 모두 그를 두려워했다. 그는 아직 왕위에 오르지 않았으나 사실상 왕으로 모든 권한을 행사하고 그에게 반대하는 사람들을 가차없이 제거했다. 그의 권력은 너무 강하여 아무도 그를 견제할 수 없었다.

그에 비하여 자야는 힘없는 왕족에 불과했다. 자야에게는 자야디 티푸라의 호족이 뒷 배경으로 있었고, 많은 왕족들이 마음속으로 그를 지지하고 있었으나 드러내 놓고 자야를 후원할 처지는 아니었다. 반디따가 몇몇 왕족의 후예들을 만나보았으나 그들은 모두 두려움에 떨고 있었다.

트리부바나에게도 자야가 앙코르로 귀환했다는 소문이 들려왔다. 그는 측근들에게 말했다.

"몇 년 전 반역을 꾀하다 도망쳤던 자야가 도성으로 되돌아 왔다. 그자는 야망이 큰 자다. 비록 전왕에 대해 반역을 했던 자이지만, 또다시 반역을 할 인물이니 결코 그대로 둘 수 없다."

그러나 트리부바나의 생각에 반대하는 의견도 없지 않았다. 그의 오른팔 격인 자가 말했다.

"그리 간단히 생각할 일은 아닙니다. 자야는 마히다라푸라 혈족의 중심이 되는 자이어서 아직도 그를 따르는 왕족과 고관들이 적지 않습니다. 그를 처형하게 되면 왕족들이 동요하게 되고 불안이

커져 왕으로 즉위하기 어려워질 수 있습니다. 일단 그를 만나서 설득해 보는 게 좋겠습니다. 그를 우리 편으로 끌어들일 수 있다면 큰 힘이 될 수 있을 것입니다."

"내가 그자에게 아쉬운 소리를 할 일이 있나. 그런 하룻강아지 정도는 아무것도 아니야."

"하지만 단 하나의 세력도 적으로 두는 것보다 우리 편으로 두는 것이 좋습니다. 그를 끌어들일 수 없다고 해도 명분을 얻는 일이니 불러서 설득해 보는 것이 좋을 듯 합니다."

트리부바나는 자야를 끌어안아야 한다는 생각을 내켜하지 않았으나 측근들의 만류와 권유로 자야를 불러들이도록 했다.

"자야 공, 야소다라푸라에 돌아온 것을 환영하네."

"환영해 주시니 감사합니다."

"그대가 나를 좀 도와주워야 겠다. 나는 이미 최고의 권력을 가지고 있으니 너는 나의 대적이 되지 않을 터. 나에게 머리를 숙이고 들어오면 너를 중용해 줄 것이나, 허튼 생각을 품는 날에는 목숨을 부지하기 어려울 것이야."

트리부바나는 자야에게 대놓고 협박조로 말했다.

"……"

"왜 말이 없는가? 내키지 않는가?"

"저는 이제 조용히 살아가고 싶을 따름입니다."

"조용히 살겠다고! 너는 결코 그럴 인물이 아니다. 전왕 시절의 일이기는 하지만 너는 역모를 꾀한 자다. 너 같은 자를 보고 가만둔다는 것은 있을 수 없는 일이나, 모두를 끌어안기 위해 용서하는 것이다."

"뜻은 고맙습니다만, 저는 그저 조용히 살고자합니다. 저의 바램이 이루어질 수 있게 해주시오소서."

"알았다. 네 뜻을 알았으니 물러가라."

트리부바나는 뜻을 굽히지 않는 자야를 매우 불쾌히 여겨 대화가 길어지지 않았다. 자야는 결코 이 권력자에게 굽히고 들어갈 생각이 없었다. 하지만 자야에게도 어려움이 없지 않았다. 그에게는 당장 이용할 수 있는 아무런 힘이 없었고 준비된 것도 없었다.

트리부바나는 자야와의 만남에서 결코 그를 끌어들일 수 없다고 생각하게 되었다. 그는 자야를 도성에서 추방시키는 것으로 일을 마무리짓고 싶었다.

그는 경호대장에게 명령했다.

"자야는 내일 당장 야소다라푸라에서 떠나야 한다. 만약 그가 다시 야소다라푸라에 발을 디디는 날이 있다면 그의 죽음이 있는 날일 것이다. 당장 그가 도성을 떠나도록 조치하라."

트리부바나의 명을 받은 경호대장이 병사를 이끌고 곧바로 자야의 집에 도착하였다. 경호대장은 자야에게 다음날 아침까지 앙코르를 떠나라는 왕의 명령을 전했다. 자야는 자신이 환영받지 못할 것이라고 생각했으나, 이렇게 빨리 추방되리라고도 생각하지 못했었다.

자야는 반디따와 난다나를 불렀다. 그리고 세간을 수습하여 다음

날 부인과 식솔들을 거느리고 다시 앙코르를 떠나 자야디티푸라로 향하였다. 그는 다시 도성을 떠나야 한다는 사실에 크게 실망하지 않았다. 그가 생각했던 것보다 트리부바나는 완벽하게 권력 체제를 구축하고 있었다. 자야는 아직 아무런 힘이 없었기 때문에 기회를 갖기 어려웠고, 준비가 되지 않은 상태에서 도성에 머무르는 것은 무의미하다고 생각했다. 자야는 앙코르로 되돌아와 어머니의 유골을 수습하여 장례식을 치른 것으로 만족했다.

바켕 사원과 사원의 동쪽 돌계단.

바켕 사원에서 바라본 앙코르 와트와 남동쪽 지평선.

바푸온 사원의 정상 테라스에서 내려다 본 '천상의 다리'.

앙코르 시대에 제작된 힌두신의 상.

당렉산맥 정상에 위치한 '쁘레아 비히어 사원'.

쁘레아 비히어 사원의 진입문.

'똔레삽 호수'의 수상 마을.

수상 마을의 가옥과 배를 타고 생활하는 주민.

똔레삽 강과 메콩 강이 만나는 프놈펜.

메콩 강의 일출과 고기잡이 나선 어부의 배.

프놈펜 시내 중심가 노로돔 길에서 바라본 왓프놈 사원.

활기에 넘치는 프놈펜의 재래 시장과 상인들.

몬돌끼리 고원지대의 산림과 초원.

축제를 준비하고 있는 몬돌끼리 소수민족 악사.

천진난만한 캄보디아의 어린이들.

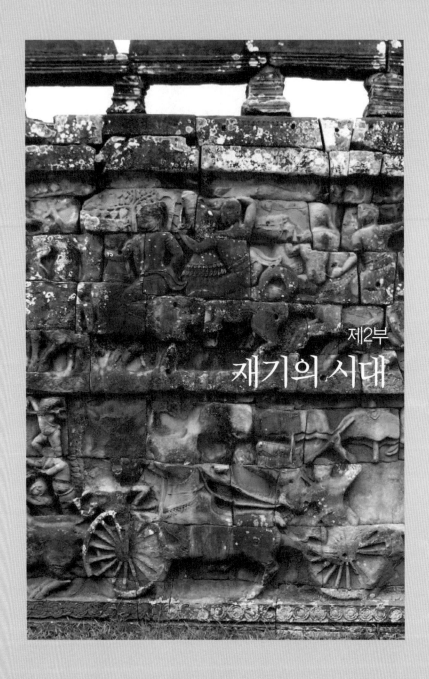

제2부

재기의 시대

12

피신

자야가 야소다라푸라를 떠난 뒤 몇달후 트리부바나는 왕으로 즉위하였다. 트리부바나디티야바르만 왕은 자야가 도성에 왔을 때 제거하지 못한 것을 후회하였다. 그가 즉위한 이후 중앙권력이 약해지고 지방 세력의 독립성이 커지자 자야가 지방세력과 연합하게 되면 중앙에 위협이 되리라고 우려했다. 그리고 자야가 앙코르에서 멀지 않은 자야디티푸라에서 머물고 있어 더욱 못마땅하게 생각되었다.

그는 알마되지 않아 더이상 참지 못하고 마침내 자야를 죽이기로 결심했다. 왕은 경호대장에게 명하여 자야디티푸라로 가서 자야를 처형하도록 했다. 그러나 다행히 궁정에는 자야의 친구들이 있었고 이러한 왕의 움직임이 경호대장의 발길에 앞서 자야에게 알려졌다.

자야는 새로운 왕이 언젠가는 자신을 해치기 위해 병사나 자객을 보낼 것으로 예견하고 있었다. 그는 항상 도성에서 돌아가는 상황에 촉각을 세우고 지인들에게 부탁하여 왕의 동태를 살폈다. 그리하여 자야는 경호대장이 자야디티푸라에 닿기 직전에 서둘러 피신의 길을 떠날 수 있었다.

자야는 떠나기에 앞서 부인과 마주앉았다.

"부인, 몇 년 전에는 야소다라푸라를 떠나면서 아무런 작별인사도 하지 못했소. 지금은 그나마 떠난다는 말이라도 하고 떠나니 다행이오."

"걱정하지 마세요. 우리네 여인들은 부군의 길을 막지 않습니다. 사내대장부가 뜻을 품었으면 하고픈 바대로 하는 것이지요."

"그리 말해주니 고맙소. 왕실 경호대장은 나를 치고자 함이니 가솔들을 해코지 하지는 않을 것으로 생각되나 모르는 일이오. 아무튼 조심하고 어떻게든 생명을 부지하시오. 그래야 나중을 기약할 수 있지 않겠소!"

"어디로 가시겠습니까?"

부인이 안타까이 물었다.

"차라리 나의 행방을 모르는 것이 당신과 가족의 안위에 보탬이될 것이오."

그때 부인이 함 하나를 꺼내 자야에게 건네주었다.

"결혼하면서 가지고 온 패물입니다. 그리고 시부께서 왕으로 계실 때 내려주신 선물을 모은 것입니다. 지난번 여기에 피신 왔을 때쓸까하다 더 필요할 때가 있을 것 같아 아꼈습니다. 지금이 더 필요한 때인가 봅니다.”

자야는 부인이 내어준 패물함을 잠시 말없이 바라보았다.

“부인, 내 언젠가 백 배, 만 배 더 많은 보물을 모아 주겠소.”

자야 부인이 미소를 지으며 그 약속을 반드시 지켜 달라고 농담을 건네자, 자야는 마음이 조금 가벼워졌다.

“다시 만날 때까지 오랜 시간이 걸릴 수도 있소. 아이들이 걱정이오만 외가에서 도움을 줄 것이오. 이제 곧 성인이 될 터인데, 아비 없이 자랄 것을 생각하니 맘이 아프오. 하지만 지금 가는 길은 재기를 위한 길이 될 테니 희망을 버리지 말고 기다리도록 하오.”

“여기는 염려마세요. 아이들은 제가 알아서 성심껏 보살피겠습니다. 두 아이 모두 다 당신을 닮아서 여간 씩씩한 게 아니에요.”

그날 밤 자야는 반디따와 난다나 그리고 빠드마를 데리고 곧바로 집을 떠났다. 자야는 가야겠다고 마음먹은 곳이 오래 전부터 있었기에 자야디티푸라를 나서자마자 그곳을 향해가기 시작했다. 그들의 발길은 참파 국을 향하고 있었다.

자야가 참파로 간다고 말했을 때 반디따가 말렸다.

“왕자님, 참파는 예로부터 우리와 문화와 종교를 나누었으나 항상 적대관계에 있었습니다. 수리야바르만 왕께서 참파를 공격하여 침탈한 것이 이제 갓 스무 해가 지나지 않아 아직도 우리에 대한 감정이 좋지 않습니다. 특히나 수리야바르만 왕께서 중원의 세력과 통교하여 참파를 공격한 것을 두고 큰 적개심을 가지고 있습니다. 지금 참파에 가시면 위험합니다.”

"참파로 가는 것이 위험한 줄은 잘 아네. 하지만 이 제국 내에서는 어디에서도 안전한 곳을 찾기 어렵네. 다행히 참파 원정에 따라간 적이 있어 참파를 잘 알고 있으니 거기서 시간을 보내며 후일을 도모할 생각이네. 그들을 잘 구슬리면 우리에게 기회가 올 것이야."

"지금 왕은 전왕을 살해하고 왕위에 올라 백성들의 존경을 받지 못하고 귀족들도 등을 돌리고 있습니다. 지방의 호족세력을 연합한다면 왕과 대결할 충분한 힘을 모을 수 있습니다."

반디따가 다시 한번 간곡히 만류하였다.

"물론 지방호족 세력을 설득하여 연합하는 것이 중요하네. 하지만 그것만으로 중앙권력에 대항하기는 어렵네. 호족들이란 중앙에 대항하기 보다는 자신들의 기득권이 인정된다면 중앙 권력에 순종하는 존재들이지 않는가."

자야의 결단은 매우 굳었다.

"나는 참파로 갈 것이네. 참파의 도읍 비자야가 전쟁의 상처를 씻고 새롭게 부흥하고 있다고 들었네. 그곳에 가면 기회가 있을 것이야……"

자야 일행은 발길을 재촉하여 앙코르의 반대 방향인 참파를 향해 갔다. 왕명을 받든 왕실 경호대장이 자야디티푸라에 도착하여 자야가 피신한 것을 알게 되면 곧바로 그를 추격할 터였다. 앙코르 제국 내에서 우물쭈물하다가 왕실 경호대에 붙잡히는 날에는 목숨을 부지하기 어려웠다.

발걸음을 서두른 자야 일행은 삼일 후 왓푸[32]를 지났다. 왓푸는 야소다라푸라에서 비자야에 이르는 중간의 메콩 강 상류에 있는 아주 오래된 도시였다.

"왕자님, 왓푸는 오래 전부터 우리 강역의 변방이었지요."

반디따가 말했다.

"그렇지, 왓푸는 우리 제국이 얼마나 강성하냐의 시금석일 것이네. 우리가 강성하면 제국의 품안에 왓푸가 있을 것이나, 그렇지 않으면 이 보물을 뺏기고 말 것이야."

"이곳은 우리 제국이 강토를 지키는데 매우 중요한 지역일 겝니다. 왓푸가 불안정해지면 메콩 강 수로의 안전을 잃게 되니까요."

"맞는 말이네. 야소다라푸라부터 이런 변방까지 원활한 소통을 유지해야 제국이 강성할 터인데, 도성의 관리들은 앙코르 밖의 일은 도통 관심이 없으니 걱정이라네. 왓푸는 특히나 중요한 도시인데 버려져가고 있어 안타깝네."

자야가 한숨을 쉬었다.

왓푸를 지나면서 자야 일행은 장사치로 가장하기 위해 비자야까지 가지고 갈 몇 가지 물건을 구입하였다. 동쪽으로 길을 서두른 자야 일행은 얼마 안 있어 참파의 국경에 닿았다. 앙코르 제국과 참파국의 국경은 선이 아니라 면이었다. 어떤 앙코르 사람들 마을은 참파 안으로 들어가 있었고, 반대로 참파인 마을이 앙코르 제국으로 들어와 있기도 했다. 그리고 참파와 앙코르 사람들이 함께 모여 살고 있는 마을도 적지 않았다.

앙코르와 참파의 국경 지역은 남쪽의 저지대를 제외하고는 대부분이 산악과 밀림지대였기 때문에 서너 개의 길을 제외하고는 양국 간의 이동이 여의치 않았다. 국경을 통과하는 길목마다 두 나라는 국경 마을에 수비대를 두고 있었다. 국경수비대라고 해 보았자 큰 군대는 아니고 고작해야 100여 명 남짓의 병사가 있었을 뿐이다. 그들은 왕래하는 장사꾼과 행인을 갈취하여 살아가는 합법적인 산적과 같았다.

자야 일행은 상인으로 가장하여 참파로 이동해 갔다. 그들은 국경에 인접한 앙코르 마을의 국경수비대를 통과하는 데는 어려움이 없었으나, 국경을 넘자마자 참파의 국경수비대에 제지당했다.

참파 국경수비대의 한 병졸이 자야 일행을 붙잡고 괜한 꼬투리를 잡기 시작했다.

"너희들은 어디에서 오는 자들이냐?"

"야소다라푸라에서 왔습니다."

자야가 주눅들지 않고 병사의 질문에 답하였다.

"우리는 야소다라푸라에서 비자야로 가는 장사치입니다. 앙코르와 참파는 형제국이며 오래전부터 물건을 교환해오고 있습니다. 심지어는 전쟁 때 조차도 우리 장사치들은 양국을 오갔습니다. 그것은 우리 두 나라의 거래가 서로에게 이익이 되기 때문입니다."

병졸이 짜증스레 말을 되받았다.

"그래 잘 알고 있다. 하지만 장사치로 가장한 세작들이 많아 각별히 경계를 늦추지 말라는 하명이 있었다. 너희들은 차림새로 보아서는 장사치 같아 보이기는 한다마는 느낌이 좋지 않다. 장사치라면 물건을 많이 가지고 있어야 할 것 아니냐."

"장사치로 보이면 장사치이지 뭐겠습니까. 우리는 주로 비자야에서 물건을 사서 앙코르로 가지고 가기 때문에 비자야로 가는 길은 가지고 가는 물건이 많지 않습지요."

자야는 병사들이 이렇게 꼬투리를 잡음으로써 장사꾼들로부터 귀중품이나 물건을 뜯어내고 있다는 것을 잘 알고 있었다. 한참의 실랑이를 벌인 후에야 자야는 준비한 작은 보석 팔찌 하나를 품에서 꺼내 들었다. 처음부터 가진 것을 건네 줄 수도 있으나 그렇게 되면 더 많은 것을 요구하게 되어 자야는 일부러 한참의 말대꾸 이후에야 물건을 건네주었다. 제법 값이 나갈 듯 보이는 팔찌를 받은 병사는 더이상 군말없이 자야 일행을 통과시켜주었다.

국경수비대 병사와 장사꾼들은 서로의 사정을 잘 알고 있었다. 수비대의 병사들이 너무 엄격하게 하거나 장사꾼들의 물건을 모두 빼앗게 되면 결국 두 나라 사이에 무역이 없어지게 될 것이고, 그렇게 되면 그들의 생존수단 마저 없어지기 때문에 적절한 선에서 묵계가 있는 것이다. 참파의 병사들은 앙코르 상인에게서만 뜯어냈고, 앙코르의 병사들은 반대로 참파 상인들을 그들의 먹잇감으로 했다.

---

32) 메콩 강변에 6세기 경부터 건설된 도시로 앙코르 와트 보다 100여년 전 건축된 사원이 있다. 앙코르 제국은 11세기에 이곳까지 세력을 확장하였으나 오늘 날 왓푸는 라오스에 속해 있다.

13

참파 국

참파는 앙코르 제국의 동쪽에 위치한 나라로 천년이 넘는 오래된 역사를 가지고 있었다. 그러나 상당 기간 네 개의 소왕국으로 분리된 연맹왕국으로 발전하여 왔기에 통일된 역사를 가지게 된 것은 그리 오래되지 않았다. 통일을 이룬 참파 왕조는 처음에는 '후에'에 왕도를 정하고 있었다. 그러나 참파는 북쪽에서 일어난 대월국[33]의 압박이 심하여 후에를 포기하고 보다 남쪽에 있는 '비자야'로 천도하지 않을 수 없었다.

참파는 인도와 중국의 항해 길에 접하는 연안에 위치한 왕국이다. 해양세력의 하나인 참파는 바다에서 상업을 보호하기 위해 강력한 해군을 보유하고 있었으며, 이 나라의 해군은 때로는 해적질도 마다하지 않았다. 참파 국과 앙코르 제국은 문화와 전통을 나누었고 많은 유사성을 공유하여 서로 형제국이라는 생각도 없지 않았으나 대부분 시절 적대 관계가 지속되었다.

앙코르 제국의 왕도 야소다라푸라에서 참파 국의 수도 비자야까지는 빨리 걸으면 보름이면 닿을 수 있었다. 두 나라 사이에는 크고 작은 수많은 전쟁과 다툼이 있어 왔다. 최근 수리야바르만 2세는 중원과 외교관계를 긴밀히 맺고 그들을 끌어들여 참파를 협공하였다. 그래서 근자에 들어 참파는 앙코르 제국에 대해 더욱 좋지 않은 감정을 가지게 되었다.

자야 일행은 참파의 영토로 들어온 이후에도 상인을 가장하여 비자야를 향해 발걸음을 재촉했다. 참파 국의 국경에서부터 비자야까지는 그리 멀지 않았다. 사람들의 모습도 앙코르인들과 크게 다르지 않아 자야 일행은 특별히 눈에 띄지 않고 참파의 수도 비자야를 향해 순조롭게 길을 갈 수 있었다.

"참파 사람들이 사는 모습도 우리 앙코르와 그리 다르지 않아 보입니다. 나라가 달라도 이렇게 똑같이 산다는 게 신기합니다."

빠드마가 말했다.

"난 앙코르 사람이지만 이곳에서 태어났었다. 부모님 세대에 앙코르에서 이곳으로 이주해 왔기 때문이었지. 사람들이란 남의 땅에 가면 텃세라는 게 있는 법이야. 어렸을 때 아무 잘못도 없는데 앙코르 자식이라고 해서 서러운 일을 많이 당하곤 했지……"

난다나는 다시 참파로 돌아온 것이 달갑지 않았는지 시무룩하게 빠드마에게 이야기했다.

"너무 염려하지 말거라. 나에게 생각이 있다. 처음에는 어렵겠지만 점차 우리가 할 일을 찾아가게 될 것이니라."

자야가 난다나를 위로하였다.

자야디티푸라를 떠난 지 스무날이 거의 되어서야 자야 일행은 비자야에 도착했다. 비자야는 생각했던 것보다 훨씬 융성해 있었다. 앙코르와의 전쟁으로 인한 상흔은 말끔히 씻겨지고 사람들이 사는 거리는 활기가 느껴졌다. 거리의 풍경과 힌두신들이 거처하는 사원의 모습도 비자야나 야소다라푸라나 크게 다를 게 없었다. 도시 곳곳에서 마주치는 커다란 코끼리 얼굴을 가진 엄숙한 신상과 다소 투박해 보이나 도드라진 가슴과 큰 엉덩이로 관능미가 더해진 압사라도 정겹게 느껴졌다.

자야가 도착했을 때 참파에서는 정치적 혼돈이 마무리되고 있었다. 자야인드라바르만 4세가 정적들을 물리치고 권력을 장악하여 이제 막 참파 국의 왕위에 오른 터였다.

"드디어 왔구나! 남의 땅 한복판에서 살아남는다는 게 쉽지는 않을 것이야. 모두 정신 바짝 차려야겠지. 하지만 이곳은 우리에게 기회의 땅이 될 것이다. 모든 것이 우리가 하기 나름이겠지."

자야가 일행을 다시 한번 격려하며 말했다.

"우리는 꼭 성공할 것입니다. 그렇지 않으면 억울해서 살 수가 없을 것입니다. 우리의 대업을 성취하기 위한 씨앗을 뿌려야 하는 곳입니다."

반디따는 처음에는 참파에 오는 것을 반대하였으나 막상 비자야에 도착하자 생각을 바꾸어 결의에 찬 어조로 말했다.

"자네들이 이렇게 함께하니 반드시 성공할 것일세. 나에게 계획이 있으니 다들 나를 믿고 따라 주게나."

"여부가 있습니까. 우리는 왕자님과 함께라면 염라대왕이 있는 저승에라도 갈 것입니다. 여기 사정은 제가 잘 알고 있으니 아무 염려 마십시오."

난다나가 결의를 보이기 위해 주먹을 불끈 쥐어 보였다.

그날 밤 세 사람은 빠드마가 지켜보는 가운데 결의식을 가졌다. 그들은 어깨에 똑같은 문양의 큼지막한 문신을 하나씩 그려 넣어 형제임을 표시하고 신의 가호를 빌었다. 빠드마는 세 사람을 지켜보면서 눈물을 글썽거렸다.

자야는 장기 계획을 가지고 천천히 일을 준비해 나가야겠다고 마음먹었다. 몇 달 안에 끝낼 일이 아니고 적어도 몇 년이 걸릴 일이라고 생각했다. 조급히 무리하게 일을 하다가 실패하는 것보다 신중하게 성사시키는 게 중요하다는 것을 그는 뼈저리게 깨닫고 있었다.

자야는 부인이 전해 준 패물의 일부를 처분하여 자금을 마련하고, 값나가는 몇 개의 패물은 나중에 중요한 일에 쓸 요량으로 남겨두었다. 부인이 전해준 패물은 생각보다 무척 값나가는 것들이 많았다. 왕가의 여인으로서 부인이 모아온 패물의 값어치가 상당한 것은 당연한 일이기도 했다.

자야는 비자야 외곽에 음식과 술을 팔며 숙박을 제공하는 객주를 열었다. 그리고 앙코르와 참파 국간의 무역업도 개시하였다. 객주는 온갖 소문이 직결되는 곳이다. 객주에서는 가까운 곳뿐 아니라 멀리서 일어나는 일조차도 쉽게 알 수 있었다. 앙코르에서 필요한 물건과 값나가는 물건을 잘 알고 있었기에 무역업은 생각보다 많은 이익을 남겨주었고, 앙코르 사정도 잘 알 수 있게 해주었다.

자야나 반디따는 장사를 해 본 경험이 없었으나 세상에 대한 폭넓은 식견을 가지고 있었기에 그들의 사업은 번창해 갔다. 그리하여 오래지 않아 상당한 재물을 모을 수 있었을 뿐 아니라, 참파 조정은 물론 전국의 사정을 속속들이 알 수 있게 되었다. 앙코르 각지에서 참파로 오는 장사꾼들과 넓은 교분을 가지게 된 것도 생각하지 못했던 수확이었다.

자야가 참파에 도착한 후 시간은 매우 더디 흘러갔다. 하지만 영원히 멈춰버릴 듯 한 시간이었지만 하루하루 지내다 보니 어언 5년여가 흘렀다. 앙코르에서 온 장사꾼 일행이 자야의 객주에 들렀을 때 자야는 넌지시 앙코르의 사정을 물었다.

"야소다라푸라에서 오신 것 같은데 요즘 앙코르 근황은 어떤가요?"

"말도 마쇼. 요즘 같이 가다가는 잘못하면 나라가 망할 지경이오. 모든 작자들이 간신배가 되어 왕에게 비위만 맞추고 누구 하나 백성을 돌보려는 자가 없으니 참……"

"왕이 강력한 권한을 가지고 있어 모두 그를 따르고 지방도 앙코르에 잘 복속되어 도성과 지방이 잘 소통되고 있다 하던데요."

"어디서 그런 헛소문을 들었소. 왕은 권력을 가지고 신민들이 잘 살도록 하는 게 아니고 몇몇 측근들과 배불리기만을 하고 있다오. 지금은 그 많던 건축공사마저도 없소."

자야는 앙코르 제국의 운명이 잘못된 방향으로 가고 있는 것 같아 안타깝기 그지없었다. 지금 참파는 나날이 번성해 가고 있는데 우리 제국은 혼미의 나날로 허송세월을 하고 있으니, 이대로 가다가는 머지않아 앙코르가 참파에게 짓밟힐 것이다. 그러면 그에게는 기회가 올 수 있지만 자야는 그러한 기회가 자신에게 오지 않아도 좋으니 나라가 강성해지기를 마음속으로 빌었다.

어느 날 난다나가 삶이 지겹다는 투로 반디따에게 말했다.

"어르신, 이제 정말 일하기가 힘듭니다. 장사나 하며 시간을 보내느니 차라리 고향에 돌아가 농사나 지으며 살고 싶습니다."

"자네 일하기가 싫어진 모양이구먼."

"일하기가 싫어진 게 아니라 이런 장사말고 큰일을 하고 싶어서입죠. 제가 젊었을 때 앙코르 군에 투항해 들어간 것은 이렇게 장사치가 되려고 그런 것은 아닙니다. 사내대장부로 태어났으면 큰일을 해야 한다고 생각해서였는데……"

"자야 왕자님이 다 생각이 있을 것이야. 기다려 보자고."

"그런데 비자야에 온 지가 벌써 몇 년인가요. 이러다가 장사치로 늙어 죽겠습니다."

"허허! 큰일을 하려거든 때를 기다려야 하는 것일세."

"때가 따로 있겠습니까. 만들어 가야죠."

"자네 말도 틀린 말은 아닐세."

반디따와 난다나가 이야기 하는 동안 빠드마를 데리고 밖에 나갔다 돌아오던 자야가 이들 대화를 듣게 되었다. 이야기에 정신이 팔린 두 사람이 자야가 들어온 것을 몰랐기 때문이다. 그날 밤 자야는 침소로 반디따, 난다나 그리고 빠드마를 불러들였다.

"내 우연찮게 자네들이 하는 말을 들었네. 모두 다 틀린 말이 아닐세. 우리가 참파로 온 지가 벌써 몇 해인지 가물가물 할 지경이구먼. 그동안 모두들 고생이 많았어……"

자야의 말을 들으면서 난다나가 당황하여 몸둘 바를 몰랐다.

"신의 가호로 우리는 크게 성공했네. 우리는 이제 참파 사정을 속속들이 알게 되었고, 얼마간의 재산도 모았어. 이제는 우리가 목적한 대업을 성취하기 위해 일을 시작할 때가 되었네."

반디따와 난다나는 자야의 대업이라는 말에 감격스런 표정을 지었다. 반디따가 감개무량한 목소리로 말했다.

"왕자님, 그동안 너무 긴 세월이었기에 감히 여쭙지 못했습니다만, 왕자님께서 대업을 잊어버리고 장사치로 안주할까 조마조마 했습니다."

자야가 의미 심장한 미소를 지었다.

"지금부터 나는 두 가지 일을 하려고 하네. 하나는 참파 궁중에 직접 친교관계를 만드는 일이고, 다른 하나는 우리가 거사할 때 움직일 수 있는 군병을 기르는 것일세. 첫째 일은 내가 여기서 할 것이지만 군병을 기르는 일은 자네들이 앙코르 땅으로 돌아가서 해주게. 내가 이곳을 경영하면서 군비를 마련해 보내도록 하지. 앙코르로 돌아가서 지방세력과 연합하고 젊은이들을 모아 훈련시키도록 하게나."

반디따와 난다나는 희망에 부풀었다. 그들은 이제야 제대로 일을 시작하는가 보다 생각하여 기쁘기 그지없었다.

"우리의 목표를 쟁취하는데 많은 군병이 있으면 좋겠지만 여의치 않을 것이니, 정예의 소수를 지향하도록 하세. 전투는 숫자로만 하는 것이 아니야. 전장에서 최선을 다해 싸울 이삼천 명의 병사만 가지면 우리의 대의를 이루는데 충분할 것일세. 다만 우리의 군병은 젊고 용맹스러우며 대의를 위해 기꺼이 목숨을 내놓을 수 있는 충성스러운 자들이어야 하네. 그들에게는 대업이 완성되는 날 최대한의 영광과 예우를 약속하겠네."

반디따와 난다나도 자야의 생각에 공감하였다.

"군병을 기르기에 적합한 지역은 앙코르 제국의 동쪽 변방일 것이네. 아무래도 도성에서 떨어진 지역이라 관청의 손길이 멀고 정글지대라서 중앙의 방해를 받지 않고 군병을 기를 수 있을 것이네. 군병을 기르는 일은 하루 아침에 되는 일이 아니고 몇 년이 걸리는 일이니 조급히 생각하지 말고 튼튼히 일하는데 유념토록 해

주게나."

반디따와 난다나는 자야가 생각하는 지역을 잘 알고 있었으며, 이미 머릿속에 어떻게 군병을 육성해야할지 계획이 들어서 있었다.

"반디따, 자네는 한 가지 일을 더해 주어야 하네. 군병을 기르는 산채를 경영하면서 틈틈이 지방을 방문하여 나의 대리인으로 호족들을 만나 친분관계를 구축하도록 하게. 그들의 지지가 우리가 최후의 목적을 이룰 때 큰 힘이 될 것이네. 그리고 각지의 젊은 청년들을 병사로 모으도록 하게나."

며칠 후 자야와 빠드마는 비자야에 남고 반디따와 난다나는 얼마간의 금과 보석을 숨겨가지고 비자야를 떠나 앙코르 땅으로 되돌아갔다.

---

33) 비엣족들이 세운 국가로 훗날 참파를 멸망시키고 오늘날 베트남의 전신이 되는 국가를 건설했다.

14

적과의
연맹

반디따와 난다나가 비자야를 떠난 이후 곧바로 자야는 참파 왕실에 줄을 대기 시작했다. 참파의 왕 자야인드라바르만 4세는 매우 영민한 지도자였다. 그는 왕이 되기 전부터 정실과 첩실로부터 여러 명의 아들을 얻고 있었으며, 왕이 된 후에는 출생을 가리지 않고 능력있는 왕자들을 중용했다. 그리하여 왕자들은 서로 경쟁하면서 커갔고 각자가 충복들로 조직된 사병도 가지고 있었다.

자야인드라바르만 왕이 즉위한 이래 참파의 국력은 나날이 강성해지고 있었다. 나라의 곳간에 재물이 쌓이고 병사들의 함성이 여기저기서 높아가자 참파에서는 정복전쟁의 욕구가 높아 졌다. 급기야 조정안에서는 북진과 서진을 주장하는 두 개의 의견이 대립하기도 하였다.

북진을 주장하는 자들은 대월국의 압박으로 옛 왕도 인드라푸라를 포기하고 떠나 온 것을 상기시키며 북으로 진군하여 대월국을 쳐서 고토를 회복하자고 했다. 이에 반하여 서진을 주장하는 자들은 앙코르의 수리야바르만 왕에게 패한 원한을 갚고 호전적인 이웃나라 앙코르를 제압하여 다시는 참파를 넘보지 못하게 하자고 했다.

　북벌을 주창하는 자들의 주동자는 왕비의 첫 번째 왕자였으며 나이든 조정신료와 장군들이 그를 따랐다. 서진을 주장하는 파를 이끄는 자는 후궁 소생인 다섯 번째 왕자 몬띠였다. 몬띠는 후궁 소생으로 입지가 약했으나 지략과 용기가 뛰어난 것으로 소문 나 있었다. 그의 주변에는 항상 변화를 갈망하는 젊은 사람들이 머물렀다. 자야는 서진을 주장하는 몬띠와 친분을 맺기로 마음먹었다.

　자야는 몬띠 왕자와 연을 만들어 줄 수 있을 것으로 생각되는 몬띠의 경호무사 하나와 평소에 친분을 쌓아 온 터였다.

　"나리! 오랫동안 지켜보았는데 나리께서 몬띠 왕자님을 보필하는 무사들 중에 단연 으뜸이십니다. 왕자님을 한번 만날 수 있게 해 주십시오."

　"장사꾼이 몬띠 왕자님을 만날 일이 있는가. 설사 만나고 싶다 해도 그냥 될 일이 아닐세. 잘못하여 몬띠 왕자의 비위를 거스르게 되면 내 지위도 온전히 보전할 수 없거든."

　"그런 염려는 마십시오. 제게도 몬띠 왕자님을 흡족하게 할 계책이 있습니다. 제가 앙코르인으로 몬띠 왕자님에게 거슬리는 행동을 한다면 이 자리를 보전하기 어렵겠지요. 부디 한번만 만나게 기회를 마련해 주십시오. 지금 당장 약간의 착수금을 드리겠지만 만남이 이루어지면 섭섭지 않게 후사하겠습니다."

자야로부터 약간의 착수금을 넘겨받은 몬띠의 경호무사는 넉넉한 후사를 기대하며 앙코르에서 온 성공한 장사치가 몬띠 왕자를 은밀히 만나고 싶어 한다는 소식을 전했다. 처음 몬띠 왕자는 앙코르인과 만남에 대해 탐탁해 하지 않았다. 그러나 자야의 명성을 익히 들은 바 있어 재물을 읽어낼 수 있고 정보도 얻을 수 있을 것 같아 생각을 바꾸었다.

약속된 날 초저녁, 자야는 객점에서 초조하게 그를 기다렸다. 몬띠와의 첫 만남이 앞으로 관계를 잘 맺어 나가는데 첫 단추가 된다고 생각했기 때문이다. 해가 저물고 어둑해지자 몬띠가 호위무사 몇 명을 대동하고 저녁자리에 나타났다.

"왕자님, 뵙게 되어 영광입니다."

자야가 공손히 몬띠 왕자에게 인사를 올렸다.

"나도 그대의 이야기를 들었다. 앙코르 왕가 사람으로 비자야에 온 지가 몇 해밖에 아니 되었는데도 많은 재산을 모았다고……"

자야가 생각했던 것보다 몬띠는 품격이 있어보였으며 그의 눈매가 예사롭지 않았다.

"아닙니다. 앙코르에서 쫓겨난 몸이기에 의탁할 곳이 없어 비자야로 도망쳐 왔습죠. 먹고 살길이 막막하여 작은 객주점을 운영할 따름입니다."

"나는 그대의 고국을 치자고 하는 사람인데 그것을 모르지는 않을 테고. 알면서도 나를 보자고 한 연유가 무엇인지 궁금하군."

지략가인 몬띠 왕자는 이미 자야의 속셈을 잘 알고 있었다. 자신을 지원하여 앙코르와 전쟁을 일으키게 한 후 그 기회를 이용하여 권력을 되찾을 심산이라는 것은 누구나 쉽게 짐작할 수 있는 일이었다. 하지만 몬띠 왕자는 자야와 협력하여 손해될 것이 없었다.

"왕자님, 나라의 이익과 개인의 이익이 항상 같지는 않은 법입니다. 솔직히 말씀드리지요. 저는 앙코르에 마히다라푸라 정통 왕조를 복원하고자 하는 꿈을 가지고 있습니다. 저를 도와주시면 그 은혜를 잊지 않겠습니다."

자야는 몬띠 왕자를 자극하기 위해 자신의 큰 뜻을 내비치는 것을 주저하지 않았다.

"나라 간의 일에 은혜를 끌어들이다니 솔직하지 못하구나. 나는 나의 이익을 위하여 앙코르를 치고자 한다. 또한 앙코르가 융성하기를 바라지도 않는다. 앙코르가 융성하는 것은 우리에게 부담이지. 단지 나의 이익을 위하여 앙코르를 치는 것이고 네가 그것을 이용하던 말던 나로서는 상관할 바가 아니다."

몬띠 왕자는 의미심장한 웃음을 지었다.

"다만, 네가 가진 재물과 앙코르에 대한 정보를 이용하고자 할 따름이다. 지금의 이 시점에서 네가 이용가치가 있기 때문에 만나고 있을 따름이다. 너도 나를 이용하고자 하는 속셈이렸다. 이용가치가 없을 때 적대관계가 되더라도 결코 소인배들처럼 배신이니 뭐니

하는 따위의 이야기는 하지 말자꾸나.”

“왕자님의 뜻을 잘 알겠습니다. 저도 같은 생각을 가지고 있습니다. 저의 재물과 앙코르에 대한 전략적 정보를 제공해 드리겠습니다. 그리고 서진정책이 지지 받을 수 있도록 여론을 도모해 드리지요.”

“알았다. 내가 앙코르의 왕자와 교류하고 있다는 소문이 나면 득이 될게 없다. 오늘의 만남은 비밀로 할 것이며, 앞으로도 최대한 만남을 삼가고 꼭 필요한 때만 연락하기로 하자.”

자야는 탁자 아래 패물함에서 옥비녀를 하나 꺼내들고 말했다.

“무슨 뜻인지 알겠습니다. 왕자님 뜻을 저에게 전해 주실 때는 징표로 사령에게 이 옥비녀를 들려 보내주십시오.”

자야는 몬띠에게 옥비녀와 함께 아껴오던 패물함을 넘겨주었다. 자야디티푸라를 떠날 때 부인이 넘겨준 보석과 장신구 중에서 특별히 값나가는 것들을 모아둔 것이다.

“저의 성의이니 요긴하게 쓰십시오.”

“너는 정녕 무언가를 아는 자구나!”

몬띠 왕자는 욕심이 많았다. 그리고 휘하를 부리는 데 재물만큼 좋은 수단이 없다고 생각하여 재물을 모으는데 온 힘을 기울이고 있었다. 사실 자야를 만난 것도 자야에게서 재물을 뜯어내고자 함이 첫 번째 목적이었다.

자야는 몬띠와의 만남을 매우 흡족하게 생각하였다. 각자 다른 목적을 가지고 있으나 당장에는 가야할 방향이 같았다. 서로가 서로를 적절히 활용하는 것이다. 개인 간의 의리나 우정이니 하는 것은 개입될 여지가 없었다.

반디따와 난다나는 제국 동부의 정글에서 산채를 짓고 젊은이들을 모아 군사훈련을 시켰다. 난다나는 훈련을 담당하고 반디따는 전국을 돌아다니며 젊은이들을 모집해 산채로 보냈다. 처음에는 하나의 산채를 운영하였으나 차츰 지역을 넓혀가며 산채를 여러 개 건설했다. 반디따는 자야가 말한대로 지방을 돌며 호족들을 설득하여 연합세력을 조직하는 일도 잊지 않았다.

반디따는 산채가 정비되어 가자 자야디티푸라를 방문하여 그곳에 기거하고 있던 자야의 부인과 식솔들을 산채로 이주시켰다. 가족을 생각하는 자야의 마음을 잘 알기에 반디따는 자야에게도 몰래 자야 가족을 산채로 옮겨 보살폈다. 자야의 부인은 여자들의 일손이 부족한 산채의 일을 열심히 도왔다. 그리고 자야의 장성한 아이들도 젊은 병사가 되기에 부족함이 없었다.

모든 일들이 자야의 생각대로 진행되고 있었다. 희망이 없던 젊은이들을 모아 삶의 의욕을 부여하고 그들이 군병의 핵심이 되게 했다. 자신의 경험으로 동년배들의 마음을 잘 아는 빠드마는 가끔식 산채를 방문할 때면 새로 들어온 청소년들에게 앙코르의 충직한 병사가 되도록 이끌었다. 그들은 잘 규율되어갔고 자야가 보내주는 군비와 인근에서 농사를 지어 충분히 먹을 수 있어 사기가 높아졌다.

젊은 병사들에게는 보까따오를 가르쳤다. 병사들은 훈련 속도가 빨랐고 무술실력도 급속히 늘었다. 시간이 갈수록 군병의 세가 번창해 갔다.

어느 날 자야는 시간을 내어 비자야를 떠나 산채를 방문하였다. 그곳에서 부인과 가족을 만난 자야는 반갑기 이를 데 없었다. 하지만 그가 산채를 방문한 목적은 가족을 만나기 위해서가 아니었고 젊은 병사들을 다그치고 독려하기 위해서였다.

자야는 젊은 병사들에게 말했다.

"나는 너희들과 희망을 같이하고자 한다. 너희들은 우리 앙코르가 얼마나 위대한 제국인지 깨달아야 한다. 그리고 우리 제국을 더욱 굳건히 하고 강성하게 하기 위해 너희들 자신이 강해져야 한다. 우리는 머지않아 이 제국을 쟁취하고 온누리에 우리의 위대함을 떨칠 것이다. 위대한 앙코르 제국을 위해 지주가 되어라!"

젊은 병사들은 자야의 한마디 한마디에 감동하였다. 그들의 마음은 희망으로 가득찼고, 자야에게 목숨을 바쳐서라도 충성할 준비가 되어갔다.

산채를 떠나 비자야로 돌아가기에 앞서 자야는 부인과 자리를 함께하였다.

"부인, 여기에 있는 줄 몰랐소. 반디따 덕에 만나는 구료. 그 많은 시간을 잘 참고 인내해 주었소. 다시 비자야로 돌아가겠지만 그리 오래지 않아 돌아올 것이오."

"이제 아이들도 장성하였으니 조금도 염려하실게 없습니다."

자야는 아비 없이도 훌륭하게 자라난 아이들이 대견스러웠다. 그들이 자라 오면서 겪었을 그의 빈자리가 느껴지지 않아 오히려 섭섭한 마음까지 들었다.

자야는 장성한 아들들을 앞에 두고 말하였다.

"여기서 결코 다른 사람들과 달리 대우 받을 생각은 마라. 다른 젊은이들과 똑같이 훈련 받고, 어머니를 잘 모시도록 하여라."

자야는 부자간의 애정을 애써 숨기며 청년이 된 두 아들에게 엄한 말로 격려하고 산채를 떠났다.

자야는 비자야로 돌아온 후 참파와 앙코르 국경지대에 거주하는 앙코르인들을 자신의 편으로 끌어들이는데도 게을리 하지 않았다. 그리고 참파에 거주하는 앙코르인과도 깊은 관계를 맺어 나가기 시작했다. 객점을 오가는 사람들의 입소문을 이용하여 서진전략이 참파에 유리한 계책임을 확산하는 것도 잊지 않았음은 물론이다.

자야는 서진정책이 참파 조정의 대세를 이루고 전쟁이 임박해 온다고 생각되자 비자야를 떠나기로 결심했다. 그는 비자야를 떠나기 전 마지막으로 몬띠 왕자를 만나고자 했다. 자야는 몬띠가 자신이 떠난다는 사실을 말할 때 순순히 비자야를 떠나게 하리라고 생각하지 않았다. 자야는 몬띠 왕자와 교류하면서 그가 능력은 있지만 악어같이 감사할 줄 모르는 뻔뻔한 자라고 생각했다.

빠드마는 자야 왕자에게 은밀히 비자야를 떠나자고 했다. 그러나 자야는 앙코르 제국의 왕자로서 도망치듯 떠나고 싶지 않았다. 자야는 몬띠 왕자가 자신이 비자야를 떠날 것으로 결심한지 모르고 있기 때문에 잘 준비하여 선수를 친다면 그리 위험하지 않다고 생각했다.

몬띠는 자야와 만날 때 항상 사람들의 눈에 띄지 않도록 주의했기 때문에 그들은 언제나 은밀한 장소에서 만났다. 또한 최소한의 호위무사만을 데리고 나타나기 때문에 그들을 어렵지 않게 제압할 수 있다고 자야는 확신했다.

자야는 떠날 준비를 갖추고 마지막으로 몬띠와 자리를 함께 했다. 자야가 떠날 결심을 한 줄 모르는 몬띠는 예상대로 서너 명의 호위무사만 데리고 자야를 만나러 왔다.

"몬띠 왕자, 그동안 알고 지내서 좋았소. 이제 나는 비자야를 떠날 때가 된 것 같소."

자야의 말투와 떠나겠다는 말에 몬띠는 일순간 당황하였다. 하지만 이내 평정심을 되찾고 그는 너털웃음을 터뜨렸다.

"하하하, 여기를 떠난다고! 올 때는 네 맘대로 왔지만 돌아가는 것은 그리하지 못하지. 내가 너를 그냥 보내 줄 것으로 생각했느냐?

너는 언젠가 우리 참파를 유린할 자다. 이제 이용가치가 다 되었기에 너를 제거해야겠다고 생각해 오던 차다."

몬띠의 말이 끝나자마자 그의 호위무사들이 자야를 향해 돌진하려하였다. 그러나 먼저 제지를 당한 것은 몬띠의 호위무사들이었다. 미리 숨겨둔 자야의 병사들이 사방에서 튀어나와 몬띠의 호위무사를 제압하고 몬띠마저 포박하였다. 몬띠의 무사들이 손쓸 틈도 없이 순식간에 일어난 일이었다.

자야가 웃으면서 이야기 했다.

"몬띠 왕자, 내가 당신의 속셈을 몰랐을 것 같소. 이제 나는 떠날 때가 되었소. 물론 당신을 죽이지는 않을 것이오. 여기에 묶여서 하룻밤을 보내면 당신의 부하들이 찾을 것이고, 그때면 우리는 이미 비자야를 떠나 국경을 벗어나고 있을 것이오."

몬띠가 화를 못 이겨 얼굴이 벌개졌으나 속수무책이었다. 자야의 병사들이 몬띠 왕자와 그의 호위무사들의 무장을 해제하고 소리를 내지 못하게 재갈을 물렸다. 그리고는 긴 밧줄로 그들을 한 몸뚱이로 꽁꽁 묶었다. 한 무더기가 되어 버르적거리는 몬띠와 그의 무사들을 뒤로하고 자야와 그의 일행은 유유히 비자야를 떠나 서쪽으로 준비해둔 말을 몰았다.

15

참파의
침입

참파는 1177년 거병하여 앙코르 제국을 침공하였다. 육로를 통해 진격한 참파 군은 앙코르 군과 싸우기보다 앙코르의 험난한 자연과 싸우며 어렵사리 야소다라푸라 인근에 도착하였다.

앙코르 도성 인근에 도착한 참파 군은 이미 지쳐있었다. 군량미가 부족하여 굶기가 다반사였고 병기도 녹슬어 전력이 급격히 약화되었다. 지친 참파 군은 앙코르 도성을 눈앞에 두고 더이상 진격할 수 없었다. 기진맥진한 군병으로 앙코르를 점령할 수 없다고 판단한 참파 군은 아무런 소득 없이 회군하지 않을 수 없었다.

앙코르 정복에 실패하고 돌아온 참파는 재차 정벌에 나서기 위해 다시 전력을 정비하였다. 참파 왕국은 앙코르 점령을 목전에 두고 철군하지 않을 수 없었던 아쉬움에 재침을 준비하기 시작한 것이다.

그러던 어느 날 몬띠 왕자가 부왕을 찾았다.

"아바마마, 소자 폐하를 뵈옵니다."

"그래 무슨 일이냐?"

"폐하, 우리가 앙코르를 점령하기 위해서는 지난번과 같은 방법으로 야소다라푸라로 진군해 가서는 아니됩니다. 또 다시 같은 방법으로 앙코르로 처들어간다면 가는 길이 험하고 멀어 앙코르 도성에 이르더라도 결국 지난번처럼 되돌아올 수밖에 없습니다."

"그래 잘 알고 있다. 그래서 고민이다."

"소자에게 계책이 하나 있습니다."

"계책이라니……"

"바로 해로를 이용하는 방법입니다."

"해로라고?"

"그렇사옵니다. 우리 참파는 예로부터 해상세력으로 힘을 떨쳐왔습니다. 그리하여 강한 해군의 전통이 있고 아직도 빠르고 우수한 해군력을 보유하고 있습니다."

"네 말이 맞다만 육지 한가운데 있는 앙코르 도성으로 어떻게 해로를 통해 진군해 간다는 말이냐?"

"이곳을 출발하여 바다로 돌아 메콩 강과 똔레삽 강을 통하면 야소다라푸라 인근에까지 쉽게 닿을 수 있습니다. 강을 따라 올라가면 똔레삽 호수에 이르게 되는데 이 호수는 넓고 깊어 바다와 다르지 않습니다. 오래전부터 많은 상인들이 물산을 나르는데 이 물길을 이용해 왔습니다. 우리 군선을 조금만 수선하면 강물과 호수를 거슬러 올라 쉽게 앙코르를 점령할 수 있을 것입니다."

"……"

"똔레삽 강은 건기에는 남쪽으로 흐르고 우기에는 북쪽으로 흐르는 특별한 강이기에 우기가 끝나기 직전인 9월경에 군대를 출병하면 물길을 거슬러 오르기 편하고 도착하면 건기가 되어 전투에도 유리합니다."

"왕자, 너의 지략이 앙코르 정벌의 길을 만들었도다. 내 너를 대원수로 삼아 앙코르 원정을 명하겠노라."

참파의 새로운 전략은 주효했다. 참파는 뱃길을 통해 전력의 손실 없이 앙코르 인근까지 병사들을 보낼 수 있었다. 해로와 강을 통하여 앙코르에 닿은 참파 군은 앙코르가 항복조건을 제시하기도 전에 도성을 함락시키고 궁궐에 난입하여 트리부바나 왕을 살해하였다.

참파의 침입은 약탈적이었다. 그들의 전쟁은 땅을 얻기 위함도 인력을 구하기 위함도 아니었다. 그들은 앙코르에 이르러 살육하고 약탈하였다. 참파의 침입으로 앙코르의 중앙정부는 허무하게 붕괴되었다.

참파의 침입으로 앙코르의 도성과 국토가 유린된 일은 애석하지만 자야에게는 드디어 기회가 왔다. 참파의 약탈에 지친 앙코르는 제국을 구원할 영웅을 고대하고 있었다. 자야의 병사들은 이미 잘 훈련되어 있었고 무엇보다 그들은 젊었다. 젊은 병사들은 희망으로 충만해 있었고 참파 군을 물리치고 새로운 제국의 힘이 되기에 부족함이 없었다.

자야는 군대를 움직여야 할 때라고 생각했다. 출병을 앞두고 그의 부인 자야라자데비가 자야에게 조언하였다.

"지금 곧바로 앙코르로 진군하는 것은 좋은 계책이 아닐 것입니다. 참파 군은 아직도 강성하고 전투 경험이 많습니다. 우리 병사들이 곧장 앙코르로 달려가 그들과 맞선다면 승리한다는 보장도 없거니와 승리한다 해도 우리에게도 피해가 많을 것입니다."

"나도 같은 생각이오. 이미 오랫동안 지방의 주요 세력과 관계를 맺어와 그들의 지원을 받는 것은 어려운 일이 아니오. 허나 앙코르로 진군하기에 앞서 몇몇 지방을 좀더 분명히 복속시킬 생각이오."

"그렇게 하십시오. 야소다라푸라로의 진군은 마지막 전투가 되어야 할 것이옵니다."

동쪽에서 출발한 자야는 중앙으로 세력을 확장해 나갔다. 이미 많은 지방호족들이 그에게 충성을 다짐하였다. 하지만 자야의 병사들은 반항적인 지방 세력을 제압하고 지방에 주둔하고 있는 참파 군과 전투를 치루어야 했다. 소규모 지역전투에서 자야 군은 실전 경험을 쌓아갔다.

자야는 앙코르로 진격하여 참파 군과 싸우기에 앞서 참파 군의 본국과 연락통로인 뱃길을 끊기로 했다. 참파가 해상 세력에서 출발한 국가로 해군력이 매우 강하다는 것은 자야도 잘 알고 있었다. 실제로 참파 해군은 화려하게 장식된 성능이 우수한 배를 많이 보유했고 해전 경험도 풍부했다.

자야는 장군들을 불러 모아 전략회의를 가졌다.

"참파 군이 앙코르를 유린한 지 두어 해가 다 되어가고 있지만, 그들은 여전히 강한 점령군이오. 우리가 아무런 준비 없이 앙코르로 진격한다면 승리한다는 보장이 없고 승리한다고 해도 우리에게 많은 손실이 있을 것이오. 우리가 약화되면 참파를 물리쳐도 결국 다른 세력에게 패하고 말 것이오. 우리가 작은 전력 손실로 승리하기 위해서는 그들의 본국과의 소통을 끊어 참파 군을 약화시켜야 하오. 참파 군은 뱃길로 본국과 소통하고 있으니 그들과 해전이 불가피하오."

하지만 몇몇 장군들은 참파의 해군력을 두려워했다.

"대장군님, 참파는 전통적으로 누구도 넘볼 수 없는 강한 해군을 보유해 왔습니다. 그에 비해 우리의 해군력은 보잘 것 없습니다. 어떻게 우리가 참파의 해군을 대적하겠습니까. 전력을 분산시키지 말고 차라리 앙코르로 진군하여 참파 군을 단번에 쓸어버리도록 합시다."

"참파 해군이 강한 것은 사실이오. 그러나 그들에게도 약점은 있소. 원래 참파 해군은 넓은 바다에서 싸우는 군대라 내륙의 호수로 들어와 있는 어려움에 직면해 있소. 또한 똔레삽 호수는 우기에는 메콩 강 물이 유입하여 넓어지는데 새로 물에 잠긴 곳은 깊이가 매우 얕고 많은 나무들이 물속에 숨어 있어 큰 배가 움직이기 쉽지 않소. 우리가 우리 강토를 잘 알고 있기에 우리의 지리적 이로움을 활용한다면 충분히 승산이 있다고 보오."

자야는 참파의 해군을 격파하기 위해 기동력있는 작은 배들을 모으도록 하였다. 그리고 똔레삽 호수에 대해 잘 알고 있는 어부들을 배를 움직일 노꾼 병사로 더 모집하도록 명하였다.

참파 군은 야소다라푸라에서 똔레삽 호수에 이르는 강 어구인 프놈 끄롬 인근에 해군항을 두고 있었다. 프놈 끄롬은 똔레삽 호수가 시작되는 중요한 지역이다. 우기가 막 끝난 똔레삽 호수는 물이 불어날 대로 불어나 물이 적은 때보다 호수가 서너 배는 넓어져 있었다. 새로 물에 잠긴 곳은 큰 배가 다니기에는 깊이가 충분히 깊지 못했다. 그래서 참파 군은 물이 많아져 역설적이게도 호수의 가장자리까지 큰 배를 정박시킬 수 없어 어려움을 겪고 있었다.

자야는 전투에 앞서 밤마다 작은 배들을 풀어 참파 군의 동정을 염탐토록 하여, 참파 군이 물이 불어난 호수에서 기동에 어려움을 겪고 있음을 확인하였다. 자야 군은 한번의 대규모 전투를 벌이는 것을 피하고 소규모의 전투를 시작해 나갔다.

자야 군은 해질 무렵에 전투를 시작하여 어두워지면 싸움을 끝내고 물러났다. 작은 배로 참파 수군의 큰 배를 옆에서 들이받는가 하면, 자맥질에 능한 젊은이들이 몰래 참파의 배에 접근하여 배에 구멍을 내어 가라앉히기도 했다. 참파의 수군은 어둠이 시작되면 몰려오는 모기떼에게 고통 받듯이 자야 군의 끊임없는 작은 공격으로 지쳐갔다. 큰 전투는 아니었으나 매번 전투마다 참파 해군은 자야 군의 습격에 조금씩 허물어져 갔다.

자야는 드디어 결전을 치루어야 할 때가 왔다고 생각했다. 그동안 그의 군대는 큰 피해없이 참파의 수군을 끊임없이 괴롭혔고, 참파 해군의 전력은 눈에 띄게 약해져 있었다. 자야는 전투의 시간과 장소를 유리하게 가질 수 있는 장점을 충분히 활용했다.

마지막 대전을 앞두고 새벽녘 잠에서 깬 자야의 해군은 아침식사를 배불리 먹은 후 마지막 결전을 향해 출발을 준비했다. 전함들이 정렬하자 자야는 뱃전에 서서 병사들에게 일렀다.

"결코 두려워하지 말라. 똔레샵 호수가 우리의 강토이기에 우리는 호수와 주변지역에 대해 속속들이 알고 있다. 이 강토의 신이 우리를 보살피고 지리의 이로움이 우리 편이니 우리는 반드시 승리한다. 최선을 다해 싸우자!"

자야의 목소리는 낮았으나 힘이 들어가 있었다.

자야의 수군은 만반의 전투태세를 갖추고 해가 떠오르기 직전 참파 수군 진영으로 밀려들어갔다. 최종 전투에 참여하는 자야 수군은 지금까지 작은 전투를 치룬 배들은 물론 큰 군선도 함께했다. 큰 군선의 선두는 용맹한 가루다로 선미는 신성한 나가로 장식되어 있었으며 20여 명이 양쪽에서 노를 저어 나갔다.

참파 해군의 보초가 자야 군이 몰려오는 것을 보고 나팔을 불어 알렸다. 하지만 자야 군이 거의 본진에 다가올 때까지 참파 군은 전투준비를 제대로 갖추지 못했다. 기습을 받은 참파 군은 당황하였지만 오랜 전통을 가진 유능한 군대였기에 곧바로 대열을 정비하고 자야 군에 맞서 용감히 싸웠다.

전투는 아침 일찍 시작하여 해가 중천에 오를 때까지 계속되었다. 양군은 사력을 다해 치열한 전투를 계속했으나 오전 내내 두 군대의 우열을 알 수 없었다. 그러나 시간이 감에 따라 자야 군이 유리한 형세를 점유해 갔다. 참파 군은 지쳐있었고 매번 오후 늦게 시작되는 전투에 길들여져 아침 전투를 예견하지 못했다. 아침식사를 든든히 먹고 준비를 갖추어 출동한 자야 군에 비하여 허둥지둥 잠에서 깨어 전투에 임한 참파 군은 한낮의 더위에 빠르게 지쳐갔다.

오후가 되자 마침내 전투는 판가름 났다. 자야의 수군은 감히 넘볼 수 없었던 참파 해군을 물리치고 대승을 거두었다. 참파 군의 시신이 호수 여기저기에 수도 없이 떠다녀 전투의 치열함을 말해 주었다.

똔레삽 해전에서 승리한 자야의 군대는 이 전쟁의 마지막 전투를 위해 야소다라푸라를 향해 진군하였다. 자야 군과 참파 군의 본대는 마침내 앙코르 북쪽 벌판에서 대치하게 되었다. 하지만 똔레삽 해전에서 패해 본국과 연락이 두절된 참파 군은 전력이 약화되어 있었다.

앙코르 북쪽 평원에서 맞닥뜨린 참파 군과 자야 군의 일전은 양국의 운명을 결정하는 중요한 전투가 되었다. 양측의 군대는 이번 전투가 전쟁의 승패를 좌우할 마지막 싸움이라는 것을 잘알고 있었다. 참파 군이 승리하게 되면 앙코르 제국은 완전히 몰락하고 참파의 세계가 될 것이다. 자야 군이 승리하게 되면 앙코르 제국이 다시 서게 될 전투였다.

자야 군은 먼저 투석기를 이용하여 작은 바윗덩이를 참파 군을 향하여 마구 쏘아댔다. 그러고 나서 코끼리를 화나게 하여 참파 군으로 몰아갔다. 전투에 익숙한 참파 군은 돌진하는 코끼리 떼에 의한 피해를 최소화하면서 자야 군에 맞섰다. 이틀간의 치열한 공방이 있었지만 승패를 예측하기 어려웠다. 양군의 사상자는 늘어만 갔다. 자야의 병사들은 지치지 않고 용감하게 싸웠으나 참파 군도 만만치 않았다.

그러나 전투는 결국 작은 차이에서 승패가 갈리기 시작했다. 그것은 다름 아닌 병사들의 절실함에 차이가 있었다. 자야의 병사들은 나라를 구해야겠다는 절박함이 있었고 전쟁의 신은 그런 자야 군의 열망에 답하였다. 크고 작은 전투가 며칠째 계속됨에 따라 드디어 균형이 깨지기 시작했다. 자야의 젊은 병사들은 잘 훈련되고 전투 경험까지 겸비하여 최후 일전의 핵심 전력이 되었다.

일단 승패의 조짐이 보이자 전투 양상이 급속히 변화되었다. 자야 군의 사기는 올라갔고 참파 군은 전의를 상실해 갔다. 닷새째 전투에서 자야 군은 참파의 주력을 몰살시키는 결정적인 승리를 거둘 수 있었다. 자야 군과 참파 군이 싸운 전쟁터는 피의 연못이 되어 갔다.

승리가 있던 날 밤 자야는 반디따를 불렀다.

"우리는 오늘 전투에서 큰 승리를 거두었소. 우리가 대업을 완성하는데 방해는 참파 군만이 아니오. 우리가 제국을 다시 건설하기 위해서는 단 한 명 병사의 목숨이라도 소중히 아껴야 할 것이오. 우리가 참파 군을 물리치고 도성에 입성하더라도 우리는 많은 내부의 적들에 직면할 것이오. 그들을 제압하기 위해서는 우리의 군사를 최대한 강건하게 유지해야 하기 때문에 단 한 명 병사의 생명이라도 아끼고 싶소. 전투에서 승리하는 것보다 싸우지 않고 목적을 달성하는 것이 백 번 낫다는 말이 있소. 그대가 사자로서 참파 군 진영으로 가보시오."

반디따는 참파 군에게 제시할 전쟁을 종결짓는 조건을 물었다.

"나는 그들에게 바라는 것이 없소. 단지 약탈을 멈추고 곧바로 떠나는 것이오. 그들이 떠난다면 돌아가는 길에 안전을 보장할 것이라고 하시오."

반디따는 자야의 명을 받고 참파 군영으로 가서 참파의 앙코르 원정 사령관을 만났다. 참파의 사령관은 다름 아닌 몬띠 왕자였다.

"그대가 자야의 사자인가?"

참파 군의 사령관 몬띠가 물었다.

"그렇소, 자야 대장군의 명을 받고 왔소."

"그래 자야가 요구하는 것이 무엇인가?"

"대장군은 특별히 바라는 게 없소. 참파 군이 앙코르에서 철군하는 것이오. 그러면 참파까지 돌아가는 길에 안전을 보장하겠다했소.”

참파 사령관은 잠시 생각에 잠겼다. 철군할 경우 패배의 책임을 져야하지만 이미 충분하게 약탈하여 본국에 전리품을 보낸 터라 충분히 변명의 여지가 있었다. 더구나 그는 2년이 넘게 앙코르에 머무르면서 참파 왕궁에서 떨어져 있어 왕권 쟁탈에서 멀어질까 초조해 하고 있었다.

반디따는 참파 사령관에게 강한 어조로 말했다.

“우리 병사들은 젊고 강합니다. 그리고 새 세상을 연다는 사명감으로 사기가 충만해 있습니다. 전투가 있다면 부질없는 생명의 희생이 있을 것이니 결단을 내려주십시오.”

참파 사령관은 더이상 할 말이 없었다. 그는 참모진과 왕실 파견관들과 협의하기 위해 시간을 요구했다. 그리고 마침내 자야 대장군을 직접 만나게 해달라고 요청했다.

반디따가 자야의 군영으로 돌아오자 자야는 반디따가 돌아온 것을 반갑게 맞이했다. 반디따는 자야에게 참파 사령관 몬띠 왕자가 직접 자야 대장군을 만나고 싶다고 전했다.

다음 날 자야 대장군과 참파 사령관 몬띠 왕자가 만났다. 자야가 비자야에서 몬띠 왕자를 농락하고 떠난 후 꼭 4년만에 이루어진 일이었다.

몬띠 왕자가 입을 열었다.

“자야 왕자, 축하하오! 나를 두 번씩이나 농락하는구료.”

“치하 인사는 감사히 받겠소.”

"당신은 지략과 용맹이 뛰어나고 준비할 줄 아는 사람이오. 비록 나의 적이지만 당신 같이 훌륭한 인물을 가지고 있는 앙코르 제국이 부럽소."

"과찬이시군요."

"우린 이제 곧 떠날 것이오. 삼일의 말미를 주오. 그리고 우리가 회군하는 길의 안전을 보장해 주오."

"조건을 받아드리리다. 아무쪼록 돌아가는 길이 평안한 여정이 되도록 해주겠소."

사흘 후 참파 군은 야소다라푸라를 떠나 본국으로 향했다. 참파 군이 떠난 다음 날 아침 일찍 자야 군이 도성으로 진주했다. 입성하는 군병의 선두에는 참파와의 최종 전투에서 혁혁한 전과를 올린 젊은 병사들이 씩씩하게 행진했다. 참파의 약탈에 지친 앙코르 도성의 백성들은 자야 군을 열렬히 환영했다. 신민들은 참파 군의 약탈에서 벗어난다는데 안도의 숨을 쉬었다. 그리고 하나 같이 늠름하고 질서정연한 젊은 병사들의 행군에서 제국의 미래를 보았다.

자야와 그의 군대는 도도하게 도성에 입성하였다. 참파 군이 남기고 간 도성은 메뚜기떼가 지나간 초원 같았다. 가치 있는 것으로 남아 있는 것이 거의 없었다. 오직 낡아 빠진 건물만이 덩그러니 남아 있을 뿐이었다. 자야는 병사들을 시켜 도성의 사원과 궁궐을 정비하게 하였다.

자야는 왕으로 등극하기 전에 자신에 반대하는 사원세력과 지방세력을 제압해야겠다고 생각했다. 참파도 앙코르와 같은 신을 모시기 때문에 참파 군도 사원에 대해서는 많은 피해를 주지 않았다. 자야는 생각했다. 사원과 지방의 세력을 제압하지 못한다면 왕권을 차지한다 해도 새로운 세상을 만들지 못할 것이다. 특히 사원세력의 중심에 있는 앙코르 와트를 제압해야 한다고 생각했다. 앙코르 와트!

16

성전
앙코르 와트

1113년 즉위한 수리야바르만 2세는 제국의 혼돈을 끝내고 마침
내 새로운 통일제국을 완성하였다. 젊은 나이에 왕위를 향한 경쟁
자들을 하나씩 제거해 나가기 시작한 수리야바르만은 마침내 왕이
자 자신의 증조부인 다란인드라바르만 1세를 향해 칼을 겨누었다.
그는 왕실의 군대와 피비린내 나는 전투 끝에 왕위를 쟁취하였다.
왕권을 둘러싼 마지막 전투에서 그는 가루다[34]가 발톱으로 뱀을 낚
아 채듯이 왕의 코끼리에 뛰어올라 증조부 다란인드라바르만의 목
을 베었다.[35]

그후 수리야바르만은 강력한 군사력을 바탕으로 지방 세력들을
차례로 복속시켜 앙코르 제국을 다시 한번 명실상부한 중앙집권국
가로 결집시켰다. 마침내 그는 중앙과 지방의 모든 반대 세력을 물

리치고, 제국의 모든 세력을 합한 것보다 더 강한 최고의 힘과 권위를 가지게 되었다.

제국의 통일을 마치자 수리야바르만은 그의 권위를 더욱 드높이고자 자신을 비슈누의 화신으로 상징하였다. 그는 성스러운 의식을 공부하고 모든 종교 축일을 기념하기도 하였다. 마침내 그는 신의 세계의 비슈누에게 그리고 인간세상의 비슈누인 자신에게 최고의 사원을 헌정하고자 지상 최대의 사원을 건설하기로 마음먹었다. 그는 새로운 사원이 그가 비슈누 신과 소통하는 성소가 되고, 죽어서는 그의 유해가 안치되는 능묘가 되기를 바랬다.

사원건축은 그 규모가 적지않아 항상 국가적 대역사이고 힘든 일이었다. 사원건축에는 많은 재원과 인력이 소요되었음은 물론이다. 그러나 명분이 있는 일이었기에 유력자들로부터 공사에 필요한 노예와 재산을 갹출해낼 수 있었다. 왕으로서는 사원건축을 이유로 귀족과 지방세력으로부터 그들의 부와 인력을 징발함으로써 오히려 반역을 꾀할 수 있는 힘을 무력화 시킬 수 있는 수단이기도 하였다. 하지만 그것이 지나칠 경우에는 반발로 인하여 왕좌가 위태로워질 수도 있었지만 말이다.

수리야바르만 왕은 먼저 그가 왕위에 오르는데 결정적으로 기여한 재상 디바까라에게 전국의 사원을 순례하며 시주하도록 하였다. 디바까라는 메콩 강 기슭의 왓푸에서부터 전국 각지의 사원을 방문하여, 왕을 대신하여 쌀, 기름, 천, 향, 무희, 가수, 일꾼들을 사원에 바치는 공덕 행위를 하였다. 쁘레아 비히어 사원에는 금으로 만든 춤추는 시바상을 바치기도 했다.

왕은 전국의 사원을 순례하고 야소다라푸라로 돌아온 재상 디바까라와 마주 앉았다.

"그동안 전국을 순례하느라 고생이 많았다. 짐은 제국의 위엄과 나의 권위를 상징하는 지상 최고의 사원을 앙코르에 건설할 생각이다."

"폐하, 지방세력을 모두 복속시켰다고는 하나 아직도 기회를 노리는 자들이 없지 않고, 제국의 생산이 완전히 회복되지 않아 시기적으로 이른 감이 있습니다. 전국의 사원에 시주한 것으로 폐하의 공덕을 쌓기에 충분하다고 생각합니다."

디바까라는 즉위한 지 얼마 되지 않은 왕이 사원건축을 계획하자 아직은 시기적으로 이르다고 완곡히 진언하지 않을 수 없었다.

"사원 건축이 국가적으로 중대사이자 어려운 일이라는 것은 잘 알고 있다. 하지만 사원 건축은 이미 누대의 전통이고 나의 사원을 가지고 싶은 마음이 그리 욕심만은 아닐 것이다."

"…, 욕심이라고 말씀드리는 것은 아닙니다. 아직 시기적으로 이르다는 말씀을 드리고 싶습니다. 옛날 야소바르만 왕께서도 도성을 무리하게 하리하랄라야에서 야소다라푸라로 옮기면서 자칫 왕권을 잃을 뻔 했음을 생각해 보소서. 선왕대대로 이 제국에는 수많은 거대한 공사가 있었습니다. 선왕들은 즉위하면 바로 백성을 위한 건축물을 만들고 시간이 흐르면 조상을 위한 사원을 짓고 마지막에 야 능묘가 될 사원을 건축하였습니다. 아직 폐하는 젊습니다."

"재상의 말이 그르지는 않다. 하지만 나는 여러 개의 건축물을 축조할 생각이 없다. 오직 하나! 영원히 남을 오직 하나의 사원을 건축하고 싶을 뿐이다. 그것은 신민을 위한 건축이기도 하고 조상을 위함이기도 하며 나의 능묘이기도 하다. 재상은 오직 하나의 위대한 사원을 남길 수 있게 짐을 돕도록 하라."

"……"

"선대왕들의 유화적 통치는 제국을 멍들게 하였다. 나는 강력한 통일국가를 완성했고 이를 한 치의 어김도 없이 유지해 나갈 것이다. 사원 건축을 위해 지방 세력들이 공물을 바치게 할 생각이다. 그러면 그들은 힘을 모을 수 없을 것이다. 사원건축은 명분이 있는 일이니 기여하지 않을 수도 없을 것이고……"

"거대한 건축공사가 제국을 다스리는 통치술임을 어찌 모르겠습니까."

디바까라는 여전히 우려스러운 목소리로 말했다.

"그러하니 재상은 나의 뜻을 받들어 사원 건축을 시작하도록 하라."

"…, 폐하의 뜻을 받들겠나이다."

왕의 의지가 너무도 강고하여 결국 디바까라도 왕의 뜻을 따르지 않을 수 없었다.

왕은 어전회의에서 대사원 건축의 포부를 밝히고 왕령을 반포하여 사원 건축을 명하였다. 왕의 명을 받든 디바까라는 새로운 사원을 건축할 장소를 정하기 위해 천문관과 신관들을 소집하였다. 사원의 터를 잡는 일은 왕실의 천문관과 신관에게 주어진 임무이자 권한이었다.

앙코르의 천문관들은 하늘의 성좌에 대해 해박하고 정확한 지식을 가지고 있었다. 그들은 일식과 월식을 정확히 예측할 수 있을 정도로 하늘의 이치에 밝았다. 1년을 긴 달과 짧은 달로 나누어 관리하였으며, 9월에 윤월을 추가하여 해의 주기와 달의 주기의 차이를 없애기도 했다. 그들은 이 땅의 축이 가진 기울기도 정확히 계산해 내었다.

최고 천문관이 사원 건설 장소에 대해 말문을 열었다.

"자고로 우리 앙코르에서는 사원이나 대규모 건설지를 함부로 정하지 않았습니다. 하늘의 운항과 별자리의 위치를 쫓아서 질서 있게 사원과 신에 대한 봉헌물을 건설해 왔습니다. 우리는 하늘의 용자리를 지상에 구현하고자 했습니다. 그래서 앙코르의 땅은 하늘과 닮아 있습니다!"[36]

이번에는 신관의 우두머리인자가 나섰다.

"대왕은 비슈누의 화신입니다. 용자리의 하나를 택하되 바켕사원의 서쪽이 길지이니 그곳에 땅을 파도록 하십시오. 사원의 대지는 비슈누의 방위인 서쪽에 입구를 두어야 할 것입니다."

재상 디바까라는 왕으로부터 건설지에 대한 윤허를 받자 곧바로 왕실 승려인 비스바까르만에게 새로운 사원을 설계하도록 하였다. 왕명이 있은 후 꼭 1년이 지나 디바까라는 사원건설 계획의 청사진을 왕에게 제시할 수 있었다.

"폐하, 소신 디바까라, 대사원 건설 계획을 가지고 대왕을 뵈옵니다."

"그래 사원 건축에 대해 이야기하겠다고! 그동안 사원건축 계획을 수립하느라고 경이 고생이 많았다."

"우리 앙코르에는 많은 사원들이 있고 모든 사원들은 과거의 사원들을 발전시켜 건축해 왔습니다. 그렇게 하는 것이 설계와 시공의 어려움을 극복하는 좋은 방법입니다. 아무래도 쌓아온 경험을 활용하고자 하는 것입니다."

"과거를 이어가되 그에 더하여 새로운 창조가 또한 있어야 할 것이야."

"우리가 건설해 온 바꽁 사원과 바푸온 사원을 기본 모형으로 활용할 생각입니다. 중앙에 지성소가 되는 사각형의 사원 산을 세우고 그것을 둘러싼 사각의 1차 회랑을 두도록 하겠습니다. 그리고 나서 그 밖으로는 두 번째 사각 회랑을 또 하나 만들어 거기에 우리의 신화와 역사를 부조로 담겠습니다."

"그리 하도록 하라."

"두 번째 회랑 밖으로는 커다란 정원과 사원에 봉사하는 모든 사람들이 기식할 거처를 마련할 계획입니다. 이곳을 외벽과 해자가 둘러싸게 될 것입니다. 사원은 폐하가 안식할 곳이기도 합니다. 따라서 다른 사원들과 달리 서쪽에서 진입하도록 할 예정입니다. 비슈누 신에게 봉헌될 사원이므로 비슈누의 방위인 서향이 바람직하기 때문입니다. 그러면 왕궁에서 이 사원을 방문하기도 편합니다. 해가 뜰 때 서쪽 입구에서 바라보면 사원탑 위로 장엄한 해가 떠오를 것입니다."

"계획이 마음에 드는구나. 경의 생각을 구현하는 지상 최고의 사원을 건축해 보도록 하라. 최대한 인력을 끌어모아 짐이 33세가 되는 해에 헌정할 수 있도록 하라."

왕에게 사원구조와 설계에 대해 윤허를 받은 디바까라는 비스바까르만과 함께 본격적인 사원건설에 착수하였다. 가장 먼저 해야 할 일은 사원건설을 위한 행정조직을 마련하여 가동하는 일이었다. 사원건축을 전담할 특별기관이 만들어졌고, 인원과 재원을 동원할 왕령이 성안되었다. 또한 왕실 재정에서 내어 줄 식량과 물품이 책정되었고, 매년 지방관과 유력자들이 내어 놓아야 할 노예와 코끼리 수도 결정되었다.

땅파기에 앞서 대사원의 공사현장에서 신에게 공사의 시작을 알리는 의식이 있었다. 그날 왕은 물론 왕족, 귀족, 지휘 고하를 막론한 관속들이 참여하여 공사의 무사와 성공을 모두 한마음으로 빌었다.

신에 대한 제례를 마친 다음날부터 공지조성 작업이 시작되었다. 야소다라푸라의 땅은 평지여서 넓은 공지가 필요했음에도 조성작업은 어렵지 않았다. 바켕 사원의 서쪽에 높다란 나무를 베어내고 높은 곳을 깎아 사원 터를 조성하였다.

공지조성과 함께 돌을 채취하는 채석장에서 공사장에 이르는 운하가 건설되었다. 공사에 필요한 사암은 꿀렌 고원 인근의 작은 산에서 구할 수 있었고 암석을 운반하기 위해 운하가 필요했기 때문이다. 운하는 돌을 채취하는 산에서부터 사원건설지까지 일직선으로 건설되었으며 돌을 실어 나를 배가 다닐 수 있도록 물이 채워졌다.

산에서 잘라낸 암석은 길쭉한 육면형으로 가공되었다. 그리고 운반에 필요한 밧줄을 걸기 위해 구멍을 뚫었다. 육면형으로 가공된 돌은 배에 실려 운하를 따라 공사현장 인근까지 운송되었으며, 거기서부터는 크기에 따라 여러 방법으로 공사현장에 운반되었다. 커다란 암석을 운반하기 위해서는 코끼리가 동원되었으며 작은 것은 사람들이 직접 들고 날랐다. 만약 코끼리의 힘이 없었다면 이런 대공사는 애초부터 불가능했을 것이다.

앙코르의 건축에는 전문적인 건축가, 설계사, 석공, 벽돌공들이 참여했다. 이들은 조상들이 터득한 공사의 비법을 전수 받아 알고 있었으며, 많은 사원을 건축하여 경험을 통해 기술을 축적하고 있었다. 그들은 하늘의 정확한 방위를 땅 위에 구현할 수 있었고, 돌을 맞추어 쌓아 올리는데 아무런 어려움을 느끼지 않았다. 돌들은 대강의 모습으로 쌓아 올려진 후 석공들에 의해 외관이 다시 다듬어졌다.

사원은 무거운 사암으로 쌓아지기 때문에 엄청난 무게를 지니게 된다. 그래서 이를 지탱할 수 있는 기반공사가 매우 중요하였다. 특히 앙코르 제국은 6개월간의 우기가 있어 많은 물이 토양으로 흘러 들어가기 때문에 튼튼한 지반을 구축하지 않으면 거대한 사원은 그 무게로 인해 수평이 유지되지 않아 붕괴될 수밖에 없다. 앙코르의 장인들은 이러한 문제를 극복하는 훌륭한 기초공사 기술을 오랜 경험을 통해 습득하고 있었다. 그리하여 그들이 만든 건축물은 무거운 돌들의 무더기가 천만근의 무게로 땅을 짓누르건만 우기의 그 많은 비와 건기의 가뭄이 매년 반복되어도 건축물은 한 치의 어긋남도 없이 수평을 유지하고 세월의 풍파를 거뜬히 견뎌낼 수 있었다.

이것의 비결은 다름 아닌 해자에 가득 담겨진 물과 기반공사였다. 사원의 기반은 깊게 판 땅에 자갈과 모래를 차례로 채우고 그 위를 흙으로 덮어 기다란 막대로 수없이 두드려 견고하게 조성되었다. 해자의 물을 사시사철 그 수위가 변하지 않도록 유지하여 지하로 흘러드는 지반수의 높이가 일정하게 유지되도록 하였다. 그리하여 해자의 물이 지반수와 함께 자갈과 모래로 된 기반을 떠받치고 있게 하였다.

높은 건축물을 만들기 위해서는 가벼운 라테라이트를 이용하여 내부를 채우고, 보기 좋고 장식이 가능한 사암으로 바깥쪽을 둘러 쌓았다. 이로써 다소나마 무게를 줄일 수 있었고 모자라는 사암의 수요도 줄일 수 있었다. 암석들은 아무런 붙임재료 없이 중력과 서로 맞서는 무게로만 지탱이 되었으며, 흐르는 빗물이 자연스럽게 빠져나가도록하여 건축물에 부담이 되지 않게 했다.

공사기간 중 진입의 편의를 고려하여 맨 안쪽 지성소부터 축조해 나갔다. 이 사원은 매우 복잡한 건축물이었으나 제국의 석공들은 익숙하게 작업하였다. 그렇지만 워낙 큰 대공사이다 보니 간혹 사고가 있었고 사상자가 생기기도 하였다. 가장 흔하게는 밧줄이 끊어져 인부가 나르는 큰 돌덩이에 깔려 죽는 사고가 발생하였다.

공사장의 노동자들은 전쟁에서 잡혀 온 노예, 지방에서 징집된 신민, 산악에서 잡혀온 야만인들이 주를 이루었다. 간혹 시암에서 일자리를 찾아 흘러들어 온 노동자도 있었다.[37] 현장에서 그들이 하는 일은 별반 차이가 없었지만 평민과 노예는 잠자리와 먹는 장소에 있어 엄격한 구분이 있었다.

작업자들은 두 개의 그룹으로 달이 차는 보름 동안과 달이 이지러지는 보름 동안으로 나누어 작업을 진행하였다. 공사는 정해진 분업체계에 따라 일사분란하게 이루어졌다. 노동자들의 일부는 건기에는 건설작업을 하고 우기가 시작되면 농사를 지으러 가기도 했다.

사원 공사장의 노동자들은 공사의 어려움보다 자연과의 싸움에 더 힘겨워 했다. 낮에는 찌는 듯한 열기를 견뎌내야 하고, 밤에는 모기와 해충과 싸워야 했다. 햇볕이 뜨거운 한낮에는 공사를 잠시 중단하였다. 그런데 무엇보다 무서운 것은 전염병이었다. 뎅기열이 퍼지면 많은 사람들이 죽어나갔다.

❀

공사가 시작된 지 15년 후 외관과 기본 공사가 마무리되어 갔다. 아직 완공된 것은 아니지만 사원은 대체로의 모습을 갖추었고, 해자에는 물이 넘실거렸다. 거대한 사원을 향한 수리야바르만 왕의 광기는 제국의 신민을 건축의 사지로 몰아넣었다. 그리하여 1131년 수리야바르만 왕이 33세에 이르렀을 때 왕이 원했던 대로 헌정식을 가질 수 있었다.

봉헌식에 참석한 수리바야르만은 새 사원에 매우 흡족하였다. 아직도 완공을 위해서는 많은 손길이 들어가야 하나 사원은 지금까지 건설된 어느 사원보다 웅장[38]하고, 신비한 비율[39]과 독특한 아름다움은 억제할 수 없는 경이감을 자아내게 했다.

왕의 행차가 사원의 입구에 도착했을 때 높다란 코끼리 가마 위에 앉은 왕 조차도 금빛 테를 두른 거대한 흰색 사원에 압도되었다.

왕은 서쪽 입구로 첫발을 내딛고, 사암테라스에 올라 양쪽에 커다란 호랑이 상이 지키고 있는 진입로를 걸어 들어갔다. 진입로에서 바라다보는 사원은 완벽한 균형의 대칭 구조를 가지고 있었다. 이 거대한 구조물의 외부를 엄청난 규모의 해자가 감싸안고 있었다. 넘실거리는 해자의 물은 적과 악마들의 공격에서 사원을 보호하게 될 것이다.[40]

왕은 진입로 다리를 걸어서 해자를 넘고 옆으로 이어진 세 개의 고푸라 중에서 한가운데 고푸라를 향했다. 왕이 중앙 고푸라를 통과해 안으로 들어가자 넓다란 정원이 안쪽으로 열리고 정원을 가로 지르는 방죽길이 시원스레 사원의 한 가운데로 이어졌다. 고개를 들자 아침의 태양이 사원 탑 위로 찬란히 떠올라 왕의 일행을 맞이했다.[41]

방죽길 양쪽으로는 나가가 난간으로 달려있어 신성함을 더했다. 양측에 도서관이 하나씩 있었고 더 안쪽으로는 또한 연못이 양쪽에 하나씩 있었다. 도서관은 책을 보존하는 것이 아니라 건물의 구조 자체와 비문과 부조가 지식과 신앙을 사람들에게 전달했다.

방죽길의 끝은 두 번째의 호랑이 상이 지키는 계단으로 이어지고 계단을 오르니 널찍한 테라스가 펼쳐졌다. 왕이 테라스에 오르자 횃불이 타오르고 수도승들이 이미 제를 올릴 준비를 마치고 있었다. 그 옆으로는 압사라들이 계단을 오르내리면서 춤을 추어 신들의 축복에 감사를 올리고 있다. 압사라들은 머리에 금빛 관을 쓰고 하얗게 분칠을 하였으며 가슴을 드러낸 채 손목과 손가락을 기묘하게 움직이며 아름답게 춤을 추었다. 그들의 손 동작 하나하나에는 신에 대한 경배, 악마에 대한 경고, 축복을 기원하는 뜻이 담겨있었다.

신에게 경배하는 테라스는 곧바로 외부 갤러리와 연결되어 있었다. 이 갤러리는 전체적으로 직사각형 모양을 갖추고 있다. 이 갤러리에는 앞으로 앙코르의 서사를 이야기하는 신화와 역사가 부조로 담길 것이다. 이미 일부 부조 공사가 시작되었으나 앞으로도 언제 끝날지 모르는 작업이 오랫동안 계속될 것이다.

외부 갤러리를 양편에 두고 안쪽으로 걸어 올라가자 십자형 모양의 회랑으로 이어졌다. 회랑의 양측에는 신에 대한 경배에 앞서 목욕재개 할 수 있는 네 개의 욕탕이 갖추어져 있었다. 왕은 준비된 성수에 손과 발을 씻었다. 회랑을 지나가자 다시 높이가 높아지고 2층의 갤러리가 옆으로 펼쳐져 있다. 2층 갤러리는 1층 갤러리보다 작은 직사각형의 벽으로 이 갤러리의 바깥쪽은 수도승들의 명상을 돕기 위해 아무런 장식이 없었다.

그러나 신들을 향해 있는 안쪽 벽에는 신들에게 영광을 봉헌하는 1,500명이 넘는 압사라가 조각되어 있었다. 그 많은 압사라들은 모두 다른 모양새를 하고 있는데, 축원과 염원을 드러낸 손목과 손가락, 매끈한 팔뚝, 사랑스러운 미소, 풍만하지 않고 적당히 봉긋한 유방, 나긋한 허리, 당장이라도 흘러내릴 것 같은 치마가 아무리 보아도 지루하지 않고 오히려 마음을 새롭게 하였다. 왕은 그녀들의 춤이 우아하고 생동감있어 신들을 기쁘게하여 세상을 풍요롭게 하기에 충분하고 또 충분하다고 생각했다.

내부 갤러리 안쪽은 3층을 이루고 3층의 뜰에는 앙코르 와트 사원의 핵심이 되는 지성소를 이루는 사원 탑이 모셔져 있었다. 정사각형의 사원 탑은 동서남북 각 방향으로 세 개씩 모두 12개의 계단이 설치되어 있었는데 계단의 수는 12개월의 달을 상징했다. 이 가파른 계단들은 왕이 오르내리는 정면의 계단을 제외하고는 사람이 오르내리는 용도가 아니라 높은 사원 탑을 측면에서 지지하여 드높은 지성소를 견고히 하는 기능을 가지고 있었다.

이 사원 탑의 정상은 바켕 사원과 같이 네 개의 탑이 모퉁이에 있고 중앙에 큰 탑이 있었다. 탑들은 모두 피기 전의 연꽃 모양으로 돌을 겹쳐 쌓아 올렸다. 이곳이야말로 신을 모시는 가장 성스러운 곳이었다. 40단의 계단은 가파라서 오르기 어렵고, 오직 왕과 최고 제사장 몇 명만이 이 신의 지성소에 드는 것이 허락되었다.

앙코르 와트는 우주의 모습을 형상화한 것이었다. 가운데 높은 중앙 성소는 우주의 중앙에 있는 메루 산을 상징하고, 탑들은 메루 산의 봉우리들을 표상했다. 각각의 회랑은 메루 산을 둘러싼 산맥을 나타냈으며, 가장 외부의 벽은 우주의 끝이고 둘러싸고 있는 해자는 대양을 의미했다.

왕은 사원의 승려들이 안내하는 대로 중앙의 지성소에 올랐다. 왕은 지성소의 중앙에 모셔져 있는 거대한 비슈누 신상[42] 앞에 섰다. 그리고 이 위대한 사원을 비슈누 신에게 바치는 봉헌식을 거행하였다. 경건한 봉헌식을 마치면서 왕은 신의 도움이 아니면 감히 인간이 이런 구조물을 만들지 못했을 것이라고 생각했다. 이 사원은 비슈누의 성스런 거처라는 뜻으로 비슈누코크[43]라고 불리게 되었다. 이 사원에서는 그가 비슈누였고, 비슈누가 또한 그였다.

34) 시바가 타고 다니는 상상의 새로 동아시아의 봉황에 상응한다.

35) 12세기 앙코르 역사에서는 50년의 차이를 두고 유사한 역사가 반복되었다. 수리야바르만 2세(앙코르 와트 건설자)는 다란인드라바르만 1세를 시해하고 1113년 왕위에 즉위하였으며, 그후 약 50여 년이 지난 후 야쇼바르만 2세는 다란인드라바르만 2세(자야바르만 7세의 부왕)를 폐위시키고 왕권을 잡았다.

36) 앙코르 지역의 유적배치가 하늘의 용자리와 닮았다는 사실을 컴퓨터 시뮬레이션을 통해 밝혀낸 사람은 천문학자 존 그릭스비(John Grigsby)다. 그런데 이 용자리가 앙코르 시대의 용자리가 아니라 기원전 10,500년경의 하늘의 용자리라는 사실은 불가사의한 신비로움을 더해준다.

37) 앙코르 와트 공사에는 매일 25,000명의 인원이 37년에 걸쳐 일했다는 분석이 있다.

38) 앙코르 와트는 해자를 포함하여 동서로 1.5km 남북으로 1.3km로 전체 200헥타르 규모다. 이 사원의 3차 외벽은 동서로 1,025m 납북으로 802m로 성벽 내 면적은 82핵타르다. 2차 외벽은 동서로 215m 남북으로 187m이며, 1차 외벽은 동서로 115m, 남북으로 110m이다. 가장 바깥쪽 외벽 즉 3차 외벽은 해자로 둘러싸여 있고 폭 15미터의 250미터 진입로를 통해 건널 수 있다. 3차 외벽의 입구 고푸라에서 2차 외벽에 이르는 진입로는 전체 길이가 350m이다.

39) 앙코르 와트의 각 부분의 길이와 비율은 힌두사상과 관계되나 미터법으로 표현되면서 각 길이가 가지는 의미가 상실되고 만다. 1970년대 중반 모론(Moron)은 연구를 통해 앙코르 와트의 비율이 갖는 의미를 밝혀냈다. 당시 사용된 길이의 단위는 '해트'였고 그 길이는 팔꿈치에서 손끝에 이르는 길이로 약 0.4m이다. 이 기준에 따르면 서쪽 입구에서 중앙탑까지는 1,728해트이고, 이 거리는 다시 3개 층별로 각각 1,296해트, 867해트, 439해트로 나누어지는데 이는 힌두사상의 4개의 시대주기인 크리타 유가 1,728천년, 트레타 유가 1,296천년, 다브리파 유가 864천년, 칼리유가 432천년에 상응된다.

40) 앙코르 와트 사원의 해자는 폭이 200m에 달하며 전체 길이는 10㎞에 이른다. 해자는 적들의 물리적 침공을 물리치는 데 유용할 뿐아니라 자연으로부터 사원의 건축물을 보호한다. 앙코르 지역은 우기와 건기가 매우 뚜렸한 지역으로 해자의 물은 건기에 습도를 유지하여 사원 건축의 재료가 된 돌의 압축과 팽창을 최소화시켜 구조물이 오래오래 유지될 수 있도록 해준다.

41) 일출을 보기 위해서는 아침 일찍 앙코르 와트에 도착해 있어야 한다. 바닥을 더듬어 들어가기 위해서는 손전등을 준비해야 하고, 날씨 때문에 아름다운 일출을 보기 위해서는 몇 날의 시도를 마다하지 않아야 한다.

42) 이 비슈누 상은 4m로 거대하며, 오늘날에는 해자를 건너 고푸라 안으로 들어가면 좌측에 서있다.

43) 이 사원의 오늘날 이름은 '앙코르 와트'이고 직역하면 '도시의 사원'이라는 뜻이다. 현재의 이름으로 불리게 된 것은 16세기 이후라고 한다.

17

앙코르 와트의
서사시

앙코르 와트의 최고 제사장 오린쓰가 앙코르 와트와 처음 인연을
맺게 된 것은 수리야바르만 왕이 봉헌식을 마친 이듬해였다. 남부
지방의 유력자 가문에서 태어난 그는 승려가 되기 위해 어린 나이
에 사원에 들어갔으며 청년이 되어 앙코르 와트에 배속되었다.

그는 처음 앙코르 와트에 도착하던 날의 감동을 아직도 잊을 수
없다. 건기가 시작된 청명한 가을에 그는 앙코르 와트에 도착했었
다. 그의 눈앞에는 하늘의 청색과 정글의 초록색을 배경으로 한 사
원이 장엄하면서도 우아한 곡선으로 너무나 절묘하게 어울려져 있
었다.[44] 이 사원은 너무 광대하고 웅장하여 성벽 안의 세계는 외부
세계와 별도의 딴 세상으로 존재하는 듯하였다.

봉헌식을 마친 후 앙코르 와트에서는 또 다른 공사가 시작되어

진행되고 있었다. 그것은 외부 갤러리에 앙코르 인들의 정신 세계에 담긴 신화와 거룩한 역사를 부조로 담는 일이었다. 사원의 벽에 부조를 새겨 장식하는 것은 이미 앙코르 제국의 여러 사원에 일반적으로 행해지는 오래된 전통이었다. 바푸온 사원에도 부조가 있었고, 동 바라이의 메본 사원에도 수많은 부조가 장식되어 있었다.

이 사원도 애초에 부조를 만들 계획이 있었으나, 보다 원대한 부조를 만들고자 계획된 것은 공사가 좀더 진행된 이후였다. 그래서 봉헌식이 있은 이후에야 부조를 새기는 작업이 본격적으로 시작되었다.

오린쓰는 승려가 되는 정진 과정에 있으면서도 부조공사를 자원하였다. 부조공사는 매우 힘든 과정이었으나 앙코르 제국의 장인들은 부조공사를 어떻게 하는지 잘 알고 있었다. 앙코르의 석공들은 수백 년의 전통을 이어오는 가운데 돌을 마치 떡 주무르듯이 다룰 수 있었다.

사암은 막 캐냈을 때는 약하여 다루기 쉽고 공기와 접촉하면 매우 단단해지는 특성이 있어 조각 작업에 편리하다. 라테라이트건 사암이건 앙코르의 석공의 손에 들어가면 라마도 되고 압사라도 되었다. 그들의 망치와 정 속에서 신화와 역사가 재창조되었다.

오린쓰가 모시는 큰스님은 그가 왜 부조공사를 자원하는지 의아해 하면서 걱정스러웠지만 오린쓰가 부조공사에 참여할 수 있도록 허락해 주었다.

"부조를 새기는 일은 석공과 노동자들의 몫이다. 신을 직접 모시는 승려가 하는 일이 아니다."

"저는 부조 공사가 너무 좋습니다. 힘든 일이기는 하나 그것을 통해 수양하는 길을 터득하고 싶사옵니다."

"옛날에도 부조 공사를 수행의 수단으로 정진한 전배들이 없지는 않았다만, 너무 힘든 일이기에 포기하는 자들이 많았다. 도중에 그만 두려거든 아예 망치를 들 생각을 말거라."

"저는 자신이 있습니다. 참고 또 참으며 있는 힘을 다해 이 대역사의 받침돌이 되고 싶습니다."

"네 뜻이 정 그렇다면 허락하겠다만, 결코 승려가 되기 위한 공부와 수도를 게을리 하지 말아야 할 게야."

❀

부조공사를 위해서는 맨 먼저 어느 위치에 무엇을 조각할 지 결정해야 했다. 이를 결정하기 위한 회의에는 왕을 중심으로 조정의 관료, 천문관 그리고 신관들이 참석하였다. 새겨야 할 주제와 위치가 결정되면 이를 구현하는 일은 장인들의 몫이었다. 물론 중간에 공사해야 할 주제와 위치가 바뀌는 경우도 많았다.

오린쓰가 앙코르 와트에 왔을 때는 이미 각 방위마다 새겨야 할 것들이 결정되어 있었다. 그는 북서쪽의 모서리에는 라마야나[45]의 이야기가 그려지고 그에 연하는 서쪽의 좌측면에 라마야나의 마지막 이야기인 랑카의 전투가 새겨진다고 들었다. 그리고 서쪽의 우측면에는 마하바라타[46]의 마지막 이야기인 쿠룩세트라의 전투가 장식된다고 했다. 이미 이 부분 공사는 상당히 진척이 되어 있었다.

부조 공사는 먼저 종이에 그림을 그린 후 그것을 벽에 붙여 목탄으로 밑그림을 그리는 것으로 시작되었다. 그 뒤에 경험 많은 장인들이 기본 모양을 새겨내고 대강의 모습이 갖추어지면 일반 노동자들이 모습을 더욱 구체화했다. 마지막 작업은 물론 가장 경험 많은 장인들의 몫이었다. 그들은 인물과 배경을 세밀히 갈고 주인공의 표면을 황금으로 착색하여 끝마무리를 지었다.

서쪽에서 남쪽으로 돌아가는 모서리는 다산과 풍요로움, 조상숭배의 시바 신을 주제로 하고 있었다. 이는 수리야바르만 왕이 시바신과 같이 번영의 왕이라는 상징을 남기고 싶어했기 때문이었다. 모서리를 지나 남쪽방면을 보면 수리야바르만 왕의 역사적 행적이 그려지고 있었다. 남측의 동향은 천국과 지옥이 그려졌는데, 생전의 행동에 따라 사후에 심판을 받는다는 '최후의 심판'이 엄정함을 더했다.

동쪽 갤러리는 우유의 바다젓기와 악마들에 대한 비슈누의 승리가 새겨지고 있었다. 북쪽 면에는 악마왕 라바나에 대한 크리슈나의 승리와 신들과 악마의 전투가 그려졌다.

오린쓰는 맨 처음 허드렛일을 하는 것에서 시작하였다. 처음 그는 망치소리와 정소리에 머리가 아플 지경이었으나 나중에는 돌 쪼는 소리가 어머니의 자장가처럼 감미로워졌고, 망치 소리를 듣고도 어떤 모습이 새겨지고 있는지 알 수 있었다.

　부조작업은 십 년이 넘게 진행되었다. 부조작업이 끝나갈 무렵 오린쓰는 부조 공사장의 고수가 되어 있었다. 부조 공사는 수리야바르만 왕이 죽는 해까지도 계속되었으며 오린쓰는 공사장의 인부로 또한 승려로서도 중년의 덕망 있는 지도자로 커나갔다.

　수리야바르만 왕은 죽었지만 앙코르 와트는 사원의 신흥세력으로 부상되었다. 수백 개의 마을과 수만 명의 신민들이 사원에서 소요되는 물품을 대기 위해 배속되었다. 사원 안에는 신관, 관리, 압사라, 노예 등 수천 명이 거주하며 신에게 봉사하였다.

　앙코르 와트는 이제 앙코르 제국의 영광을 상징하는 중심에 서게 되었다. 사원은 신의 세계를 구현한 것이었고 전체 구조와 하나하나의 조각물들이 신의 메시지를 인간에게 전하고 있었다. 그러한 의미는 사람들마다 아는 것 만큼 각각 다른 깊이로 읽혀졌다. 하지만 아무리 문외한인 일반인과 노예들에게도 금박으로 햇살아래 찬란하게 빛나는 이 거대한 석조 건물은 장엄하다 못해 신성하게 느껴졌다.

　오린쓰는 젊은 날을 앙코르 와트 공사와 같이했고, 후덕한 그는 마침내 앙코르 와트의 최고 제사장의 지위에 올랐다. 앙코르 와트가 사원세력의 핵심으로 부상한 이후 그 세력을 유지하는데는 최고 제사장 오린쓰의 공헌이 컸다. 그는 성품이 온화하고 세속의 권력과도 원만한 관계를 유지하여 많은 존경을 받았다. 사원에 소속된 압사라들과 몇몇 승려간의 불미스런 염문이 있기도 했지만 앙코르 와트는 일반인들은 물론 승려들의 존경과 경외의 대상으로 자리잡았다. 이런 앙코르 와트의 명성과 존경의 중심에는 2대로 최고 제사장을 맡고 있는 오린쓰가 있었다.

참파의 침입은 앙코르 제국에 위기가 되었을 뿐아니라 앙코르 사원에도 어려움을 안겼으나, 참파와 앙코르 제국은 힌두교를 공유하였기에 종교적 유사성은 앙코르 사원이 참파의 약탈에 침탈되지 않는 방어막이 되었다. 앙코르 와트의 최고 제사장 오린쓰는 자야 왕자가 참파와 맞서고 있을 때 그 누구보다 자야가 참족을 이 땅에서 몰아내고 왕국을 재건해 주기를 기대했다. 똔레삽 호수에서 자야 군이 승리하였을 때 그는 제국이 다시 서는 희망을 보았고, 엊그제 앙코르 북부 전투에서 자야 군이 승리하자 이제는 나라를 되찾을 수 있다고 생각했다.

44) 앙코르를 서양에 소개한 앙리 루오의 표현을 빌렸다. 앙리루오는 1860년경 앙코르를 방문했고, 그의 기록은 1868년 〈시암과 캄보디아 탐험〉이라는 책으로 출판되었다. 루오가 앙코르를 발견했다는 표현에 대해 앙코르는 실종되거나 망각된 것이 아니기 때문에 발견될 수 있는 존재가 아니라는 의견도 있다.

45) 라마야나는 아리안 족이 세운 코살라 왕국에서 일어나는 전쟁에 관한 서사시다. 이 서사시는 7권 2,400개 싯구로 이루어져 있는데 인도에서 최초의 시인이라고 추앙받는 발키미가 통일된 형태로 편찬했다. 코살라 왕국의 왕자 라마는 활쏘기 대회에서 승리하여 비데하 왕국 자니카 왕의 딸 시타 공주를 아내로 맞이한다. 그러나 라바나가 시타를 유괴하여 라마는 원숭이왕 수그리바와 동맹을 맺어 라바나를 죽이고 시타 공주를 구해낸다. 서쪽 회랑의 좌측 부조는 라마야나의 클라이맥스인 '랑카의 전투'로 라마가 하누만의 어깨에 서서 화살을 쏘는 장면, 수그리바가 룸비를 죽이는 장면, 원숭이들과 악마의 전투 등을 볼 수 있다. 앙코르 와트 입구로 들어가 좌측에 보이는 곳으로 여기서부터 시작하여 반시계 방향으로 돌아가며 부조를 감상하는 것이 좋다.

46) 마하바라타는 바라타 족의 전쟁을 노래한 위대한 대서사시이다. 전체 18편의 10만6천 개의 싯구로 이루어진 작품으로 오래 전에 있었던 바라타족의 전쟁을 토대로 기원 전후 오랜 역사를 통해 수정 증보되어 왔다. 갠지즈강 상류와 아무나강 사이에 있는 쿠루지방을 본거지로 카우라바의 후예 1000여명의 왕자와 사촌간인 판다마스의 후예 5명의 왕자가 두 편으로 나누어 왕권다툼을 벌이는 이야기다. 18일간의 전투에서 여러 가문이 전멸되고 판다바스의 승리로 전쟁이 끝난다. 서쪽 회랑의 우측 부조는 바로 마하바라타의 마지막 전투인 '쿠륵세트라의 전투'를 그렸다. 19개의 기둥사이에 양군의 장군이 19명씩 표현되어 있는데 이는 수리야바르만 2세의 행군장면에서 나오는 19명의 제후와 같은 숫자라는 점이 흥미롭다.

18

사원 세력

자야 군의 앙코르 진입을 앞두고 앙코르 와트는 참파의 침입 때와 같이 다시 한번 술렁거리기 시작했다. 앙코르 와트 세력은 자야의 승리를 기뻐하면서도 다른 한편 자야와 그 부친의 불교에 대한 선호가 잘 알려져 있어 다가 올 앞날을 우려하지 않을 수 없었다. 자야 군이 야소다라푸라로 진입하기 전날 밤 앙코르 와트에서는 사원의 최고 평의회가 열렸다.

최고 평의회는 3층 지성소에서 은밀히 열렸다. 한동안 침묵이 흐른 후 오린쓰가 입을 열었다.

"제사장들께서도 이미 소식을 들어서 잘 알 것입니다. 자야 대장군의 군대가 참파 군과의 전투에서 대승을 거두었습니다. 어쩌면 이 제국은 이미 그의 손에 들어가 있다고 생각됩니다. 우리 사원이 그와 어떤 관계를 설정하게 될지 아직 예단할 수 없습니다."

오린쓰가 잠시 한숨을 쉬었다.

"우리는 그의 부친이 어떤 생각을 가졌던 인물인지 잘 알고 있습니다. 들리는 말에 의하면 자야 대장군도 불자라고 합니다. 그리고 그의 생각은 매우 혁명적으로 들립니다. 우리는 그가 왕으로 즉위하려 할 때 어떻게 해야 할지 생각해 보아야 합니다."

잠시 침묵이 흘렀다. 부제사상 막노린이 말문을 열었다. 그는 오린쓰의 뒤를 이어 최고 제사장에 오를 수 있는 가장 유력한 인물이었다.

"우리는 자야가 왕이 되는 것을 두고볼 수 없습니다. 그는 우리 제국의 신민들이 숭상하는 신들을 부정하고 있습니다. 그가 왕이 되면 우리 사원들은 억압받고 굶주리게 될 것입니다. 자야의 등극을 달가워하지 않는 앙코르의 귀족들도 적지 않으니 그들과 연합하게 되면 자야가 왕좌를 차지하는 것을 막을 수 있습니다."

원로 중의 한 명이 입을 열었다.

"부제사장의 말이 틀리지는 않습니다. 그러나 우리에게는 자야 대장군을 거부할 힘이 없습니다. 참파도 곧 물러갈 것입니다. 사원에 딸린 일꾼들로는 자야의 병사를 대적할 수 없고, 사원이 자야를 거부할 명분 또한 없습니다. 그가 우리 힌두 사원을 좋아한다고는 할 수 없으나 우리의 오랜 역사이자 삶의 중심인 사원을 폐하지는 않을 것입니다."

부제사장이 다시 말을 이었다.

"그러면 이대로 앉아서 당하자는 말입니까. 우리 사원들이 연합하면 자야가 왕이 되는 것을 막을 수 있습니다."

평의회는 밤늦도록 이어졌으나 강경파와 온건파간 의견차이만 있었지 아무런 해결책을 찾지 못했다.

❋

자야는 심어놓은 정보원들을 통해 앙코르 와트의 지성소에서 열린 회의에 대해 낱낱이 알게 되었다. 그들의 보고에 의하면 자야 군이 도성에 진입하기 전날 앙코르 와트에서 자야가 왕이 되는데 대하여 심각한 논의가 있었고, 찬성파와 반대파가 의견이 나누어져 결론이 없었다고 했다.

자야 군이 야소다라푸라에 진입한 직후 오린쓰가 자야를 찾아왔다. 자야는 오린쓰와 만날 것이라고 생각했지만 그가 이렇게 빨리 찾아오리라고는 생각하지 못했다. 사원의 승려들은 세속의 권력으로부터 특권을 누렸고, 사원의 제사장이 왕을 찾는 법이 없었다. 왕조차도 사원의 제사장에게는 무릎을 꿇어 극진한 존경을 표하였다.

자야는 앙코르 와트의 사제들이 자신이 왕으로 오르려는데 대해 호의적이지 않아 매우 불쾌해 하였다. 세속의 권력이 승려를 존중하기는 하지만 그들이 세속에 대해 지나치게 간섭하는 것은 잘못된 일이라고 자야는 생각했다. 그는 방문한 오린쓰와 궁궐의 빈 뜰에서 마주 앉았다.

먼저 자야가 입을 열었다.

"앙코르 와트의 최고 제사장께서 이렇게 와주시다니 뜻밖입니다."

"우리의 강역을 참파의 침탈에서 구하신 대장군님께 당연히 감사와 경하를 드리기 위해 왔습니다."

"그리 말씀하시니 감사합니다."

자야가 담담한 말투로 대답을 했다. 그러나 두 사람 사이에는 한 순간 긴장이 흘렀다.

"사원은 세속의 권력을 존중합니다. 허나 대장군님께 솔직히 전하자면 사원의 많은 사람들이 대장군님이 권좌에 오르시는 것에 대해 불안해하고 있습니다."

"불안해 할 이유가 있으신가요?"

"사람들은 언제나 변화를 두려워하는 법입니다. 더구나 대장군님께서는 우리 제국이 오랫동안 숭상해 온 많은 신들을 버리고 부처의 가르침을 따른다는 소문이 무성하여 더욱 불안해하고 있습니다."

"우리의 사원이 바뀌어야 한다는 것은 나의 생각이 아니라 신민들의 생각입니다. 수많은 신의 이름아래 사원은 백성의 짐이 되고 있습니다. 사원이 시주물을 국가와 나눈다는 것은 옛말이고 사원은 면세혜택을 누리면서도 왕실로부터 많은 재물을 봉헌받고 있습니다. 사원은 특권을 버리고 신민들에 봉사하기 위해 진력을 다해야 할 것입니다.”

자야는 평소에 품고 있던 생각을 거침없이 털어 놓았다. 오린쓰는 당황했다. 그는 자야와의 독대에서 사원의 생각과 자야 대장군의 생각이 너무 다르다는 것만 확인하고 돌아갈 수밖에 없었다.

그날 밤 자야는 측근 3인방을 불렀다. 자야는 굳은 모습으로 말문을 열었다.

“오늘 앙코르 와트의 최고 제사장이 왔었소. 그들을 제압하지 못하면 내가 왕위에 오를 수 없고 오른다 해도 이 왕좌는 부질없는 것이오. 나는 앙코르 와트를 중심으로 한 사원 세력을 제압할 생각이오.”

“그들을 어떻게 하려는 지요?”

반디따가 물었다.

“앙코르 와트의 사제 중에 우리의 뜻을 거부하는 몇 명을 제거할 생각이오. 우리의 길에 방해가 되는 자들은 처단할 수밖에 없소. 그들을 오래 설득하고 있을 시간이 없소. 난다나와 빠드마는 오늘 밤 병사를 데리고 가서 여기에 나온 자들을 처단하라.”

자야 왕은 이미 정보망을 통해 조사한 앙코르 와트의 강경파 5인의 명단이 적힌 살생부를 내놓았다.

“빈틈없이 시행해야 할 것이다. 다섯 명만을 제거하되 주변 사람들의 생명은 최대한 보호하라.”

한편, 앙코르 와트에서도 부제사장을 중심으로 한 강경파들의 회의가 열렸다. 부제사장 막노린은 말하였다.

"최고 제사장께서는 자야와 타협을 생각하고 있으나 절대 타협이 이루어질 수 없다고 생각합니다. 자야는 불교도이고 혁명적인 생각을 가지고 있습니다. 우리가 그에게 순순히 복종한다면 목숨을 부지할 수는 있겠지만 우리 사원은 종국에는 그의 압살을 피할 수 없을 것입니다. 우리 모두가 단단히 뭉쳐서 자야를 거부하고 우리에게 우호적인 선대왕의 왕손 중에서 한 명을 왕위에 앉혀야 합니다."

모두가 말없이 부제사장의 말을 듣고 있었다. 사원의 입장에서는 부제사장의 말이 틀리지 않다고 생각했지만 그들에게는 힘이 없었다. 사원조직을 이용한다고 해도 하루아침에 전투력을 가질 수는 없었다.

회의에 참석한 제사장 중의 한 명이 말문을 열었다.

"부제사장의 말이 옳습니다. 우리가 순순히 자야에게 물러선다면 결국 그의 손아귀에서 놀아나게 될 것입니다. 우리가 다른 사원들과 연합해서 싸운다면 자야를 충분히 물리칠 수 있을 것입니다."

회의 분위기는 갑자가 희망을 가지는 쪽으로 변해갔다. 그러나 사원의 승려들은 권력을 잘 몰랐고 무력을 준비할 줄도 몰랐다. 그들은 말은 많았으나 어떻게 실행할지 방도를 찾지 못했다. 그들은 뭔가 해야겠다는 생각은 많았지만 아무런 실행계획도 가지지 못한 채 회의를 마쳤다.

이에 반하여 자야의 군은 신속하고 반대세력에 무자비하였다. 그의 병사들은 반대하는 사원의 중심인사들을 신속히 처단했다. 잘 훈련된 자야의 젊은 병사들은 하룻밤에 살생부 대상자들을 모두 제거해 버렸다. 앙코르 와트의 강경파는 자야가 그렇게 빨리 손을 쓸 줄은 상상도 하지 못했다.

사원의 고위 승려들이 살해되었다는 소문이 퍼져나갔다. 그러나 감히 그 누구도 자야에게 대항할 엄두를 내지 못하였다. 대다수 신민들은 내심 자야를 환영하고 암살소문이 꺼림칙하였으나 사실이 아닐 것이라고 믿었다. 오히려 그들은 자야 대장군이 건설해 나갈 새 세계에 대한 기대감으로 충만해 있었다.

19

즉위식

앙코르 와트를 중심으로 한 사원세력을 제압한 자야는 왕위에 오를 때가 됐다고 생각했다. 그는 성대한 즉위식을 갖고 왕좌에 즉위함으로써 왕권을 넘보려는 모든 세력들에게 강력한 경고를 보내고 싶었다.

자야는 쁘레아 칸을 찾아내도록 명하였다. 쁘레아 칸은 왕의 권위를 형상화한 보검이다. 쁘레아 칸을 손에 넣지 못한다면 왕이 되어도 왕이 아니다. 그는 즉위식에서 쁘레아 칸을 높이 쳐들어 제국의 최고 통수권자가 자신임을 만방에 알리고자 했다.

자야는 쁘레아 칸이 참파의 침탈과정에서 사라졌을지 몰라 안타까워했다. 그러나 다행히 쁘레아 칸을 삐미아나까스 사원의 깊은 곳에서 찾아낼 수 있었다. 참파의 공격이 임박해 오자 지혜 많은 한 신하가 이를 깊숙이 감추어 두었던 것이다. 그럼에도 불구하고 쁘레아 칸이 참파의 손에 들어가지 않은 것은 기적이었다. 보검은 스스로를 지키는 신기한 힘이 있는 듯했다.

자야의 즉위식은 프놈 바켕에서 열렸다. 그가 왕으로 등극하는 즉위식은 매우 화려하고 장엄하였다. 자야의 청년 군대가 바켕 언덕을 감싸서 위력을 보였고, 바켕 언덕을 오르는 계단 양쪽에는 자야에게 충성하기로 한 귀족과 조정 관료로 등용될 자들이 도열하였다. 그 아래쪽에는 도성의 신민들로 인산인해를 이루었다.

즉위식은 신들에게 제사를 올리는 것이었다. 그리고 자야가 신으로 등극하는 의식이기도 하였다. 이러한 엄숙한 의식은 제국의 시조 자야바르만 2세가 꿀렌 고원에서 왕위에 오를 때 행했던 의식이 대대로 이어져온 것이었다.

자야는 바켕 사원 정상의 중앙 사원탑 앞에 섰다. 신관이 새로운 대왕의 탄생을 알리는 긴 발고문을 읽어 나갔다. 승려들이 사원의 테라스를 겹겹이 둘러싸 악귀들의 접근을 막았다. 중앙 사원탑에 합장한 자야는 탑 앞에 놓여 있는 황금빛 금관을 쓰고 쁘레아 칸을 집어 들었다. 온통 금으로 치장된 갑옷을 입은 자야가 금관을 쓰고 뒤돌아서 계단 쪽으로 옮겨와 발아래를 내려다보았다. 그리고 자야는 쁘레아 칸을 높이 쳐들어 새로운 왕이 등극했음을 알렸다.

발아래 그리고 바켕 사원을 오르는 계단에 그리고 바켕 산에 오르는 언덕에 서있는 모든 인간들이 무릎을 꿇고 고개를 땅에 대고 새로운 왕에 대한 복종과 충성을 표시했다. 새로운 신이 탄생하는 순간이었다.

"대왕폐하 만세!!!"

"앙코르 만세 만만세!!!"

누가 시작했는지 모르는 만세 소리가 바켕 산을 흔들었다. 어느 틈엔지 태양이 머리 위에 이르러 새로운 왕의 등극을 밝혔다.

자야 왕의 등극을 누구보다 기뻐한 것은 그의 부인 자야라자데비였다. 자야의 부인은 단 한순간도 놓치지 않고 자야가 왕이 되는 의식을 지켜보았다. 그녀는 감개무량하여 한없는 기쁨의 눈물을 흘렸다.

바켕에서 즉위식을 마치고 궁궐까지 자야 왕의 행렬이 이어졌다. 왕의 행진은 장관을 이루고 무시무시하기까지 했다. 맨 앞 왕의 진군을 알리는 성화대열에 이어 나팔, 고둥, 북, 징을 지닌 악대가 풍악을 울리며 따랐다. 그리고 수많은 군사, 관료, 귀족들이 그 뒤를 이었다. 왕의 바로 앞에는 코끼리 떼가 힘차게 발을 구르며 걸어가고 왕은 코끼리 떼의 한 가운데 가장 높은 곳에 앉아 있었다. 왕의 코끼리는 보석이 박힌 멋진 머리 장식을 하고 있었다. 왕을 태운 코끼리 위의 가마는 누구도 닿기 어려울 만큼 높이 있었으며 온통 금으로 치장되어 있었다.

왕의 행진이 지나가는 바켕에서 궁궐까지 연도에는 수많은 신민들이 몰려나와 있었다. 사람들은 조금이라도 왕의 행렬을 가까이에서 보기 위해 자리다툼을 하기도 하였다. 도열한 많은 군중은 몇 겹을 이루었고, 도시가 들썩거릴 정도로 왕의 영광과 만수무강을 소리소리 외쳤다. 사람들은 왕이 앞을 지나가면 모두 엎드려 머리를 땅에 조아렸고, 일부는 힐끔거리며 왕의 행렬을 곁눈질해 보았다. 그러다 관병들에게 들키면 기다란 채찍으로 얻어맞기도 했다.

자야는 즉위식 직후 제국을 다스릴 주요 관직을 새로운 인물들로 임명하였다. 정통왕실의 후손들을 불러 관직을 주기도 했지만, 새로운 관료의 중심은 어디까지나 자신을 도와 왕이 될 수 있게 공헌한 반디따, 난다나 그리고 빠드마였다. 자야 왕은 반디따를 호따르[47]로 임명했고 난다나에게 대장군의 칭호를 내려 군을 통괄하게 했으며 빠드마를 왕실 경호대장으로 삼았다. 왕은 이들에게 많은 땅을 하사하고, 금제 손잡이가 달린 깃털 부채, 흰 일산, 갈색 소, 코끼리를 선물로 내려주었다. 처음 거사의 실패로 처형당한 사람들의 자손을 불러 관직과 토지를 내리는 것도 잊지 않았다.

❁

왕의 즉위식이 있은 날 해질 무렵 왕궁의 신관이 자야 왕을 알현하였다.

"폐하, 삐미야나까스[48]에 오르실 시간입니다."

자야 왕은 누구보다 신관이 하는 말이 무엇인지를 잘 알고 있었으나 짐짓 모른 체하고 물었다.

"왜 이 시간에 삐미야나까스에 올라야 하는가?"

신관은 당황해 하며 자야가 익히 잘 알고 있는 삐미야나까스에 대해 이야기하였다.

"폐하, 왕궁의 삐미야나까스에는 우리의 수호신인 뱀의 정령이 변한 여인이 있습니다. 왕께서 매일 왕비나 후궁의 처소에 들기 전에 삐미야나까스에 올라 뱀의 여인과 교접을 해야 이 제국이 유지될 수가 있습니다. 전대의 모든 왕들이 이 신성한 의식을 하루도 거르지 않고 치루었으며, 그 의식에 힘입어 제국은 지속될 수 있었습니다."

"해괴하고 괴이한 이야기로다. 뱀의 정령과 어찌 교접을 한단 말인가?"

"우리의 사직이 이어지는 전통이며 전하의 생명을 유지하는 신성한 의식입니다."

"그것은 헛된 믿음일 뿐이다. 짐은 그런 허황된 의식을 계속할 의향이 없다. 다만, 삐미야나까스는 우리의 보물이다. 왕궁의 신관은 앞으로도 삐미야나까스를 소중히 하고 공양하기를 게을리 하지 말지어다."

신관은 자야 왕의 완고함을 잘 알기에 아무런 말을 더하지 못하고 왕의 처소를 물러나왔다.

다음 날 왕실 회의가 열렸다. 왕실어전회의에 앞서 관료와 신하들이 왕궁 바깥쪽 바닥에 줄지어 좌정하고 왕을 기다렸다. 왕궁 내부에서 음악소리가 들리고 밖에서 나팔 소리가 나며 왕을 환영하자, 왕궁의 하녀 둘이 왕이 보이도록 창문의 커튼을 올렸다. 자야 왕이 금으로 된 창문 안쪽에 나타났고 나팔 소리가 그치자 그동안 고개를 땅에 대고 절을 하던 신하들이 그제서야 고개를 들어 왕을 올려다보았다. 왕이 사자의 가죽으로 만든 깔개 위에 앉자 어전회의가 시작되었다.

신하들은 앞을 다투어 왕의 즉위와 새로운 제국 창설의 공을 경하했다. 자야 왕이 기쁘게 축하인사를 듣고 자리에서 일어섰다. 그리고 앞으로 제국을 다스려 나갈 그의 생각을 열변하기 시작했다.

"나는 앙코르 제국의 영광을 재건하려 한다. 그러기 위해서는 우리의 통치이념을 바로할 필요가 있다. 우리 앙코르 제국은 오랫동안 힌두신를 믿어왔다. 힌두신은 우리의 삶의 곳곳에 스며들어 있다. 그리고 왕은 신을 대리하여 인간을 다스리는 것이었다. 우리에게 영혼의 안식을 주는 것은 신이다. 그러나 왕은 현실에서도 발 아래 신민을 어여삐 여기고 그들을 편하게 살도록 보살펴야 한다. 인간은 모두 고행의 바다에 내버려져 있다. 왕은 부처님의 가르침대로 중생을 가련히 여기고 그들을 간난에서 구제해야 한다. 이러한 부처님의 가르침을 널리 펼치도록 하겠다."

아무도 왕의 말에 이의를 달지 못했다. 왕의 한마디 한마디가 곧

명령이고 법이다. 자야의 측근인 삼인방은 자야 왕의 말이 무슨 뜻인지 잘 알고 있었다. 그러나 다른 조정 관리들은 왕의 한마디 한마디가 얼마나 큰 혁명적 의미를 가지고 있는지 몰랐다. 그들은 단지 왕의 말이기 때문에 고개 숙여 경청할 뿐이었다.

왕의 말은 글로 남겨졌고 곧바로 제국의 여기저기에 전해졌다. 누구나 제국이 바야흐로 새로운 시대에 접어들었다는 생각을 가지게 되었다. 신민들은 새로운 제국에 기대와 두려움을 가지고 있었으나, 자야 왕과 그의 측근 통치자들이 얼마나 엄청난 일을 꿈꾸고 있는지는 상상조차 하지 못했다.

---

47) 국사(國師)
48) 코끼리 테라스 뒤쪽으로 왕궁터에 남아 있는 사원 탑으로 1층은 35m x 28m, 최상층은 30m x 25m의 피라미드 형태로 높이는 12m의 아담한 규모다. 삐미아나까스는 바푸온과 접하고 있는 왕궁 담벽의 바로 안쪽에 위치해 있는데, 태양왕 왕조를 연 수리야바르만 1세가 건축하여 왕실 사원으로 삼았었다.

똔레삽 호수에서 앙코르 군과 참파 군의 전투 (바이욘 사원 부조).

똔레삽 해전의 승리를 기념하기 위한 11월의 물축제.

해자 위로 솟아난 장대한 '앙코르 와트'.

한치의 불균형도 허용치 않는 외벽과 고푸라.

앙코르 와트 진입로 양측에 위치한 도서관.

천년의 세월을 견디어 낸 앙코르 와트의 지성소.

신화와 역사를 담고 있는 부조를 새긴 앙코르 와트 2차 회랑.

2차 회랑의 부조의 한 장면 (창건자 수리야바르만 2세와 신하들).

춤추는 천상의 무희 압사라(앙코르 와트의 부조).

오늘날의 압사라 춤.

앙코르 시대에 만들어진 장신구.

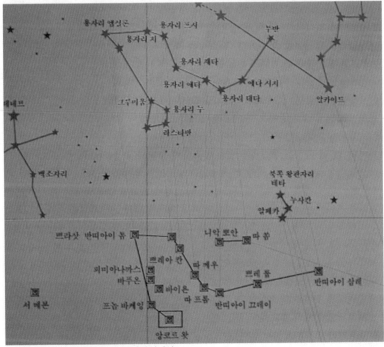

앙코르 하늘의 별자리와 앙코르 유적의 상관성.

제3부

번영의 시대

20

하리하랄라야
행차

자야바르만 7세로 즉위한 후 반 년이 지나갈 무렵 자야 왕은 앙코르 제국의 옛 도성인 하리하랄라야[49]로 행차하겠다고 선언했다.

"우리는 이제 새로운 시대를 열었다. 나는 우리 선조가 제국의 기틀을 다진 하리하랄라야로 행차하여 조상신들에게 새로운 시대의 도래를 고하고, 이 나라의 평온과 융성할 힘을 주시도록 제를 올릴 것이다."

궁중대신들과 참모들은 자야 왕의 행차계획에 반대했다. 특히 왕의 국사인 반디따의 걱정이 많았다.

"대왕 폐하, 아직 궁성을 떠나는 행차는 매우 위험합니다. 우리가 알지 못하는 대왕을 노리는 세력이 많이 있습니다. 완전히 복속되지 않은 지방세력도 있고, 앙코르 인근에서 조차도 권력야욕을 버리지 않은 자들이 많습니다."

"내 모르는 바 아니오. 하지만 우리 권력의 근원은 우리가 모시는 수많은 신들과 조상들에게서 나오는 것이오. 암살자들이 무서워 궁성 안에만 숨어있다면 진정한 이 땅의 통치자가 되지 못할 것이오. 내가 결코 반란자들이 두려워 떨고 있는 왕이 아니라는 것을 똑똑히 보여주어야 겠소."

자야 왕의 하리하랄라야 행차 의지가 매우 완고하여 아무도 그의 고집을 꺾을 수 없었다.

조상들에게 제사를 올리기 위한 자야 왕의 행차가 결정되자 신관들이 점을 쳐서 길일을 선택했다. 왕의 행차에 하루 앞서 봉헌에 필요한 제물과 제례 행사를 주관할 신관과 궁중 압사라들이 출발하였다. 신관들은 신을 경배할 복잡한 제례의식을 준비하고, 특별히 선발된 압사라들은 신을 기쁘게 할 아름다운 춤을 추게 될 것이다.

단촐한 왕의 본대는 아침 일찍 왕궁을 출발하여 하리하랄라야로 향하였다. 야소다라푸라에서 하리하랄라야까지 가는 길은 반나절이 채 걸리지 않는 거리였다. 자야 왕의 행차가 궁성을 나서자 몇몇 눈들이 멀리서 왕의 행렬을 은밀히 따라왔다. 하지만 왕의 일행은 신속하게 바켕 산 앞으로 이동하여 바켕에서 하리하랄라야로 이어진 방죽길을 따라 행군해 나갔다.

자야 왕 일행은 하리하랄라야 인근의 숲속에서 잠시 지체한 후 곧바로 롤레이 사원을 한가운데 두고 있는 인드라타타카 저수지에 도착했다. 한 척에 십여 명이 탈 수 있는 배 스무 대 가량이 준비되어 있었다. 먼저 경호대가 앞서고 가운데 자야 왕을 태운 배가 출발하였다.

그에 앞서 나아갔던 정찰대가 아무런 위험이 없다고 신호를 보내왔다. 왕의 본대가 천천히 롤레이 섬[50]에 다가갔다. 자야 왕은 섬의 선착장에 도착하여 준비된 작은 가마에 올랐다. 그런데 자야 왕을 태운 가마가 사원 쪽으로 이동하려는 순간 갑자기 화살이 비오듯이 날라들었다. 먼저 도착해 있던 정찰대와 본대의 경호대가 한 몸이 되어 역도들과 맞서 싸웠으나 미리 숨어서 급습한 역도들을 당해낼 수 없었다. 결국 자야 왕이 화살을 맞아 거꾸러졌고, 백여 명이 넘는 자야의 호위대 중 일부 병사만 가까스로 목숨을 구해 저수지로 뛰어들었다.

"자야 왕이 죽었다!"

반란군 쪽에서 누군가 소리치자 승리의 환호성이 이어졌다.

"우와!"

그러나 함성은 오래 가지 못하고 이내 잦아들었다. 롤레이 섬의 반란자들이 저수지 기슭에 나타난 수많은 병사와 코끼리에 타고 있는 자야 왕을 보았기 때문이다.

자야 왕은 명령했다. 역도들을 철저하게 살상하되 우두머리 격인 몇 명을 생포하도록 하였다. 자야 왕의 군대는 숨겨두었던 배를 띄우고 저수지 안의 롤레이 섬으로 향했다. 역도들은 자신들이 죽인 자야 왕이 가짜인 것을 깨닫고 매우 당황해 하였다.

어전에서 하리하랄라야 방문을 선언한 날 밤 자야 왕은 심지어는 반디따도 몰래 난다나와 빠드마를 불렀었다. 그리고 하리하랄라야 행차에서 맞닥뜨릴 수 있을지 모를 암살음모에 대비하고 이를 역이용 할 수 있도록 지시했다.

"이번 행차는 제국의 영광을 다시 재건하는데 방해가 되는 세력을 척결하고자 하는 행차다. 그들의 상당수는 참파가 침략해 왔을 때 참파에 빌붙어 백성들의 등골을 빼먹던 자들일 것이다. 그들을 일거에 타진하지 않고서는 새로운 치세를 이룰 수 없다."

난다나와 빠드마가 잠시 어리둥절하였다.

"짐이 하리하랄라야로 행차한다는 것이 알려지면 그 기회를 이용하여 반역을 꾀하려는 자들이 분명히 있을 것이다. 보이지 않았던 그들을 끌어내고 척결하는 절호의 기회다. 우리와 반역도들 사이의 중요한 일전이고 더 잘 준비하는 쪽이 승리하게 될 것이다."

난다나와 빠드마는 왕의 의중이 무엇인지 비로소 알아차렸다.

"행차의 모든 길을 점검하고 위험한 곳을 찾도록 하여라. 역도들은 롤레이 섬에서 나를 노릴 가능성이 가장 크다. 그곳은 섬 안이기 때문에 많은 병사들이 한꺼번에 들어가기 어려워 미리 숨어서 나를 노릴 수 있다."

자야 왕의 경호 군병들과 반란군간에 전투가 시작되었다. 하지만 반역도들은 당황하여 제대로 싸우지도 못하였다. 자야 군과 반란군의 싸움은 전투가 아니라 일방적인 살육이었다. 반역도들은 이미 화살을 거의 소진했고, 전투 경험이 많은 젊고 날쌘 군병들의 상대가 되지 못했다. 군사들의 칼날은 매서웠고, 반역도들의 몸은 제대로 된 갑옷으로 방비되어 있지 않았다.

반란군의 병사들은 원래 신념이 있던 자들도 아니었고, 상당수가 얼마간의 돈을 받고 가담한 자들이 대부분이었기에 무기력했다. 평소에 신민의 생명을 아끼고 싶은 자야 왕이었지만 이번에는 철저히 살상하도록 명령했다. 또 다시 이러한 일이 없도록 본보기로 삼고자 하였다.

자야 군은 대부분의 반역도를 도륙하고 주모자 격인 대장들 십여 명을 체포하였다. 자야 왕은 체포된 자들을 야소다라푸라로 압송시키도록 하고 하리하랄라야에 야영할 병영을 세웠다.

다음 날 해가 뜰 무렵 자야 왕은 쁘레아 꼬 사원[51]에서 제례 의식을 가졌다. 자야 왕이 동쪽 고푸라를 통해 들어가자 커다란 소의 상이 방문객을 맞이했다. 사원의 성소는 두 줄로 된 여섯 개의 탑[52]이 배치되어 있고, 전형적인 조상에 봉헌된 탑의 모양을 갖추고 있었다. 각 사당에는 조상의 상이 안치되어 있었으며, 모든 탑에는 선조들이 연합한 힌두신의 이미지가 그려져 있었다.

자야 왕은 여섯 개의 사원 탑 맨 앞에서 제례를 올린 다음 하나하나의 탑을 돌며 제를 지냈다. 왕은 준비해 간 쌀, 참깨, 콩, 신선한 우유, 꿀과 당밀을 정성을 다해 신에게 올렸다. 또한 사원에는 팔란퀸[53], 일산, 금은제 그릇, 거울, 파리 쫓는 채, 금제 손잡이가 달린 칼, 헌주 그릇과 같은 물건 뿐 아니라 코끼리, 물소, 말, 가수, 악사 그리고 위치가 좋은 논을 하사했다.

다시 하루가 지난 후 이번에는 바꽁 사원에 제를 올렸다. 바꽁 사원[54]은 옛 왕도 하리하랄라야의 한가운데 있었던 사원 산이다. 야소다라푸라로 도읍이 옮겨져 하리하랄라야는 더이상 도성이 아니었지만, 바꽁은 오랜 전통을 가진 사원으로 아직도 많은 마을에 대해 징세권을 가지고 있었으며 소속된 승려도 적지 않았다.

무엇보다 바꽁 사원이 가진 웅장함은 사원 산 중에서 제국의 최고 중의 하나였다. 메루 산을 상징하는 사원 산은 네 개의 다른 층으로 올려져 있었고 가장 높은 5층에는 신에게 바쳐진 중앙 탑이 축조되어 있었다. 일찍이 이 사원을 건립케 한 인드라바르만 왕은 창건석비에 "여기 인드라바르만의 뜰, 보는 자에게 기쁨과 하늘 세우신 이의 무한한 경이를 가져다 주는 그 뜰에, 그가 왕실의 관례에 따라 시바의 8대 요소, 흙, 바람, 불, 달, 태양, 물, 에테르, 희생을 따라 이름 붙여진 8개의 링가를 세웠노라"로 적어두었다.

사원으로 들어가는 진입로는 신비의 뱀이며 재물의 수호자인 나가가 처음으로 사용되어 건설되었다.[55] 나가는 인간 세계와 신의 영역을 연결하는 다리인 무지개를 상징했다. 바꽁 사원의 진입로에 나가가 장식된 이후 여러 사원과 건물이 이 방식을 따름으로써 앙코르의 전통이 되었다.

자야 왕은 5층의 지성소에 올라 의식을 거행하였다. 그는 조상들이 남긴 웅장한 건축물에서 제국의 위대함을 온몸으로 느꼈다. 테라스에서 사방으로 돌아가며 보이는 지평선은 제국의 광대함을 보여주었다. 나무에 가려 잘 보이지 않았지만 자야는 그 숲 안에 살고 있을 많은 사람들을 생각했다. 왕은 그들에게 제국의 신민으로 사는 보람과 영광을 갖게 해주리라고 마음먹었다.

자야 왕은 이틀 밤을 하리하랄라야의 임시 병영에서 보내고 야소다라푸라로 돌아왔다. 사로잡힌 역도들은 이미 야소다라푸라로 호송되었으며 자야 왕이 도성으로 돌아왔을 때 아직도 심문이 계속되고 있었다.

별 볼일 없는 역도들이었지만 그래도 체포된 자들은 주모자 격이라서 그들의 자백을 받아내는 일은 만만치 않았다. 수많은 고문도구들이 동원되었다. 앙코르 제국에는 살을 태우는 인두, 손가락 사이에 넣고 누르는 굵은 젓가락, 목만 밖으로 나오게 하는 키보다 작은 상자 등 수많은 고문 도구가 사용되고 있었다. 고문을 참지 못해 이미 숨을 거둔 자도 서너 명이나 되었다. 어차피 모두 죽을 운명이라고 생각하는 자들이었기에 온갖 고문에도 불구하고 자백을 받아내기가 쉽지 않았다.

자야 왕은 밤이 이슥해질 무렵 심문이 진행되는 취조소의 뜰로 직접 행차했다. 인두에 탄 살 냄새가 진동 했다. 죄인들은 거의 맨몸으로 자루처럼 쓰러져 있었으며 온몸이 피투성이다.

자야는 생각했다. 그들을 자백시키기 위해서는 자신의 약속이 필요할 것이라고. 어차피 죽을 것이라고 생각한다면 자백 후 죽는 것보다 의리라도 지키려 할 것이다. 죽음을 당연히 예견한 자들을 설득하기는 쉽지 않다. 자야는 그들에게 자백의 댓가로 생명을 약속하고자 했다.

자야 왕은 몸을 가누지 못하고 고통으로 움직이기도 어려워 하는 죄수들을 향해 부드러운 목소리로 말했다.

"너희들이 택한 것이 죽음이렷다. 생명이 그리 부질없는 것인가! 나는 생명을 존중하고 미물의 생명이라도 소중히 여긴다."

죄수들은 소문을 통해 자야 왕이 불자로 신민의 생명을 존중히 여긴다고 들었던 터였다.

"나는 제국에 반역하는 자들에게까지 자비를 베풀지는 않을 것이다. 하지만 나의 명예를 걸고 마지막 기회를 너희들에게 주겠다. 허나 자백하는 자들 모두에게 자비를 주지는 않을 것이다. 앞으로 먼저 자백하는 세 명만 목숨을 살려주고, 상금을 내려 고향으로 가게 해주겠다. 뒤늦게 자백해봤자 소용이 없음을 명심해라. 너희들의 혀가 삶과 죽음을 결정할 것이다."

자야 왕은 준엄하게 말을 마치고 곧바로 자리를 떴다. 그리고 경호대장을 불러 죄수들을 각방으로 분리해서 서로 이야기하지 못하게 감금하고 심문하도록 명했다. 왕은 죄수 중의 몇이 오늘 밤을 넘기지 못하고 자백할 것이라고 확신했다.

자야는 자비와 살상의 경계를 어찌 삼아야 할 지 고심했다. 그는 두 가지를 조화시켜야 더 힘을 강하게 할 수 있다고 생각했다. 자칫 살상으로 흐르다 보면 죽음만이 이어지고 아무런 결과가 없을 것이다. 그러다 보면 제국은 바람 잘 날 없이 핏빛일 것이다. 반대로 자비만 있으면 제국의 기강이 무너지고 결국 멸망을 자초할 것이다.

엄벌이 있어 자비가 가치가 있고 자비가 있어 엄벌이 가치가 있을 것이다. 자야는 자복하는 자에게는 상금을 내려 고향으로 보내고, 그러지 않는 자들은 가족까지도 처벌해야겠다고 마음먹었다.

자야의 예견은 적중했다. 살아있는 자들 중에서 둘만 빼놓고 모든 자들이 아침 동이 트기 전에 자백을 했다. 죄수들은 그들이 알고 있는 모든 일들을 오히려 과장까지 해가며 불어댔다. 그리고 어떤 죄수는 자신이 남들보다 더 빨리 자백을 했는지 묻기도 했다.

심문이 모두 끝났다. 역도들의 뒤에는 몇 명의 귀족과 말리앙 지방세력이 있는 것으로 확인되었다. 자야는 심문결과를 듣고 세 명을 제외한 모든 죄수에게 돌바퀴로 머리를 으깨는 형벌을 내리고 그들의 아낙과 자녀들까지도 노예로 팔려가도록 했다. 먼저 자백한 세 명은 약간의 노자를 받고 고향으로 돌아갈 수 있었다.

49) 오늘날 이곳의 이름은 '롤루오스' 로 시엠립에서 프놈펜으로 향하는 20여 Km 지점에 위치한다. 이곳은 앙코르 제국의 초기 유적지로 롤레이, 쁘레아 꼬 그리고 비꽁사원을 방문할 수 있다.

50) 야소바르만 1세 때 만들어진 이 인공섬은 인드라타타카 안에 90m x 80m의 크기를 가졌고, 섬 위에는 모두 4개의 탑이 정사각형으로 배치되어 있다. 4개의 탑은 각각 창건자인 야소바르만 1세의 외할아버지, 외할머니, 아버지, 어머니를 모신 것이다. 롤레이 섬을 둘러싸고 있던 인드라타타카는 오늘날에는 물이 전혀 없어 사전지식 없이 방문하게 되면 과거 저수지나 섬이었는지 조차 알 수가 없다.

51) 이 사원의 이름 '쁘레아 꼬' 는 신성한 소라는 뜻인데 사원의 입구를 지키는 난디 상에서 유래한다. 난디는 시바가 타고 다니는 히말라야의 눈보다 흰 소다. 쁘레아 꼬 사원은 해자로 에워싸여 있고 세 겹의 외벽을 가지고 있었는데, 가장 바깥쪽 외벽은 동서로 400m와 남북으로 500m 규모이다.

52) 앞줄의 세 탑은 자야바르만 2세, 루드라바르만(인드라바르만의 외할아버지) 및 쁘리티빈드라바르만 (인드라바르만의 아버지)을 모신 것이고, 뒷줄의 세 탑은 각자의 왕비를 모셨다.

53) 인도와 동남아 각지에서 사용된 1인승 가마.

54) 비꽁은 하리하랄야야 도성의 한가운데 있는 사원이다. 앙코르 와트 보다 150여년 앞서 건설되었는데, 돌로 산처럼 기초를 쌓아올리고 그 위에 중앙 탑을 올린 사원 산(temple mountain)의 최초 원형이다.

55) 힌두 문화권에는 뱀에 대한 숭배 의식이 있었다. 고개를 처든 코브라와 유사한 우산목의 뱀은 앙코르의 곳곳에서 발견된다. 이것은 '나가' 또는 '바수키' 라고 불리는데 머리는 다섯 개, 일곱 개 또는 아홉 개로 항상 홀수로 표현된다. 일곱 개나 아홉 개의 머리는 왕이나 신과 관련된 구조물에만 가능하였으며 일반인들의 시설물에는 다섯 개의 머리만이 가능했다. 나가는 중국과 동아시아에 에서는 용으로 나타난다.

21

말리앙의
반역자

자야의 왕실 경호대는 죄수들이 지목한 자들을 모두 체포했다. 역시 반역의 중심에는 참파 군에 협조한 기득권 세력의 유력자들이 끼어 있고, 왕족 중의 몇 명도 포함되어 있었다. 자야는 신속히 군대를 동원하여 죄수들이 자백한 반역자들을 모두 체포하게 하였다. 체포된 자들 일부는 반역에 가담한 사실을 부인하였으나, 결국 사로잡힌 죄수들이 자백하였다는 사실을 알고 자포자기하여 반역에 가담했음을 시인했다.

자야 왕은 롤레이 섬의 반역 주모자들을 모두 처형하고, 그들의 일족은 모두 먼 지방으로 유배시켰다. 앙코르에서는 반역자의 경우에도 땅에 묻어 기진맥진하게 되면 풀어주던 관대한 형벌이 있었으나 자야는 반역자들을 엄하게 다스렸다. 강력한 중앙집권 국가를 실현하기 위해 불가피한 조치라고 그는 생각했다.

자야가 왕위에 오를 무렵 대부분의 지방세력이 자야 왕에게 충성을 서약했다. 단지 서너 곳의 지방세력 만이 충성서약을 거부하였는데, 그중에서 가장 염려가 되는 세력은 말리앙[56]에 본거지를 두고 있었다. 롤레이 섬에서 체포된 자들도 롤레이 사건의 주모자로 말리앙의 깜바우를 지목했다.

말리앙은 야소다라푸라에서 멀지 않는 남서쪽에 위치해 있었고, 넓은 평야를 보유하여 생산이 뛰어난 곳이었다. 쌀이 많이 생산되어 앙코르의 밥그릇이라고 불리었고, 그곳에서 생산되는 쌀은 질도 매우 좋았다. 말리앙은 쌀뿐만 아니라 옥수수, 콩, 사탕수수, 파인애플, 사프란도 풍부하게 생산해 냈다.

말리앙을 복속시키지 못한다면 징세권을 포기해야 했고 무엇보다 언제라도 봉기할 여지가 있었다. 말리앙은 오랫동안 독립된 왕국을 유지했다가 앙코르 제국에 복속되었다. 그래서 아직도 독자성을 유지하고픈 생각이 강한 곳이었다. 심지어 제국의 시조인 자야바르만 2세 때도 저항이 있어 므라딴[57] 쁘리티비나렌드라를 시켜 평정하게 하고, 평정을 이끈 두 명의 장군을 가족과 함께 그곳에 정착시켰다. 진정 힘있는 중앙국가를 완성하기 위해서는 말리앙을 반드시 복속시켜야 했다.

말리앙 세력의 주동자 깜바우는 참파의 점령기에 참파의 앞잡이가 되어 앙코르 신민을 괴롭혔던 자였다. 한때 참파 군을 설득하여 자신이 명목상 왕이 되어 참파의 속국이 되고자 했다는 소문도 있었다. 그는 참파 군과 싸우는 자야의 군대를 지원하지 않았고 자야의 승리가 굳어지자 재빨리 병사들을 이끌고 세력의 본거지인 말리앙으로 들어가 버렸다.

❀

자야는 반디따를 말리앙에 보내기로 했다. 자야는 반디따에게 명하였다.

"깜바우는 매우 영특하면서도 간교하고 잔인한 인물이오."

"저도 그자의 명성에 대해서는 잘 알고 있습니다. 재승박덕한 자이지요."

"이번 가는 길은 매우 위험할 수 있소. 가급적 많은 군사를 대동하도록 하시오. 그리고 그 자를 만나러 갈 때는 반드시 수십 명의 무장한 병사의 호위를 받도록 하시오."

"명심하겠습니다."

"우리는 그 자가 말리앙을 차지하고 있는 것을 용납할 수 없소. 오직 복속만이 있을 뿐이오. 그를 없애기 위한 명분을 쌓고 상황을 염탐하기 위해 그대를 파견하는 것임을 잊지 마오. 자고로 우리 제국은 지방세력이 성하면 반대로 나라가 강성할 수 없었소. 우리 역사가 400년이 다되어 가지만 완전한 중앙집권 국가를 만든 왕은 고작서너 왕에 불과했소. 나는 중앙이 지방을 완전히 관장하는 그런 강력한 나라를 건설하고자 하오. 하늘 아래 태양은 하나밖에 있을 수 없소."

"대왕의 뜻을 충분히 알겠습니다."

반디따는 자야 왕의 뜻을 받아 말리앙으로 출발하였다. 말리앙까지는 가까워 출발한 다음 날 말리앙에 도착하였다. 반디따는 먼저 전령에게 자야 왕의 명으로 깜바우를 만나러 간다고 전하라 했다.

전령으로부터 자야 왕의 사자가 온다는 소식을 들은 깜바우는 십여 명의 호위병만을 데리고 올 것을 명했다. 그러나 반디따는 이를 거절하고 수십 명의 호위병을 데리고 깜바우를 만나러 나갔다.

말리앙 관아에 세워져 있는 깜바우 진영은 잘 갖추어져 있었다. 말리앙은 풍부한 물산으로 지방관서 중에서는 매우 세력이 큰 곳이었다. 반디따는 말리앙 관아에 있는 병영에서 깜바우와 마주 앉았다.

"내가 여기에 온 것은 자야 왕의 뜻을 받들어 깜바우 장군에게 마지막 기회를 주고자 함이오."

"우리가 원하는 것은 단 한 가지다. 말리앙 지역을 내가 통치하도록 묵인해 달라고 자야에게 전하라."

"자야 왕은 장군에게 여러 가지 호의를 베풀 의향이 있습니다. 그러나 그것은 아니 됩니다. 무기를 버리고 투항하면 귀족으로 편히 살아갈 길을 보장할 것입니다."

"그러면 도대체 무엇을 협상하러 온 것이냐. 우리는 일방적으로 항복하라는 요구에 응할 수 없다. 차라리 끝까지 싸우다 죽으련다."

"장군께서는 순순히 무기를 버리시는 게 좋습니다. 자야 왕의 군대는 매우 강합니다. 왕의 군대가 이곳에 오게 되면 여기는 철저하게 짓밟힐 것입니다. 현명한 판단을 하십시오. 앞으로 수일 내에 결단을 내리지 않으면 중앙군이 내려올 것입니다. 그러면 늦습니다."

반디따와 깜바우의 협상은 실패로 끝났다. 어차피 기대되지 않은 협상이기도 하였다. 깜바우는 협상이 제대로 진행되지 않는다면 반디따를 살해하려는 생각을 품었으나 호위병이 많아 포기하지 않을 수 없었다. 반디따는 자야 왕의 뜻을 전하고 앙코르로 되돌아 왔다.

반디따가 돌아오자 자야 왕은 더이상 기다릴 것 없이 출정준비를 하라고 일렀다. 그리고 열흘이 지나도 깜바우로부터 항복하겠다는 전령이 도착하지 않으면 즉각 군대를 출정시키도록 명하였다.

말리앙을 복속시키기 위한 군대의 사령관에는 난다나가 임명되었다. 그는 젊은 병사들을 중심으로 말리앙 정벌 준비를 하였다. 젊은 병사들은 새로운 제국이 건설되는 것을 보면서 사기가 충만해 있었고, 서로 앞장서 싸우기를 주저하지 않았다.

그런데 먼저 군대를 움직인 것은 말리앙의 깜바우였다. 그가 병사를 이끌고 야소다라푸라로 진군한다는 소식이 들려왔다. 예상보다 빨리 일어난 일이지만 자야의 조정은 당황해 하지 않았다. 이미 자야 군은 깜바우 군대와의 전투를 어느 정도 예견하고 있었기에 만반의 준비를 갖추고 있었다.

자야 군과 깜바우 군이 말리앙과 야소다라푸라의 중간에서 격돌하였다. 양측 군대의 싸움은 이틀이 채 가지 못하고 자야 군의 승세가 명확해졌다. 자야의 중앙군은 이미 수적으로 말리앙의 반란세력을 압도하고 있었다. 사기면에서도 반란세력들은 목숨을 잃지 않을까 염려한 반면 자야 왕의 중앙 군병들은 죽고 사는 것쯤은 아무런 문제가 되지 않았다.

승패가 갈리자 살상이 이어졌다. 또 하나의 본보기를 보이고자 하는 자야 왕의 의중에 따른 것이었다. 말리앙이 정벌되었다는 소문이 나자 그동안 충성을 거부한 몇몇 지방세력도 더이상 버티지 못하고 무릎을 꿇었다. 오랜 분열의 시기가 극복되고 다시 한번 앙코르 제국이 하나의 중앙집권 왕국으로 갖추어졌다. 너무나 기쁜 자야는 말리앙과의 대결에서 혁혁한 전공을 세운 난다나에게 큰 상을 내리고 최고 대장군의 칭호를 주었다.

자야 왕은 귀족들과 지방세력들을 불러들여 충성을 맹세하도록 했다. 왕궁에 불려온 귀족과 지방세력의 수장들은 왕 앞에 무릎을 꿇고 힘차게 타오르는 성화 앞에서 머리를 땅에 닿게 절을 올리고 충성 서약문을 읽어나갔다.

"오직 단 하나의 왕을 섬기며 다른 왕을 섬기지 않는다.
왕의 적이 될 수 없으며 해를 입히지 않는다.

왕에게 헌신한다.

전쟁이 일어나면 왕을 위해 영혼까지 바쳐 싸운다.

전쟁에 나가면 절대 후퇴하지 않는다.

전쟁에서 패하면 자살하거나 희생된 백성에게 보상한다.

위에서 명하면 어떠한 먼 곳이라도 가서 정보를 알아오고

비밀을 지킨다.

왕과의 약속을 어기면 어떤 형벌도 감수한다.

왕과의 약속을 못 지키고 도피한다면

32개의 지옥에서 다시 태어나리라."[58]

앙코르 왕국이 번듯한 중앙집권 제국으로 다시 서는 순간이었다.

---

56) 지금의 비팀방 지역, 현대 캄보디아 정치에서도 반정부적 기질이 강한 곳이다.

57) 앙코르 시대의 관직 명칭.

58) 수리야바르만 1세에 대한 충성서약문이다. 자야바르만 7세에 대한 충성서약은 기록이 없으나 유사한
의식이 있었을 것으로 추정된다.

22

융성하는
제국

자야 왕은 외세를 몰아내고 나라 안의 정세가 평정되자 신민들을 위한 건설을 시작했다. 왕은 이미 나이가 60살이 넘어갔다. 이제 얼마 남지 않았을 생애가 왕에게 조급히 느껴지기 시작했다.

자야 왕은 앙코르의 신민들이 물을 풍족하게 사용할 수 있도록 먼저 저수지를 축조하기로 마음먹었다. 제국의 위대한 선왕들은 하나같이 커다란 저수지를 만들곤 했다. 자야바르만 2세가 제국의 건국을 선포한 이후 제국의 융성은 전적으로 저수지와 수로를 통한 물관리에 있었다.59)

일찍이 인드라바르만 왕은 왕위를 얻기 위한 마지막 전투를 승리로 이끈 뒤 5일 후에 파기를 시작한다고 공언한 후, 자신의 영광을 나타낼 인드라타타카를 바다와 같이 크게 축조했다. 도성을 하리하랄라야에서 야소다라푸라로 천도한 야소바르만 왕도 인근에 야소다라타타카(동東 바라이)를 축조하여 물관리에 심혈을 기울였다.

앙코르의 저수지는 평지에 제방을 쌓아 건설되었다. 저수지는 우기에 넘치는 물을 저장했다가 건기에 이를 내어 주었다. 우기에는 똔레삽 호수의 물이 역류하여 올라와 저수지를 채우기도 했다. 저수지 바닥이 농토와 도시보다 높게 있어 건기에는 물이 자연스럽게 흘러 내려가 대지를 적셔내고 도시의 갈증을 풀어주었다.

자야 왕의 저수지는 참파와 마지막 전투를 치른 도성의 북쪽에 자리잡았다. 피의 연못을 생명을 지탱하는 물의 저수지로 바꾸는 공사는 오랜 경험을 가진 유능한 일꾼들이 신속하게 해 냈다. 공사가 완료되자 저수지는 자야 왕의 이름을 따서 자야타타카로 이름지어졌다. 새로운 저수지로 앙코르 사람들은 더욱 많은 물을 손쉽게 쓸 수 있게 되었다.

자야타타카 저수지 안에는 전통 방식대로 인공섬이 축조되었고 그 섬에는 독특한 사원 니악 뽀안[60]이 건설되었다. 이 사원은 조그만 호수를 십자형태로 배치한 구조를 가졌는데, 우주 꼭대기에 위치한 히말라야의 호수 아나바타프타를 상징하도록 한 것이다. 원형으로 뱀이 똬리를 튼 모양의 기단 위 한가운데 사원탑을 축조하였다. 사람들은 섬안 호수의 물로 씻으면 죄악이 씻겨 나가 죽어서 이승의 바다를 쉽게 통과할 수 있다고 믿었다.

어느 날 왕은 우마차 한 대를 궁궐 안으로 들이게 했다. 신하들이 이를 궁금해 하자 왕은 지켜보라고 하였다. 왕은 우마차를 돌아보며 여러 날을 궁리하더니 이번에는 가장 유능한 목공을 찾아 불러들이라고 했다.

왕은 불려온 목공에게 새로운 우마차를 만들자고 하였다.

"우리가 사용하는 마차는 바퀴가 튼튼하지 못하고, 소의 힘도 약해서 유용하지 못하다. 바퀴를 튼튼히 개량하고 소 두 마리가 끌어 무거운 물건도 거뜬히 나를 수 있도록 우마차를 개조하도록 하자."

"폐하, 두 마리의 소가 끄는 수레는 힘은 있겠지만 소 두 마리를 한꺼번에 수레에 연결하기가 어렵고 두 소를 함께 다루기도 쉽지 않습니다. 우마차가 다닐 수 있는 길도 변변찮습죠."

"나는 전쟁터에서 우마차를 효과적으로 사용하고 싶었다. 그러나 우마차를 사용하기에는 길이 잘 닦여있지 않았다. 이제 앙코르에서 지방에 이르는 큰 길을 닦고 있으니 힘 있는 우마차가 있다면 제국의 물산을 신속하게 이동시켜 생산을 높이는데 유용할 것이다. 그리고 이 우마차를 잘 이용하여 전쟁물자를 나른다면 기동력이 크게 늘어나 전투에서 매우 유리한 지위를 갖게 될 것이다."

자야 왕은 소가 끄는 중심축을 마차 가운데서 앞으로 이어내고 축의 양쪽을 소에 걸도록 새로운 우마차를 설계하였다. 궁중에 들어 온 목공은 재주가 좋았다. 그는 바퀴를 개량하고 왕이 설계한 대로 두 마리의 소가 끄는 멋지고 무거운 물건도 나를 수 있는 실용성 있는 우마차를 완성했다.

이 우마차는 '로데 꼬'라고 이름 붙여졌다. 두 마리의 소가 끄는 마차라는 뜻이다. 얼마 안 있어 도성과 지방에서는 두 마리의 소가 끄는 로데 꼬를 여기저기서 볼 수 있었다. 이 기술의 진보가 제국의 중앙과 지방간의 물산 이동에 크게 기여했음은 물론이다.

자야 왕은 야소다라푸라에서 동남방향과 서북방향으로 큰 길을 정비하게 하였다. 이 도로는 옛날부터 인도의 종교와 물산이 동남 방향으로 퍼지는 축이어서 사람과 물산의 왕래가 많았다. 왕은 길을 넓히고 다리를 놓아 제국의 이동축으로 삼았다. 그리고 길의 곳곳에 쉼터를 설치하여 길가는 여행자들이 머물 수 있게 했다. 이러한 쉼터는 "셴무"라고 불렸다.

더운 지방에 살고 있는 제국의 백성들은 여러 병으로 고통을 받았다. 많은 사람들이 한꺼번에 죽게 되는 이상한 질병도 있었고, 몸의 일부가 썩어가는 문둥병도 성했다.

시장에서는 여러 가지 약들이 팔렸고, 의원들이 환자를 치료하였다. 그러나 대체로 무당이 주술을 이용하여 환자를 돌보았다. 자야 왕은 병마에 시달리는 백성들을 구제하기 위해 병원을 많이 짓도록 했다.

병원은 동일한 기본 설계도를 이용하여 건설되었다. 하나의 기본 설계도를 이용함으로써 쉽게 많은 병원을 지을 수 있었고 관리하기도 편했다. 전국적으로 수많은 병원이 신속하게 왕령에 따라 확장되어 갔다.

그가 세운 병원에서는 환자가 오면 독특한 의식을 먼저 치렀다. 자야 왕을 칭송하는 찬가를 낭송하고 병을 낫게 하는 부처의 혼인 "바야샤자꾸루"를 부르게 했다. 병원마다 점성술사 승려 그리고 의료진이 근무하였는데 백여 명부터 이백여 명까지 의료진이 있는 큰 병원도 세워졌다. 지방의 병원에는 수도에서 직접 의원을 파견하여 환자를 돌보게 하였다.

그리고 병원에는 환자를 돌볼 수 있도록 많은 양의 음식과 물자도 지급되었다. 수많은 마을[61]을 지정하여 병원에 쌀, 의복, 꿀, 과일을 공급하게 하였다. 의사들에게는 고수풀, 후추, 겨자, 소두구, 당임, 애기회향, 송진, 생강, 양파, 열병 치료 연고가 지급되었다. 병원에는 의사와 약 조제 전문가외에도 부처에게 올릴 제물을 준비하는 직원, 물 데우는 사람 등이 배정되어 있었다.

앙코르의 법은 전통적으로 매우 관대하였다. 그러나 사람들 사이에 일어나는 사소한 분쟁도 법에 호소되면 왕이 직접 간여해야 했다. 물론 모든 사건을 왕이 직접 재판할 수는 없었지만, 그런 경우에는 왕이 지정한 대리자가 재판을 관장하였다.

재판정에는 정의의 칼을 든 왕이 높이 앉아 있고 양쪽 바닥으로 다투는 자들이 꿇어앉았다. 재판의 정당함과 슬기로움은 왕이 추앙받는 덕목 중의 하나였다. 자야 왕은 잘못한 자를 벌하고 결백한 자에게는 한없는 아량을 베푸는 슬기로운 판관으로 칭송이 높았다.

분쟁은 땅의 소유를 둘러싸고 발생하는 경우가 대부분이었다. 앙코르 제국에서 땅의 경계는 표지석을 두기도 하였으나 대부분 '어느 언덕에서 어느 강가까지' 라는 식으로 되어 있어 분쟁이 잦았다.

물론 사람들의 분쟁은 토지 문제에 국한된 것은 아니었다. 어느날 자야 왕은 여자 아이들의 처녀성을 떼는 풍습에 연관된 판결을 해야 했다. 앙코르에서는 여자 아이가 일곱 살이나 아홉 살에 이르면 부모들은 승려나 무당을 초청하여 여자 아이의 처녀성을 떼어내도록 했다. 부모들은 초청된 승려나 무당에게 약조한 사례를 지불하였는데, 그 사례가 충분치 못하다고 불만이 있어 일어난 재판이었다.

처녀성을 떼는 의식은 진담식이라고 불리었으며 매년 정월에 있었다. 국가는 천문관과 신관들의 조언에 따라 매년 진담식을 하는 길일을 정하여 공표하였다. 진담식을 할 딸을 가진 가족이 관가에 의식 계획을 알리면 관가는 커다란 초를 하사했다. 진담식 날에 초에 불을 밝혀 초에 표시된 부분에 다다르면 의식이 시작되었다.

의식을 치를 부모들은 미리 처녀성을 떼어낼 승려를 찾아 진담식에 대한 약조를 받았다. 의식이 끝나면 부모들은 승려에게 쌀, 술, 옷감, 은제품 등으로 보답했는데, 덕망이 높은 승려일 수록 많은 재물을 약속해야 의식을 치루어 주었다.

진담식이 있을 며칠 전부터 집의 입구에 높다란 선반을 만들어 선반 위에 흙으로 빚은 많은 사람과 동물 장식을 올려두었다. 악귀를 막고 신성한 것들만 들어오게 하기 위함이다. 그리고 진담식 날에는 이웃과 친지들을 불러 커다란 잔치를 열었다.

어둠이 깔리면 승려가 북과 음악이 울리는 가운데 도착하였다. 화려한 실크로 된 두 개의 천막이 마련되어 하나에는 여자 아이가 앉아있었고 다른 하나에는 승려가 앉았다. 이날 밤에는 통행금지가 없었는데 촛불이 알려주는 진담식 시간이 되면 승려는 여자 아이의 천막으로 가서 손으로 처녀성을 떼어 내어 술에 담갔다. 어떤 집에서는 이것을 가지고 부모, 친척, 이웃사람들의 얼굴에 묻히기도 하고 맛을 보기도 하였다.

가족들은 아침이 되면 다시 양산을 들고 북을 치며 승려를 환송한다. 이때 여자 아이를 돌려받기 위해 승려에게 약속한 비단이나 옷감을 사례로 주어야 했다. 충분히 사례하지 못하면 승려는 여자 아이를 자신의 소유로 할 수 있고 그러면 그 아이는 평생 결혼할 수 없었다.

여자 아이의 부모가 왕에게 억울함을 호소했다.

"폐하, 저희는 억울하기 그지없습니다. 우리는 저 자에게 진담식 사례로 술, 쌀, 포, 야자, 그리고 은제품 등 100담을 보내기로 하고,

그 약속을 지켰는데 아이를 돌려주지 않고 있습니다.”

이에 질세라 승려가 말했다.

“저 자는 결코 약속을 지키지 않았습니다. 저 자가 준 답례품은 무게만 100담을 채웠을 뿐 값나가는 금이나 은제품은 전혀 없고, 무거운 야자와 보잘 것 없는 포가 대부분입니다.”

자야 왕은 통탄했다.

“진담식은 우리의 아름다운 전통이고 사람들이 모두 신의성실로 약속을 하고 이행하니 여태껏 아무런 문제가 없었거늘 진담식의 답례 문제로 다툼이 있다니 안타깝기 그지없다.”

자야 왕은 이들의 다툼이 원래 약속을 정확히 하지 않았기에 생긴 일이라고 간파했다. 그래서 왕은 답례품의 가치가 부족한 것으로 판결하고 여자 아이의 부모에게 답례품을 다시 제시하라고 하였다.

여자 아이의 부모가 술 1동, 쌀 10홉, 야자 20개, 비단 1포 그리고 은식기 2벌을 내놓겠다고 했다. 그러나 승려는 이 답례품이 아직도 적다고 불평을 했다. 합의가 되지 않자 자야 왕은 여자 아이의 아비와 승려를 슈어 쁘랏[62]에 가두라고 했다.

앙코르에서는 “하늘의 심판”이 행해졌다. 이에 따르면 두 사람이 분쟁이 있을 때 시비를 가리기 어려우면 왕궁 건너편에 있는 12개 탑중의 하나로 가서 두 사람을 가두고 가족들이 감시하게 했다. 하루 이틀이 지나면 잘못이 있는 사람은 몸에 열이 나거나 종기가 나서 괴로움을 당하지만 잘못이 없는 사람은 아무렇지 않았다.

자야 왕은 여자 아이의 아비가 먼저 아프면 약속한 물건의 두 배를 지불하게 하고, 승려가 먼저 아프면 약속한 물건의 반만을 지급하도록 하였다. 여자아이의 아비와 승려는 아무도 불만이 없었다.

제국이 안정을 이루어 가자 자야 왕은 성대한 신년행사를 준비하도록 명했다. 수리야바르만 왕의 번성기 이후 왕국의 피폐와 전란으로 앙코르 제국의 설날인 쫄츠남이 형식적으로만 치루어졌다. 왕은 신년행사를 거대하게 열어 백성들이 새로운 시대의 번성을 몸으로 느끼도록 하고 싶었다.

왕의 명령에 따라 쫄츠남을 앞두고 도성의 곳곳이 둥근 연등과 꽃으로 화려하게 장식되었다. 왕국의 신민들은 새 옷을 지어 입고 맛있는 명절 음식을 준비하였다. 전국의 관가는 곳간을 열어 가난한 사람들과 병자들에게 쌀, 말린 생선과 야자 그리고 옷감을 나누어 주었다.

쫄츠남이 되자 도성과 마을마다 많은 사람들이 모여서 춤을 추고 음식을 나누어 먹었다. 여러 사람이 둥그렇게 모여앉아 수건 돌리는 놀이는 쫄츠남에 사람들이 함께 즐기는 여흥의 하나였다. 사람들은 더위 속에서 즐겁게 물을 뿌리고 맞아주며 서로의 행복과 안녕을 빌어주었다.

신년행사의 절정은 불꽃놀이였다. 왕궁 앞에는 많은 사람들이 올라 구경할 수 있는 높다란 대가 세워졌다. 대 앞쪽에는 수십 미터 높이의 가설물이 설치되고 그 위에 폭죽이 장착되었다. 폭죽놀이에는 많은 재원이 소요되었지만 지방의 귀족과 부자 가문들이 자청하여 비용을 내놓았다.

불꽃놀이를 하는 밤이 되자 자야 왕이 대 앞으로 나가 부처와 신들에게 제국의 강령과 축복을 빌고 나서 첫 번째 폭죽에 불을 붙였다. 아름다운 불꽃이 하늘 높이 솟아오르며 굉음을 울리자 군중들이 환호성을 질렀다. 하늘을 수놓으며 터지는 불꽃은 아주 멀리서도 볼 수 있었으며 폭죽 터지는 소리로 도성이 떠나갈 듯 하였다. 불꽃놀이는 정월 첫날부터 보름 동안이나 밤마다 계속되었다.

자야 왕은 한 해 동안 매월마다 백성들이 즐길 수 있는 행사를 정리하여 이를 시행하도록 장려하였다. 쫄츠남이 지나고 첫 번째 달에는 공으로 하는 놀이가 열렸고, 두 번째 달에는 물로 부처를 맞이하는 '나흔' 행사가 열렸다. 세 번째 달에는 남문 밖에서 새 쌀을 태워 부처에게 공양하였고, 수많은 여인들이 수레와 코끼리를 타고 와서 지켜보았다.

가을에는 연날리기가 전국에서 있었다. 앙코르 사람들은 연을 매우 신성한 물건으로 여겼으며, 물고기, 새, 나비, 박쥐 같은 동물의 모양을 따라 연을 만들었다. 형형색색의 연은 어린이들 뿐만 아니라 어른들도 좋아하였다. 건기에 시작되는 연날리기는 농산물을 수확할 수 있는 쾌적한 날씨를 주는 바람의 신에게 대한 감사의 표시였고, 또한 풍년이 들도록 해주신 조상님들에 대한 헌사였다.

자야 왕이 즉위하고부터 신민들의 삶은 나아졌고, 왕에 대한 칭송은 나날이 높아 갔다.

---

59) 시엠립 인근에는 모두 5개의 큰 규모의 저수지가 건설되었다. 축조된 시기별로 보면, 인드라타타카(인드라바르만 1세, 3.8km x 0.8km, 롤레이사원), 야쇼다라타타카/동 바라이(야쇼바르만 1세, 7.5km x 1.8km, 동 메본), 스라 스랑(라젠드라바르만, 700m x 350m), 서바라이(수리야바르만 1세, 8km x 2.2km, 서 메본), 자야타타카(자야바르만 7세, 니악 뽀안) 순이다. 현재 물을 담고 있는 저수지는 서바라이와 스라스랑 뿐이며, 나머지는 물이 없이 저수지였던 흔적만 남아있다.

60) 니악 뽀안은 "휘감긴 뱀"이라는 뜻인데 사원의 한가운데 구조에서 비롯되었다. 원래 이름은 '라자스리' 즉 '왕국의 재물'이라고 불렸다. 중앙의 섬은 동서남북 네 방향으로 작은 연못이 연하여 있고, 중앙연못과 연결부위는 동서남북 각 차례대로 사람, 말, 호랑이, 그리고 코끼리가 물을 뿜어내는 상이 세워졌다. 중앙호수의 동쪽에는 말이 물속에서 솟아오르고 사람들이 옆구리와 꼬리에 달라붙어 구해지는 모습이 있는데, 아미타불이 변신한 '발라하'다.

61) 838개 마을의 남녀 81,640을 지정하였다는 비문의 내용이 있다.

62) 슈어 쁘랏은 '댄스의 탑'이라는 의미로 코끼리 테라스 앞 광장의 동쪽에 위치한 12개의 탑이다.

23

난다나의
사랑

왕궁을 나오던 반디따는 성문 앞에서 빠드마를 만났다. 요즘 들어 난다나를 며칠 동안이나 만나지 못했던 반디따가 빠드마에게 물었다.

"빠드마, 요즘 난다나 대장군이 잘 보이지 않는데 무슨 일이 있는 게냐?"

"저도 잘 모릅니다. 난다나 어른이 얼마 전부터 매일같이 도성 밖으로 나다니고 있는데 왜 그러는지 잘 모르겠습니다."

"허참! 중늙이가 되서 바람이 난 것도 아닐테고……"

반디따는 난다나의 행적을 의아해 하며 고개를 갸우뚱했다.

난다나는 보름째 하루도 빠짐없이 젊은 처자를 쫓아서 반떼이 스레이[63]를 헤매고 있었다. 그가 이 처자를 처음 본 것은 사냥을 하고 돌아오던 길에 이스바라푸라 근처의 강가에서였다. 그녀는 다른 많은 여인들과 어울려 강에서 목욕을 하고 있었다.

앙코르는 더운 지방이다 보니 하루에도 몇 번씩 목욕을 해야 했다. 집집마다 작은 연못을 가지고 있거나 그러지 못한 경우에는 몇 집이 공동으로 연못을 가지고 있었다. 목욕을 할 때는 여자 남자 구분 없이 함께 연못에 들어갔다. 그러나 부모나 어른들이 연못에 들어가 있으면 아이들은 연못에 들어가지 못했고 반대로 아이들이 들어가 있으면 어른들이 연못에 들어가지 못했다. 같은 또래의 사람들끼리는 제한이 없었고 여자들은 물에 들어갈 때 왼손으로 음부를 가렸다.

여인들은 집단으로 인근 강으로 가서 목욕을 하기도 했다. 어떤 경우에는 수십 명의 여인들이 한꺼번에 강에서 목욕을 하기도 했다. 이들 가운데는 고관들의 부인들도 있었는데 조금도 부끄러워함이 없었다. 강에서 목욕하는 여자들을 은밀히 보려고 몰려든 구경꾼도 많았으며 구경꾼 또한 벌거벗은 모습이었다.

최고 대장군 난다나는 그녀와 눈길이 마주쳤을 때 재빨리 먼 곳으로 시선을 돌렸다. 하지만 그녀는 난다나를 전혀 의식하지 못했다. 젊어서부터 전쟁터를 헤매고 주위에 사내들만 들끓었기 때문에 난다나는 여자에게 관심을 준적이 없었으며, 결혼도 하지 않은 채

중늙은이가 되고 있었다. 그런 난다나는 강에서 목욕중인 그녀를 보고 그녀의 미모에 반하고 말았다.

그는 한 병사를 시켜 그녀가 누구인지 알아보게 했다. 그 병사는 그녀가 대대로 이스바라푸라에 살고 있는 야즈나바라하 가문 최고 원로의 여식이라고 했다. 그리고 그녀가 매일같이 반테이 스레이 사원에 들러 공양을 올리는 것도 알아냈다.

난다나는 전장터를 헤매느라 지금까지 자신을 되돌아볼 틈이 없었다. 그는 자신이 그렇게 나이가 많이 들었음을 깨닫고 처자의 젊은 나이가 야속하게 느껴졌다. 난다나는 며칠째 말도 못 붙이고 은밀히 그녀의 뒤를 밟으면서 반테이 스레이 사원 안을 서성거렸다.

그는 까마가 시바에게 사랑의 화살을 쏘는 부조 앞에서 걸음을 멈추었다. 사원의 도서관의 박공에 있는 이 부조는 시바를 흠모한 파르바티가 사랑을 얻기 위해 까마에게 사랑의 화살을 쏘아달라고 부탁하고, 까마는 명상에 잠겨있는 시바에게 화살을 쏘자 화가 난 시바는 까마를 죽이지만 결국 사랑의 화살을 맞은 시바는 파르바티를 보자 사랑에 빠지게 된다는 이야기를 들려주고 있었다. 난다나는 까마에게 사랑의 화살을 그녀에게 쏘아달라고 부탁하고 싶었다.

난다나가 그녀의 부친을 찾아가 딸하고 결혼하게 해달라고 하면 못할 바도 아니었다. 앙코르에서 처자들은 부모의 뜻에 따라 결혼하는 것을 당연히 여겼기 때문이다. 하지만 난다나는 그녀가 자신을 기쁜 마음으로 남편으로 받아들이기를 바랬다.

며칠째 그녀의 뒤를 몰래 쫓았던 난다나는 더이상 참지 못하고 그녀 앞에 나섰다.

"나는 난다나라고 하오. 나의 우락부락한 모습에 놀라지 마오. 나는 이 나라의 최고 대장군이오. 그대를 아내로 맞고 싶소."

"……"

젊은 처자는 당황하여 아무말도 못하고 얼굴이 붉어졌다.

"이 무례를 용서하오. 내 그대의 아름다움에 반하였소."

"……"

그녀는 단 한마디 말도 하지 않고 쏜살같이 동쪽 고푸라로 사원을 빠져나가 버렸다. 난다나는 그녀가 떠난 뒤에도 한참 동안이나 그곳을 서성거리다 도성으로 돌아왔다.

도성으로 돌아온 난다나는 반디따를 찾아갔다. 그리고 그간에 일어난 일에 대해 자초지종을 설명했다.

"허허허……"

난다나의 이야기를 듣던 반디따가 참지 못하고 웃음을 터뜨렸다.

"어르신, 웃을 이야기가 아닙니다. 저도 이제는 가정을 꾸리고 싶습니다."

"아니 전장터에서 수백 명의 적병도 한 손으로 처치하는 난다나 대장군이 그깟 한 여인 때문에 이렇게 안절부절 하다니요."

"어르신! 어르신께서 꼭 좀 도와주십시오."

"나보고 중매장이를 하란 말이군."

결국 난다나의 부탁을 받은 반디따는 이스바라푸라의 최고 원로의 집을 찾아갔다. 그의 집은 반떼이 스레이 사원에서 그리 멀리 않은 곳에 있었다.

"거룩한 반디따님께서 어인 일로 이런 누추한 곳에 납시었습니까?"

야즈나바라하의 최고 원로가 놀라워하며 반디따를 맞았다.

"자네에게 긴히 하고픈 이야기가 있어서 왔다네. 그대의 막내 딸에게 관심을 갖고 있는 사람이 있어서 말일세."

"그게 누구인지요?"

"그 아이를 난다나 대장군에게 보내주게나. 난다나가 지금 상사병을 앓고 있다네 그려, 허허!"

"그럴리가요. 얼마 전 여식에게서 들은 이야기가 있었지만 장난삼아 한 이야기로 생각되었습니다."

"어떡할 셈인가?"

"여부가 있습니까. 난다나 최고 대장군이 우리 여식을 받아 준다면 우리 가문의 영광이지요. 우리 여식도 놀라기는 했지만 난다나 대장군이 싫지는 않은가 보더이다."

"내 그럼 결혼 허락을 받았다고 난다나 대장군에게 일러줌세."

반디따로부터 혼인을 허락받았다는 소식을 들은 난다나는 너무도 기뻐했다. 그는 당장에라도 결혼식을 올리고 싶었으나 건기가 될 때까지 기다리지 않을 수 없었다. 앙코르에서는 하객들이 불편하지 않도록 결혼식은 건기에 하는 것이 관례였다.

난다나는 승려에게 부탁하여 건기가 시작되는 10월의 길일을 결혼식 날로 받았다. 자야 왕도 난다나의 혼인을 축하하여 도성 안에 그가 살 집을 하사하였다. 앙코르에서는 모계 전통이 있어 신랑이 신부의 집으로 들어가서 살아야 했으나 군무에 종사하는 난다나가 도성 안에 머물러야 했기 때문이다.

결혼식은 신부의 집에서 열렸다. 결혼식 날 아침 많은 하객들이 축하선물을 전해주는 행진을 하였다. 하객들은 두 줄로 서서 과일, 쌀, 음식, 보석 등을 담은 접시나 나뭇잎을 두 손에 들고 길게 줄을 지어 신부의 집으로 향했다. 신부가족에게 축하 예물을 전해주는 식이 끝난 후 난다나와 신부가 새로운 부모님에게 셈뻬아 인사를 올렸다. 신랑과 신부는 최대한 공경스럽게 부모님께 인사를 드렸다.

그후에는 신랑이 신부의 머리를 잘라 주는 의식이 있었고, 다음에는 신부가 신랑의 발을 닦아 주었다. 의식이 끝나자 하객들을 위한 잔치가 성대하게 열렸다. 음식과 과일들이 산더미처럼 쌓여 있었고 술도 빠지지 않았다. 흥겨운 음악과 춤이 하루 종일 이어졌다.

마지막으로는 신랑이 신부의 윗옷을 잡고 신방으로 향하는 의식이 있었다. 이는 앙코르의 건국신화에서 유래한 의식이었다. 일찍이 인도의 한 지방의 브라만 계급인 쁘레아 타옹은 꿈에서 동쪽으로 가서 여인들의 나라를 정복하여 통치하라는 신탁을 받고 실행에 옮겼다. 그가 도착한 동쪽에는 옷을 걸치지 않고 여인들만 사는 나라가 있었다. 이 나라는 니응 니윽이라는 나가 여왕이 다스리고 있었는데, 쁘레아 타옹은 전쟁을 일으켜 이곳을 정복하고 여왕과 혼인을 했다.

니응 니윽의 아버지는 용왕이었다. 용왕이 결혼한 사위에게 선물을 주기 위해 주위의 물을 다 마시자 조롱박 모양의 육지가 생겨났다. 캄부자 용왕의 뜻에 따라 쁘레아 타옹과 니응 니윽은 이 육지에 나라를 세우고 '캄부자' 라 불렀다.

두 사람이 다스리는 나라는 번성해 갔다. 그들은 일 년에 한번씩 용왕에게 감사 인사를 드리러 용궁에 갔다. 그런데 쁘레아 타옹은 인간이기 때문에 용궁에 도착하기 위해서는 왕비인 니응 니윽을 옷을 꼭 붙들고 있어야 했다.

난다나는 신부의 윗옷자락을 꼬옥 붙잡고 함박 웃음을 지으며 신부가 인도하는 대로 신방으로 들어갔다. 모든 하객들은 난다다 부부가 화목하고 풍족한 가정을 이루도록 마음속 깊이 기원해 주었다.

---

63) 반떼이 스레이는 앙코르 톰에서 북쪽으로 약10㎞ 지점에 위치해 있는 사원으로 라젠드라바르만 왕때 '아즈나바라하' 라는 승려가 건설했다. 반떼이 스레이는 '여인의 성채' 라는 뜻으로 붉은색 사암과 홍토로 건축되어 전체적으로 붉은 기운을 띄고있다. 이 사원에는 섬세하고 다양한 스토리를 담고있는 부조가 매우 인상적이다. 대개 사원을 중심으로 마을이 딸려있는데 반떼이 스레이를 둘러싸고 있는 마을이 '이스바라푸라' 였다.

24

효심의
사원

자야 왕은 이제 나이가 70세에 다가가고 있었다. 그는 나이가 들어가자 쁘춤번을 앞두고 돌아가신 부왕과 모친이 새삼 그리워졌다. 쁘춤번은 앙코르 제국에서 우기가 끝나갈 무렵에 있는 조상을 기리는 큰 명절이었다.

음력으로 8월 보름이 지난 그믐에 있는 쁘춤번은 '밥덩어리를 모은다'는 뜻을 가지고 있다. 해마다 8월의 밤은 가장 어두워 죽은 뒤 지옥과 극락에서 지내는 조상들은 이 기간에 음식을 먹지 못하게 된다. 그래서 조상들은 하는 수 없이 이 세상으로 되돌아와 살아 있을 때 다니던 사원에 가서 후손들이 마련한 음식을 먹게 된다.

후손들은 세상으로 되돌아온 조상들이 굶주리지 않도록 쁘춤번 기간에 정성껏 음식을 준비하여 사원에 가서 음식을 바쳤다. 음식을 공양할 때는 조상들이 알 수 있도록 크게 조상의 이름을 부르며 기도를 올렸다. 쌀, 옥수수, 콩, 소금을 주머니에 넣어 배에 매달아 강에 띄워 보내 조상님들에게 닿도록 하기도 하였다. 후손들이 음식을 준비하여 바치지 않으면 조상들은 배고프게 되고 후손들에게 복을 내리지 않는다. 하지만 음식을 잘 대접받은 조상들은 후손에게 많은 복을 내려주었다.

자야 왕은 힘없는 왕이었던 아버지와 비참한 최후를 맞이했던 어머니가 사무치게 그리워졌다. 그들에게 자신이 이룬 왕업을 보여주고 싶은 마음에 사로잡혔다. 그는 이제 조상을 위한 건축을 시작해야 겠다고 마음먹었다.

왕은 먼저 어머니를 기리는 사원을 건설하도록 했다. 왕명에 따라 신관은 용자리 하나를 성지로 점지하여 사원의 터로 정했다.

왕은 이 신전이 불교사원이 되도록 하였다. 이에 따라 사원 곳곳에 부처와 수많은 부처 숭배자들을 안치하였다. 그리고 구석구석에 부조가 아름답게 자리잡게 했다. 사원에는 비단목화 나무와 무화과 나무[64]를 여기저기 심었다. 비단목화 나무는 크고 연한 갈색의 두꺼우며 울퉁불퉁한 뿌리를 가지고 있고, 무화과 나무는 가늘고 매끄러운 뿌리를 가지고 있다. 이 나무들은 열대의 더위와 우기의 강우 속에서 무럭무럭 자라나고 그 뿌리가 지상으로 솟아올라 신비로움을 더했다.

어머니를 기리는 사원답게 사원 곳곳에 어머니를 닮은 신의 조각상을 곳곳에 두도록 했다. 사원의 한가운데는 여러 개의 주먹만한 다이아몬드와 수없이 많은 보석으로 치장된 아름다운 탑을 세우고, 탑의 한가운데는 자야 왕의 어머니를 붓다의 어머니로 형상화한 상을 안치하였다. 이 탑의 꼭대기는 뚫려 있어 낮에는 햇빛이 들어와 보석들이 찬란하게 빛났고, 밤에는 달과 별빛이 들어와 보석들이 은은하게 빛났다.

자야 왕은 사원의 한편에 그가 방문하여 조용히 어머니를 기릴 수 있는 탑을 세우도록 했다. 이 탑의 안은 매우 조용하면서도 가슴을 두드리면 그 소리가 크게 울리도록 설계되었다. 그리하여 사원이 완성된 후에는 왕은 탑에 들어가 어머니를 기리었으며, 어머니가 그리워 가슴을 치면 그 소리가 탑 안에 쿵쿵 울렸다.

이 사원은 라자비하라[65]로 이름 붙여졌고, 창건 석비는 자야 왕의 아들 수리야꾸마라가 썼다. 많은 사람이 사원에 거주했고[66] 자야 왕은 사원에 넉넉한 공물을 내렸다.[67]

사원에는 매일 같이 많은 생선과 고기가 보급되었다. 생선과 고기는 부처에게 드리는 공양이자 승려들의 먹거리였다. 사원에는 부엌이 없었기 때문에 승려들은 인근 민가에서 요리된 식사를 가져와 하루에 한끼의 식사를 하였다.

승려들은 존경의 대상이었고 국가중대사에 대해 왕에게 조언을 하기도 하였다. 이 사원은 세금 납부를 면제 받았고 오히려 왕실 금고로부터 많은 후원금을 받았다.

자야는 아버지를 존경하지 않았었다. 그가 젊었을 때, 무기력하기 그지없던 부왕을 속으로 경멸하는 마음을 가지기도 했다. 이제 언제 죽음이 닥쳐올 지 모르는 나이에 이르자 자야 왕은 부왕의 힘 없음과 울분이 새삼스레 안타깝고, 그에 대한 연민에 휩싸이게 되었다.

언제 폐위될 지 모르는 부왕은 귀족들의 손아귀에서 전전긍긍하였다. 자야가 서른이 되어갈 무렵 어느 날, 부왕은 이슥한 밤 자야를 불렀다. 하필이면 자야가 술에 취해 들어온 날이었다. 어쩌면 왕이 자야가 술에 취해 들어온 것을 알고 불렀을지도 모른다.

자야가 왕 앞에 꿇어앉자 부왕은 아무 말 없이 일어나 밖으로 나갔다. 부왕이 문밖으로 나서자 자야도 밖으로 나왔다. 달이 있었지만 궁 안은 어둑했고 왕의 처소 앞 정원은 쥐죽은 듯 고요했다. 왕은 궁궐의 한켠으로 발길을 옮겼다. 호위무사가 따라오자 왕은 호위무사를 멀리 물러나게 했다.

연못에 초승달 하나가 가냘프게 잠겼다. 부왕의 얼굴이 보이지는 않았으나 자야는 수심에 싸여있는 그의 얼굴을 상상할 수 있었다.

먼저 왕이 말문을 열었다.

"아들아!"

왕이 바로 말을 잇지 못하고 한숨을 쉬었다.

"너도 이미 나이가 서른이 다 되었구나. 세상의 권력이 어떻게 움직인다는 것을 알 것이다. 아비는 왕이로되 왕이 아니다. 궁중의 조약돌 하나 움직일 수 없을 만큼 미약한 왕이다."

휙 불어온 바람이 연못가의 나무를 바스락 거리고 지나갔다. 바람 소리에 놀란 작은 짐승 하나가 황급히 돌담을 넘어간다. 그러나 왕은 아무런 동요가 없이 차분하게 말을 이어갔다.

"꼭 왕일 필요가 없다. 그러나 자기의 생각을 실천할 수 있는 힘을 가지고 살아야 한다. 힘은 많은 재물과 사람을 필요로 한다. 이것을 부리는 데는 지혜와 용기도 필요하다. 아비는 힘도 지혜도 용기도 가지지 못했다. 오직 돌아온 자리에 준비 없이 앉았고, 그러다 보니 궁중의 개마저 쳐다보려 하지 않는 미약한 왕이 되고 말았다."

부왕은 한숨을 쉬었다.

"기회는 꿈꾸는 자에게 오는 것이다. 이제 인생의 반을 넘어선 너에게 준비를 하라는 이런 훈계가 무슨 소용이 있겠냐만 그래도 준비해 나가라고 말해주고 싶구나. 그러면 기회가 올 것이다. 너는 나의 아들이고 왕가의 자손임을 잊지 말거라."

"……"

자야는 선왕의 말을 묵묵히 듣기만 하였다. 아니 그도 힘이 없기는 마찬가지였고 부왕을 위로할 말도 찾지 못하였다. 왕은 발길을 돌려 처소로 돌아갔지만 자야는 궁중의 한 구석에 시간가는 줄 모르고 그대로 서 있었다.

그후 얼마 안 있어 부왕은 왕위에서 폐위되었다. 살아있는 왕이 폐위되는 것은 치욕이었건만 자야도 부왕의 폐위를 막는 데 아무런 힘이 되지 못하였다. 자야는 아버지와 그날 밤의 만남을 한번도 잊어본 적이 없다. 자야가 제국의 최고 통치자가 되겠다고 생각하게 된 것은 이 밤이 계기가 되었고, 부왕의 폐위를 보면서 생각을 굳혀갔다.

어머니를 기리는 사원의 공사가 끝나갈 무렵 자야 왕은 아버지를 기리는 사원 건축을 시작하도록 하였다. 어머니를 기리는 사원과 마찬가지로 용자리에서 성지를 찾았고 아버지의 사원도 그의 정신 세계를 따라 불교식으로 건설하도록 하였다.

아버지 다란인드라바르만 2세에게 헌정된 사원은 야소다라푸라의 북쪽에 새로 건설된 자야타타카에 이르기 직전의 땅에 자리잡았다. 이곳은 자야 왕이 앙코르로 진격하기 전 참파 군과 마지막 전투를 벌인 곳에 가까이 있었다.

이 사원은 전통방식의 피라미드 형태를 따르지 않고 건물들의 기단과 높이가 거의 같게 배치되었다. 사각형 해자에 둘러싸인 성벽 안에는 수많은 사당이 지어졌다.[68] 사원에 봉헌된 아미타불상은 자야 왕의 얼굴과 똑같이 만들어졌고 430명의 토속신을 모시는 성소도 만들어졌다.

사원 이름은 나가라자야스리[69]라고 했다. 이곳은 작은 도시로서 왕궁으로도 사용되고 후에 불교대학이 되었다. 창건 석비는 자야 왕의 또 다른 아들 비라꾸마라가 썼다. 이 사원에도 수많은 마을이 배속되었고, 왕실에서 공양물을 지원하였음을 물론이다.[70]

부모를 위한 두 개의 사원이 모두 완공되던 해 자야는 풍성한 과일과 음식을 준비하여 쁘춤번을 맞았다. 눈에 보이지는 않았지만 자야는 부왕과 모친이 손을 맞잡고 와서 흐뭇하게 지켜보고 있는 모습을 상상할 수 있었다.

자야 왕은 마음속 깊이 기원을 올렸다.

"제가 이 제국을 성취하였나이다. 이 제국이 영원히 보존되도록 보살펴 주소서……"

---

64) 오늘날 따프롬 사원을 휘감고 있는 나무들이다.

65) 현재의 이름은 '따 프롬'이다. 따 프롬은 '브라마의 조상'이라는 뜻이다.

66) 사원에는 고위 승려 18명, 관리 2,740명이 기거하며 근무했고, 615명의 압사라 등 2,202명의 보조인력이 있었다. 사원 안에는 12,604명이 먹고 잘 수 있는 권리를 가지고 있었는데, 3,410개의 마을이 복속되어 사원에 물품을 공급하였다. 사원에 배당된 인원을 모두 합하면 8만명에 이르렀다.

67) 기록에 따르면 이 사원의 재산으로는 500kg이 넘는 황금접시 한쌍, 다이아몬드 35개, 진주 40,620개, 보석 4,540개, 중국산 커튼 876개, 비단침대 512개 그리고 양산 523개가 있었다. 영혼을 기쁘게 하기 위한 악기도 있었으며, 밤이 오거나 식이 거행될 때는 165,744개의 횃불이 사원을 밝혔다.

68) 이 사원을 800m x 700m의 성벽으로 둘러 싸여있고, 그 크기는 약 58헥타르에 이른다.

69) '승려의 성도'라는 뜻으로 지금의 이름은 '쁘레아 칸'이다.

70) 비문 기록에 의하면 쁘레아 칸에는 무려 5,324개 마을에 거주하는 97,840명이 봉사하도록 지정되었다. 여기에는 요리사와 무희가 1,000명이나 포함되어 있었다. 공양물을 왕실 창고에서 보내주었으며 금, 은, 주석, 쌀, 꿀, 밀납, 신에게 입힐 의복 등이 헌상되었다.

25

참파 정벌

자야가 왕위에 오른지 여덟 해가 지났다. 제국은 안정기에 접어들었고 평화로움을 구가했다. 여러 공사는 순조롭게 진행되었으며, 제국의 생산도 회복되어 신민들의 삶도 윤택해졌다. 사원들의 숫자는 많아졌으나 소비를 줄였으며, 제국의 생산은 신민들의 삶에 보탬이 되도록 전환되었다. 신민들은 돌아온 안정과 평화에 만족해하고 있었다.

어느 날 자야 왕은 왕실회의에서 많은 신하들을 앞에 두고 참파 정벌 뜻을 밝혔다. 제국은 평화를 끝내고 번창을 위한 정복 전쟁의 길로 접어들고 있었다.

"짐은 참파의 비자야에서 보냈던 시절의 암울함과 참파가 우리 제국을 유린한 치욕을 한시도 잊어본 적이 없다. 이제 우리 제국은 예전의 생산을 회복하였고, 칼과 창을 벼리고 방패를 만들 수 있는 철과 장인이 넘쳐난다. 지난 날의 수치를 설욕하고 우리 제국을 더욱 굳건히 하기 위해 나는 참파를 정벌하고자 한다."

아무도 왕의 선언에 이의를 달지 않았다.

"나는 왕좌에 즉위한 이후 한 순간도 참파를 정벌해야겠다는 생각을 잊은 적이 없다. 그래서 도로를 정비할 때도 언젠가 있을 참파 정벌을 염두에 두고 앙코르에서 참파에 이르는 길을 선택하여 닦아 왔고, 전쟁 물자를 쉽게 나르기 위해 로데 꼬를 개량해 냈다. 들려오는 바로는 최근 참파 왕이 새로 바뀌었고 정세가 불안정하기 때문에 지금이 참파를 정벌하기 위한 적기라고 생각된다."

왕은 손을 불끈 쥐었다.

"짐은 그동안 젊은 혁명세력을 기반으로 중앙군을 강하게 유지했다. 다른 한편으로 지방군을 기르는 것이 자칫 위험한 일인 줄 알면서도 지방마다 병사들을 기르도록 했다. 이제 그들을 한곳에 모아 정벌을 지원하게 하리라."

왕을 중심으로 참파 정벌을 준비하기 위한 비밀조직이 만들어졌다. 준비과정을 철저하게 비밀에 부치라는 왕령에 따른 것이다.

출정준비가 진행되고 있는 어느 날 밤, 난다나가 반디따를 찾아왔다. 죽음을 함께 넘나든 그들이기에 표정만 보아도 서로의 생각을 알 수 있을 정도로 친숙했다. 하지만 난다나는 언제나 예의를 잃지 않고 반디따에게 매우 깍듯했다.

"호따르 어른, 그간 평안하셨습니까?"

"어서 오시요. 근자에 둘째 아이를 봤다고 들었소."

"요즘에 애들 지켜보는 재미가 쏠쏠합니다."

"어서 안으로 들어오시오"

반디따가 난다나를 반갑게 맞았다. 그리고 중국에서 건너온 가장 향기로운 차를 노예에게 준비하게 해서 마주 앉았다. 차의 향기가 방안을 감미롭게 감쌌다.

"호따르 어른……"

난다나가 말을 잇지 못하고 머뭇거렸다.

"말하기 어려운 사정이 있는 거구료."

"저는 이번 참파원정에 대원수가 되고 싶습니다. 참파를 떠나온 지가 매우 오래되었지만 참파는 제가 태어나고 자란 곳입니다. 대원수가 되어 보란듯이 어렸을 적 서러움을 갚아주고 싶습니다."

"기회를 보아 대왕께 이야기하겠소. 헌데 왕이 참파원정을 준비하면서 왕자를 중용하는 모습이 그를 참파원정에 대원수로 하려 하지 않을까 염려되오."

"그렇더라도 제가 대원수가 될 수 있도록 왕을 꼭 설득해 주십시오."

수리야꾸마라 왕자는 정벌대 출정을 위한 군병과 무기, 운송 전략을 준비하면서 매일같이 왕에게 보고하고 지시를 받았다. 군병을 집결하여 훈련시키고 물자를 동원하면서 적의 세작에게 전쟁준비를 들키지 않는 것이 매우 중요하였다. 앙코르에는 참파와 통교하는 자가 많이 있었고 그들의 몇몇은 앙코르쪽에 다른 몇몇은 참파쪽과 연결된 자들이었다.

앙코르 군병의 중심은 여전히 자야 왕의 권력 기반인 청년군대였다. 그들은 이미 더이상 청년은 아니었으나 오히려 전투병으로서 경륜은 높아갔고, 자야 왕에 대한 충성심은 한결같았다. 그들은 군병으로서 최고의 대우를 받았고 자부심도 대단했다.

외국 정벌은 항상 위험이 따른다. 패배할 경우 자칫 왕이 폐위될 수도 있고 국가의 존망이 위태로워질 수도 있었다. 그러나 승리하게 되면 많은 재물과 노예를 거두어 국가의 융성을 꾀할 수 있기도 했다. 커다란 대공사를 앞두고는 인력을 확보하기 위해 전쟁을 일으키는 경우도 더러 있었다. 전쟁은 제국을 강성하게 하고 부를 높여주는 또 하나의 생산수단이었다. 그러나 이 생산수단은 매우 위험한 방식이기도 했다.

자야 왕이 어전에서 참파 정벌을 선언한 지 다섯 달만에 정벌대의 출발준비가 완료되었다. 정예군대를 한 곳에 모으는 한편 지방군에 대한 동원령도 내려졌다. 평화가 깃든 시대에 동원령에 대해 불만도 없지 않았으나 신민들의 사기는 충만해 있었고 은근히 전쟁으로 가지게 될 전리품에 대한 기대를 가지는 자들도 없지 않았다.

출정을 앞두고 반디따는 자야 왕과 자리를 함께하였다.

"대왕, 이번 참파원정의 대원수로 누구를 임명하시려는지요?"

"이번 참파원정에는 친정을 하고 싶었소. 하지만 짐의 나이가 많아 이제는 전쟁터에 나가기가 쉽지 않구료. 이번 참파원정에는 수리야꾸마라 왕자를 대원수로 삼을 생각이오."

"폐하, 난다나를 임명하심이 어떠신지요. 그가 대원수 자리를 원하였습니다."

"그는 참파 출신이오. 그의 충성심을 의심하는 것은 아니지만 태생 국가를 상대로 전쟁을 맡기기가 부담스럽소. 그의 의협심과 욕심이 자칫 일을 그르칠까 염려가 되기 때문이오. 개인적 욕심이나 주관이 들어가 전투에 임하면 판단이 냉철하기 어렵지 않겠소."

"대왕께서도 아시겠지만 난다나가 주관 때문에 일을 그르칠 인물이 아니지 않는지요. 이번 중대사에는 그가 꼭 필요합니다."

반디따의 직언에 자야 왕은 그의 속마음을 드러내지 않을 수 없었다.

"호따르, 왕자들이 자라나는 동안에 난 아비로서 해준 게 없소. 왕이 아닌 아비로서 왕자에게 기회를 주고 싶소. 내가 난다나에게는 이해하도록 충분히 일러두겠으니 양해하도록 하오."

반디따는 국가 중대사에 사사로움이 개입되어서는 안된다고 생각했지만, 왕의 인간적 호소에 더이상 난다나를 천거할 수 없었다.

앙코르 제국의 군은 우기가 끝나갈 10월에 앙코르를 떠날 수 있도록 출병준비를 마쳤다. 참파 정벌군 대원수에는 수리야꾸마라 왕자가 임명되었다. 왕은 난다나를 특별 대장군으로 임명하여 왕자를 보좌하도록 하였다.

출정 전날 밤 자야 왕은 난다나를 왕궁으로 불러들였다.

"이번 참파 정벌에 친정을 하고 싶었다. 허나 내가 친정을 하기에 너무 늙었다. 이제 나는 전쟁을 지휘하기에는 힘이 벅차다. 하여 왕자를 정벌군 대원수로 임명하였다."

"……"

"난다나 최고 대장군, 그대가 이번 참파원정에 대원수를 희망하고 있음을 잘 알고 있다. 내가 그대가 못미더워서 그 자리를 아니 맡기는 것이 아니다. 그대는 너무 출중하기에 오히려 일을 그르칠까 우려함이다. 지나침은 모자람과 같은 것인데 그대는 지나치다. 대신 출정은 허락하겠으니 이번 원정을 승리로 이끌도록 왕자를 돌보아 주도록 하라."

난다나는 실망하였으나 자야 왕의 간곡한 부탁에 마음이 풀렸다.

"폐하, 염려 마소서. 우리 군병들의 사기는 드높고 무기는 출중하여 어느 누구도 우리를 당할 수 없을 것이외다. 왕자 또한 영민하여 이번 정벌을 아무런 과오 없이 이끌 것이며 소신도 전력을 다하여 왕자를 보필하겠습니다."

"짐이 그 말을 들으니 마음이 놓이는 구나. 정벌군을 철저히 준비했다고는 하나 방심을 금물이다. 이번 전쟁은 나의 전쟁이지 결코 왕자의 전쟁이 아니다. 나는 이 전쟁을 모두 준비하였고 모든 전략을 세웠다. 다만 나의 대리로 그를 전장에 보낸다. 이번 전쟁을 승리로 이끌 수 있도록 그를 도와 최선을 다해다오."

왕은 내관에 일러 궁중에 있는 가장 좋은 술을 대령하라 일렀다. 그리고 손수 술을 따라 난다나에게 내렸다. 난다나가 단숨에 왕이 내린 술잔을 들이키자 왕은 연거푸 세 잔을 내렸다. 술기운에 실망한 마음이 가셨으나 난다나는 까닭 모를 아쉬움이 저 깊은 마음 한켠에 눌러앉아 있음을 어찌할 수 없었다.

원정군이 참파로 떠나는 날 왕궁 앞 대광장에서는 매우 떠들썩하면서도 질서있는 출정식이 열렸다.

왕궁 앞쪽으로 테라스 위에 높은 단이 만들어져 있었고 단 위쪽에는 귀족과 관료는 물론 셀 수 없이 많은 시민들이 올랐다. 단 앞쪽 광장으로 군병들이 질서정연하게 도열하였다. 맨 왼쪽부터 코끼리 군단, 기병 그리고 보병이 차례로 광장을 채웠다. 보병은 소지한 무기에 따라 창병, 도병, 곤봉병이 무리를 지어섰다.

자야 왕은 군병 앞에 마련된 높은 제단에 올라 하늘과 신들에게 승리를 기원하는 제례를 올렸다. 왕과 시민들은 소리 높여 군병들을 격려하였다. 이에 응하여 군병들 또한 광장이 떠나갈 듯한 함성으로 제국의 영광과 왕의 만수무강을 외치며 승리를 다짐했다. 모두들 한마음 한뜻으로 정벌군의 승리를 기원했다.

출정식이 끝나자 군병들은 참파를 향한 진군을 시작하였다. 장군들이 탄 코끼리 군단이 앞서 나가기 시작하자 그 뒤를 보병군단이 따랐다. 보병들은 한 손에 방패를 다른 한 손에 창이나 칼 아니면 곤봉을 쥐고 있었으며 대부분 짧은 머리를 뒤로 묶었다.

큰 돌을 쏠 수 있는 투석기가 장착된 마차를 밀고 가는 병사도 있었다. 규모가 큰 투석기가 달린 마차는 코끼리가 끌었다. 보병 뒤로 한 무리가 전투 깃발을 들고 따랐으며 그 뒤의 또 다른 무리는 징이나 북을 지니고 있었다. 징과 북은 전쟁터에서 진격과 퇴각의 신호의 수단으로 사용되고 사기를 돋구는 응원 도구이기도 하였다.

많은 병사들은 크고 작은 마법의 문신 '싹 요안'을 하고 있었다. 그들은 문신을 하게 되면 화살을 피하고 칼에 찔리지 않는 행운을 갖게 된다고 믿었다. 상상 속의 강한 동물, 힌두교의 신, 경전 문구 등을 팔, 가슴, 어깨에 새겼다. 문신을 새기기 위해서는 주문을 외우며 대나무 꼬챙이로 살 속을 헤집는 아픔이 있었지만, 전투에서 용맹스럽게 싸우고 살아남고자 하는 염원으로 병사들은 이런 고통스런 과정을 마다하지 않았다.

군병들이 출발하는데 거의 반나절이 걸렸다. 군단의 병사들이 질서정연하게 출발한데 뒤이어 다소 무질서하게 보급무리들이 따랐다. 보급대는 우마차에 먹을 것과 조리도구들을 가득 실었다. 자야 왕이 개량한 로데 꼬도 수십 대나 보였다. 보급대의 일부는 가족들로 이루어져 있었는데, 부인과 어린아이 그리고 키우던 개와 돼지들도 함께 보급대의 가장을 따라갔다.

앙코르를 출병한 군병들이 참파의 국경에 도달하는 데는 거의 한 달이 걸렸다. 대규모 집단의 이동이라서 먹이고 재우는 데 많은 어려움이 있었다. 다행히 벼가 수확기에 있어서 먹을 것을 구하는데 수월함은 있었다. 군병들이 진군하는 지방 관아에서는 많은 음식을 준비하여 병사들을 먹이기도 하였다.

자야 왕이 개설해 놓은 도로는 대규모 군대가 이동하는데 매우 유용하였다. 어떤 강들은 폭이 넓고 물이 많아 건너기 어려웠지만 돌로 건설해 놓은 교량이 군병이 지나가는데 매우 유용하게 이용되었다. 참파국경에 도달할 무렵 자야 왕이 지방에서 길러둔 군병들도 합세하였다.

국경을 넘어 참파의 영역으로 넘어가기 전날 밤 수리야꾸마라 왕자가 난다나를 막사로 청하였다.

"난다나 장군님!"

왕자는 난다나 대장군에게 예의를 깍듯이 갖추었으나 군령을 세우기 위해 이 전쟁의 대원수가 누구인지 난다나에게 다짐해 두고 싶었다. 그래야만 난다나와 전장터를 누벼온 병사들을 자신이 통솔하는데 문제가 없을 것이라고 생각했다.

"이제 국경을 지나면 본격적으로 전투가 시작될 것입니다. 그 전에 대장군님의 다짐을 받아둘 일이 있습니다."

"다짐을 받아 두다니요, 왕자!"

난다나가 의아해 하며 왕자를 똑바로 보았다.

"이번 원정의 대원수는 접니다. 병사들이 한마음으로 나를 받들어 이번 원정에 승리를 위해 최선을 다해 싸우도록 다그쳐 주십시오."

"나는 대왕에게 이미 약속을 하고 앙코르를 떠났습니다. 이 전쟁은 왕자의 전쟁이 아니고 이 제국의 전쟁이건대 어찌 그런 말을 하는 게요. 왕자가 나와 병사들을 못 미더워하는 게 아니오!"

왕자도 참파 원정에 앞서 난다나가 대원수를 원했다는 것을 알기에 난다나를 단속해 두고자 함이었으나 이것이 오히려 난다나를 자극하게 되었다.

"못 미더워하는 게 아니고 명확히 하고자 함입니다."

난다나는 왕자의 뜻을 알겠다며 그 자리를 떴다. 하지만 난다나의 아물어 가는 상처에 왕자의 불신과 채근이 오히려 화근이 되어버렸다.

앙코르 군이 국경을 지나 참파 국내로 들어가자 간헐적인 참파 군의 저항이 시작되었다. 그러나 참파 군의 저항은 조직적이지 못했고, 잘 훈련된 정예의 앙코르 군에 손쉽게 제압되었다. 사기가 충천한 앙코르 군병들은 용맹하게 싸웠다. 머리를 길게 늘어뜨린 훈련이 덜 된 시암군도 앙코르 병사와 덩달아 잘 싸웠다.

참파 조정은 앙코르로부터 출병소식을 듣고 매우 당황해 했다. 앙코르와 참파 간에는 역사적으로 크고 작은 충돌이 많았다. 그러나 참파가 앙코르를 유린한 지 아직 십 년도 안되었는데, 앙코르가 대대적인 전쟁 준비를 마치고 침공하게 되리라는 것을 참파로서는 상상조차 어려웠다.

참파 조정은 자신들이 앙코르 침략에서 경험했듯이 앙코르 군이 머나먼 원정길에 지쳐 전투력을 상실하기를 기대하였다. 하지만 앙코르 군은 앙코르에서 참파에 이르는 병참 선상에서 보급과 군병을 보강하여 전투력을 잃지 않고 참파로 밀려들어왔다. 앙코르 병사들은 지치지도 않고 잘 걸었으며 오랜 훈련을 통하여 규율을 잘 유지하였다.

비자야 서쪽 평원에서 앙코르 군과 참파 군의 충돌이 있었다. 넓은 평원에 진을 친 양군은 수일에 걸쳐 작은 전투를 치루었다. 양쪽 모두 사상자가 있었으나 대규모 전투는 아니었고, 승패가 명백하지도 않았다. 다만, 전투의 양상은 앙코르 군에게 다소 유리하게 전개되었을 뿐이다.

앙코르 원정군 막사에서 지휘관들의 전략회의가 있었다. 대원수 수리야꾸마라 왕자가 말했다.

"우리는 참파의 국경을 통과하여 비자야의 인근에 와 있다. 지금까지 수차례 전투를 치루었고, 점차 우리에게 유리하게 상황이 전개되고 있다. 하지만 방심은 금물이다. 우리는 지금까지 해온 대로 계속 전투를 수행할 것이다."

오랜 전쟁 경험으로 원정에는 속전속결이 최선임을 잘 아는 난다나는 왕자의 생각이 안이하다고 생각했다.

"왕자께서는 지금 이 순간에 왕이었으면 어떻게 했을지 생각해 보시오."

"......"

난다나가 다소 불만스러운 표정으로 말하자 수리야꾸마라가 아무런 대꾸도 하지 못했다.

"우리는 지금 적국에 들어와 있습니다. 시간이 지연되면 적국에 들어와 보급에 약한 우리에게 그만큼 불리해질 것입니다. 지금처럼 싸우다가 시간이 지체되면 끝을 보지 못하고 결국 철군해야 하는 지경에 이를지도 모릅니다. 신중한 것도 좋지만 사기가 충천한 우리 군병들이 지치지 않도록 속전속결을 해야할 때라고 생각합니다."

결국 수리야꾸마라 대원수는 난다나의 이야기를 수긍하였으며, 그의 말대로 총력전을 펴기로 하였다. 그리고 그 선봉에는 전장 경험이 많은 난다나가 코끼리 부대를 앞세워 진격하기로 하였다.

다음날 총공격은 투석기를 이용하여 참파 군 진영을 흔들어 놓는 것으로 시작되었다. 이어서 코끼리 군단을 이끌고 난다나가 앞장을 서 진격했다. 참파 군의 방어벽은 앙코르 군 코끼리 부대의 진격에 무너졌고, 이를 뒤따라 진격한 앙코르 병사들은 용감하게 싸웠다. 앙코르 군은 대승을 거두었고 참파 군의 방어 주력을 격파하였다.

승리한 병사들은 오랫동안 전장터를 함께 누벼온 난다나를 칭찬하기에 바빴다. 수리야꾸마라도 난다나의 지략과 용기에 찬사를 보냈으나 비자야의 도성을 무너뜨리는 공은 반드시 자신이 차지하고 싶었다.

승리한 앙코르 군단은 이내 쉬지 않고 곧바로 참파의 도성 비자야를 공략하기 위해 이동하였다. 비자야 공략에는 수리야꾸마라 왕자가 앞장을 서고 난다나는 전장의 후면 지원부대를 이끌었다. 난다나는 앞장서서 비자야를 공격하고 싶었으나 대원수인 왕자의 결정에 따라 할 수 없이 후방에서 지원하지 않을 수 없었다.

수리야꾸마라가 이끄는 앙코르 군은 파죽지세로 비자야로 입성하였다. 앙코르 군을 방어하기에 비자야의 해자는 깊지 못했고 성곽은 너무 낮았다. 참파 조정은 전령을 앙코르 군 진영으로 보내 항복의 뜻을 전했다. 비자야에 진입한 앙코르 군은 마치 십여 년 전 참파 군이 앙코르에서 저질렀던 약탈을 보복하듯이 비자야 시내를 유린하였다.

승리의 소식은 전령을 통해 즉각 앙코르에 있는 자야 왕에게 전달되었다. 참파의 조정이 슬퍼한 만큼 앙코르 조정은 승리를 기뻐했다. 자야 왕은 참파의 왕을 폐하고 참파를 앙코르의 속국으로 만들었다. 참파 정벌의 공이 비자야를 함락시킨 왕자에게 돌아갔지만, 정벌의 진정한 공로자는 난다나였다.

전쟁이 끝난 후 예상치 못했던 사태가 발생했다. 난다나가 귀국을 거부하고 그의 추종자들을 이끌고 참파의 판두란가 지방으로 들어가 버렸다. 그는 참파 정벌의 대원수가 되지 못한 데 대한 서운함도 있었으나 더이상 앙코르에서 자신의 역할이 없다고 생각했다. 자야 왕은 사람을 보내 난다나에게 야소다라푸라로 돌아오라고 회유하였으나, 그는 끝내 자야 왕의 뜻을 거부하고 판두란가에서 꿈쩍도 하지 않았다.

참파 정벌군은 대승을 거두고 수리야꾸마라 왕자를 앞세워 앙코르로 돌아왔다. 자야 왕은 개선하는 병사들을 맞이하기 위해 왕궁 앞으로 도달하는 길을 곧게 정비하라고 일렀다. 왕은 전쟁에서 승리하고 되돌아오는 병사들이 왕궁 앞으로 자랑스럽게 개선하는 모습을 신민들에게 보여주고 싶었다.

개선식은 매우 성대하게 열렸다. 출정식이 열린 바로 그 장소에서 개선식이 열렸다. 출정식 때와 마찬가지로 왕궁 앞 테라스에는 왕과 귀족들이 높이 앉아있었고, 수많은 도성의 백성들이 자리를 잡았다. 참파 정벌을 승리로 이끈 수리야꾸마라 왕자와 장군들이 코끼리를 타고 앞장서고 말을 탄 병사와 보병이 그 뒤를 이어 차례로 들어왔다. 그리고 전쟁에 패해 노예로 끌려온 참파인들이 무표정하게 개선부대의 마지막 대열을 이루어 따라왔다.

출정식 때 보다 병사들의 복장은 낡고 퇴색해 있었으나 군병들은 그런 것들에 아랑곳하지 않고 흥겨워하고 자랑스러워했다.

군병들이 시야에 들어오자 사람들은 환호를 지르기 시작했다.

"앙코르 만세!"

"대왕폐하 만세!"

"수리야꾸마라 왕자 만세!"

사람들의 만세소리가 끊임없이 이어졌고, 군병들도 함성을 지르기 시작하자 개선식장은 열광의 도가니로 변했다. 개선식에서 모든 사람들은 제국의 영광을 몸으로 느꼈다. 또한 개선식은 어느 지방세력도 왕의 지위에 이의를 달지 못하게 하는 종지부를 찍는 경고가 되었다. 아마도 난다나는 '난다나 만세'를 듣고 싶어 했을 것이다.

26

상실과
회복

앙코르 제국은 이제 최고 전성기를 구가하고 있었다. 서쪽으로는 하리푼자야의 미얀마인들을 복속시켜 조공을 바치게 했으며, 북동부의 대월의 일부도 복속시켰다. 북으로는 코란트 고원과 메남 계곡을 장악하였으며 라오스의 비엔티안과 타이의 난차오에도 이르렀다. 남으로는 드바라바티, 그라하, 탐브라린가 왕국을 정벌하여 남 말레이에 이르렀다. 자바 역시 앙코르의 주권을 인정하여 조공을 바치기로 했다.

제국의 강성에도 불구하고 자야 왕은 난다나가 떠나가버려 상심해 있었다. 자신의 혈육보다 더 아낀 난다나가 자신의 뜻을 거역하고 가버리자 처음에는 미움과 원망에 사로잡혔으나 시간이 지남에 따라 그리움이 커갔다.

자야 왕이 왕의 처소에서 반디따와 마주 앉았다.

"호따르, 우리가 죽음을 각오하고 새 세상을 열기 위해 칼을 들었던 때를 기억하시오."

"여부가 있습니까, 폐하"

"이제는 그 열정이 사그러드는 것 같아 안타깝소."

"이제 세상 모두가 부러워 할만큼 많은 것을 성취하였습니다. 공성보다 수성이 더 어려운 법입니다. 그동안 이룩한 이 땅의 위대함이 자손만대로 이어지도록 단속하고 또 단속해야 할 것입니다."

"난다나가 판두란가로 가버렸소. 그를 용서할 수 없다는 생각이 들다가도 마냥 그리워지는 것은 또 무엇이오."

"함께 동고동락한 그이니 애증이 있을 것입니다. 허나 그가 원했던 바이니 옛 정을 생각해서 잊어 주소서."

"……"

자야 왕은 난다나를 잊기로 했다. 그는 용서의 징표로 난다나에게 금으로 만든 아홉 개의 불상을 보내주었다. 그리고 가족을 상실하는 아픔을 잘 알고 있는 자야는 난다나에게 그의 가족들을 보내주도록 하였다.

난다나를 잃어 상심하던 자야에게 또 다른 슬픈 일이 생겼다. 그가 오늘날 이 자리에 있기까지 야망을 불어넣고 끊임없이 조언하고 길을 보여주기도 했던 부인 자야라자데비가 깊은 병에 들었다. 사실 병이라기보다 많은 나이에 따른 노환이라 치료가 불가능했다.

"부인, 몸은 어떠하오?"

"폐하, 신첩은 이미 충분히 살았습니다. 병이 아니라 늙어서 비롯된 허약함입니다. 이제 죽는다 해도 대왕께서 강성한 제국을 이루었으니 더 무엇을 바라겠습니까!"

"……"

"너무 많은 것을 위해 애태우지 마시고, 폐하의 옥체를 강령히 보존하소서. 이제 이 세상의 하늘을 보고 살아갈 날이 대왕께서도 그리 많지 않음을 잊지 마시옵소서."

"내 건강을 염려할 것이 아니라, 부인이 회복될 수 있도록 성심을 다하도록 하오."

"폐하가 주시는 은혜를 입고 폐하가 이루는 성업을 보았나이다. 이제 세상을 떠나도 아무런 미련이 없습니다."

자야라자데비는 끝내 자리에서 일어나지 못했다. 고령의 나이에서 오는 쇠잔에는 어떤 약도 효험이 없었다. 왕비는 우기가 끝나가고 하늘이 높아질 무렵 왕실의 한편에서 조용히 눈을 감았다. 자야왕은 최대한 성대히 왕비의 장례식을 치루도록 했다.

왕비의 시신은 왕궁 한 켠에 안치되었고 108일 동안 그녀를 위한 공양 의식이 있었다. 앙코르의 의관들은 시신이 부패하지 않고 시액이 빠지면서 자연스럽게 말라가도록 하는 기술을 가지고 있었다. 공양 의식이 있는 동안 많은 승려와 사람들이 왕궁을 방문하여 왕비의 왕생극락을 빌어주었다.

왕비의 화장을 위한 메루가 왕궁 밖의 빈터에 축조되었다. 다비식을 준비하기 위해 왕비의 시신은 도읍을 한 바퀴 순례하고 나서 메루의 정상에 모셔졌다. 자야라자데비의 시신은 북쪽 끝까지 갔던 태양이 되돌아와 고도가 가장 높아졌을 때 화장되었다. 그리고 그녀의 유골은 동 바라이와 서 바라이에 나누어 뿌려졌다.

난다나가 떠나고 왕비마저 죽자 자야 왕은 한층 더 우울해졌다. 왕궁의 수많은 어여쁜 후궁들도 왕비를 잃은 왕의 허전함을 달래주지 못했다. 그는 상실로 인한 허전함과 지금까지 이룬 성업의 자만으로 나날이 고집스러워져 갔다. 또한 신민을 고통해서 구해내 행복하게 살도록 하겠다는 마음도 빛을 잃어 갔다.

반디따는 변해가는 왕에게 조언을 아끼지 않았으나 왕은 반디따의 이야기에도 귀기울이려 하지 않았다. 심지어 반디따를 멀리하려고 하였고, 간신들의 아부에 판단력이 흐려져 갔다.

앙코르 와트에 가기 위해 왕궁을 나선 어느 날 자야 왕은 길에서 한 노승과 맞닥뜨렸다. 이 노승은 덕성이 말라버린 자야 왕에게 불만을 품고 그에게 무릎 꿇기를 거부하였다. 왕은 진노하여 그 자리에서 그의 목을 베어버리도록 명하였다. 목을 벨 때 노승의 목에서 핏줄기가 튀어나와 왕에게까지 닿았다. 얼마 안 있어 피에 닿은 왕의 피부가 물러지기 시작했다. 자야 왕이 문둥병에 걸린 것이다.

병이 깊어진 자야 왕은 더욱 삶의 의욕을 잃어갔다. 그의 주위에는 아무도 진실된 마음으로 왕에게 가까이 가려는 자가 없었다. 얼마 안 있어 왕은 죽을 것이고 그에게 가까이 있어 자칫 미움을 사는 경우 목숨을 부지하기 어렵지만 얻을 게 없다고 생각을 했기 때문이다. 그럼에도 반디따만은 변함없이 자야 왕의 말벗이 되기 위해 그의 주위를 맴돌았으며, 듣기 싫어하는 왕에게 조언하기를 그치지 않았다.

"폐하, 몸의 병보다 더 무서운 것은 마음의 병입니다. 우리가 겪었던 어려운 시대를 생각해 보십시오. 우리는 그러면서도 희망을 잃지 않았기에 고난을 극복하고 우리 제국을 되찾고 영광을 드높일 수 있었습니다."

"그대 말은 언제나 옳소. 하지만 나의 육신은 지쳤고 살아있을 날도 오래 남지 않았소. 도대체 무슨 희망을 가지고 나를 다그치란 말이오."

"……."

반디따는 자야 왕의 무기력이 한없이 안타까웠지만 그를 돌이킬 수 있는 뾰족한 방법이 없었다.

‘엉떠무이’ 날에 왕은 반디따와 함께 부친을 기리기 위해 건설한 쁘레아 칸 사원으로 행차하였다. 엉떠무이는 부처님이 입적한 날로 많은 사람들이 이 날 사원을 찾아 부처님을 기렸다. 쁘레아 칸을 방문한 자야 왕은 비구니들에게 불경을 강학하는 한 여인에게 눈길이 끌렸다.

그 여인은 바로 젊었을 때 바푸온에서 죽은 왕비와 함께 처음 보았던 왕비의 동생 인드라데비였다. 그녀는 결혼을 하지 않고 불도에 귀의하여 여승들의 교육자로 살고 있었다. 왕은 바푸온에서 두 처자를 만난 후 한때 누구를 선택할 지 갈등했던 때를 생각하고 속으로 웃었다. 기억조차 가물한 오래 된 일이었으나 왕비의 동생을 만나고 새삼 옛 일이 떠 오른 것이다.

왕은 궁으로 돌아온 후 반디따에게 말했다.

“왕비가 죽고 인드라데비를 만나서 환생한 왕비를 만난 것 같이 기뻤소. 불자들의 스승이 되어 있다고 들었지만 직접 만나게 될 줄은……”

“불가에 귀의하여 살아가는 여인입니다.”

“그 여인을 궁으로 불러들이고 싶소!”

“이 나라의 주인이신 대왕께서는 혼인하지 않은 모든 여인은 취할 수 있으나 억지로 할 일을 아닙니다. 그 여인의 생각을 존중하여 주소서.”

앙코르 제국의 왕은 원하면 결혼하지 않은 모든 여인을 부인으로

맞이할 수 있었다. 왕위 계승이 부계로 이어지지 않고 모계적 전통71)
이 중요한 가운데 왕비의 왕자 생산도 그리 중요한 일이 아니었다.
만약 왕비나 후궁의 왕자가 왕위를 계승하였다면 후궁을 취하거나
새로 왕비를 취하는데 정치적 알력이 있었을 것이다. 부계상속이
정립되지 않은 가운데 여인을 자유로이 간택할 수 있는 것이 자야
왕에게는 무척 다행스러웠다. 물론 이미 오래 전 왕자를 잉태시킬
나이를 넘어섰음에도 그러하였다.

반디따는 자야 왕의 바램을 인드라데비에게 전하고자 그녀를 만
났다.

"대왕께서 인드라데비님을 궁으로 모시고 싶어 하십니다."

"……"

인드라데비는 무슨 뜻인 줄 모르고 머뭇거렸다.

"대왕께서 인드라데비님을 왕후로 맞이하고 싶어 하십니다."

"……"

반디따는 좀더 직접적으로 왕의 뜻을 인드라데비에게 전하였으
나, 인드라데비는 더욱 할 말을 잃고 당황해 하였다.

"자야 왕은 왕비가 돌아가시고 상심해 하고 계셨습니다. 지난번
쁘레아 칸에 가셨을 때 인드라데비님을 보시고 마음의 위안을 받으
셨습니다. 그래서 왕후로 맞이하고 싶어 하십니다."

반디따에게 왕의 뜻을 전해 듣고도 인드라데비는 묵묵부답이었다. 반디따는 왕비가 죽은 후 왕의 상심과 방황을 이야기하고 그를 지켜줄 사람이 필요하다고 설득하였다. 그는 수 차례 인드라데비를 만난 끝에 그녀의 마음을 돌려놓을 수 있었다.

마침내 인드라데비가 왕궁으로 들어와 왕비가 되었다. 그녀는 죽은 자야라자데비 못지 않게 심지가 굳고 또한 오랫동안의 수양을 통해 사람의 마음을 읽고 위무하는 능력이 뛰어났다. 인드라데비는 자야 왕을 극진히 돌보았다. 새 왕비의 간호와 위로로 왕은 심적으로 평온을 되찾아 가고, 육신의 건강도 회복했다. 그러면서 왕은 젊었을 때 가졌던 심성도 회복해 갔다.

왕의 육신과 정신이 회복되자 새로 왕비가 된 인드라데비도 자야 왕에게 영감을 주고 성취를 위한 야망을 다시 불지폈다.

"대왕, 대왕의 지혜와 용맹으로 우리 앙코르 제국이 적의 발 아래서 헤어나고, 이제는 광대한 영토를 가졌습니다. 대왕의 공덕이 만세에 빛날 것입니다."

"나도 늙었나 보오, 부인의 칭찬을 들으니 기분이 우쭐해지는구료!"

"대왕께서는 이미 오래 사셨습니다. 당연할 말이지만 인간은 언젠가 죽음을 맞이해야 합니다. 이제는 대왕이 성취한 업적을 후대에게 온전히 전해주고 그것이 잘 지켜지기 위해 준비해 두어야 할 때입니다."

"그럼 내가 무엇을 해야 하겠소?"

"도성을 정비하십시오. 이 앙코르를 누구도 침범할 수 없는 성역으로 만드십시오."

"누구도 침범할 수 없는 도성이라……"

자야 왕은 다시 한번 꿈틀 거리는 의욕이 마음속 깊은 곳에서 솟아오르고 있음을 느꼈다.

---

71) 앙코르 제국의 왕위 계승에 있어 모계의 전통이 확립된 것도 또한 아니다. 강력한 지방세력의 대표가 지방에서 왕을 자처한 경우도 있으며 중앙으로 진출하여 권력을 장악하기도 하였다.

27

성도 앙코르 톰

　자야 왕은 제국의 영광을 영원히 보존할 완벽한 도성을 건설하리라고 마음먹었다. 제국의 위대함을 드러내기에 도성 야소다라푸라는 초라하고 방비는 너무 허술했다. 자야는 앙코르 제국의 힘을 만방에 과시하고 방어가 완벽한 난공불락의 도성, 그리고 부처님의 세계를 구현한 지상의 성도를 건설하고자 하였다.

　야소다라푸라는 그 신민은 수가 이미 백만을 넘어섰다.[72] 바켕 사원을 중심으로 세워진 도성은 3백년이 넘게 사방으로 확대되었다. 이제는 도성의 축을 바꾸어 새로운 도성 개발이 필요했다.

　자야는 반디따와 중신들을 데리고 바켕 사원에 올랐다.

　"듣거라! 야소바르만 왕께서 이곳으로 왕도를 옮겨와 기틀을 다진 지가 무릇 3백년, 그 기원을 찾기도 어려울 만큼의 세월이 흘렀다. 이제 우리 제국은 누구도 넘볼 수 없는 광활한 영토와 강성한 힘을 가지고 있다. 동쪽으로 참파는 우리 발 아래 무릎을 꿇었고, 서쪽으로 시암은 미약하기 그지없다. 허나 방심해서는 안될 것이다. 우리는 제국의 국경과 도성의 방비를 튼튼히 해야 한다."

대신들이 모두 숙연해졌다.

"이 제국을 곤건히 지키기 위해 누구도 넘볼 수 없도록 왕도를 갖추고자 한다. 그대들과 함께 오늘 이 자리에 오른 것은 내가 염원하는 도성 건설을 시작하고자 함이다."

자야 왕은 앙코르 와트를 뒤로 하고 바푸온과 삐미아나까스를 향해 섰다.

"새로운 도성은 여기서 북쪽 방향으로 축조될 것이다.[73] 도성은 동서남북 사각의 성벽으로 보호되고, 각 방위마다 고푸라를 갖출 것이다. 동서남북의 성벽마다 고푸라를 두고 네 개의 고푸라를 십자로 잇는 길을 만들고 그 만나는 곳에 수미산이 되는 중심사원을 건설할 것이다. 동쪽 성벽에는 고푸라를 하나 더 두어 '승리의 문'이라 하고 제국의 영광을 위해 전투에서 개선하는 병사들을 맞이하는 문이 되도록 하자."

자야 왕은 힘이 겨웠는지 잠시 숨을 멈추었다.

"승리의 문에서 출발하는 개선의 길은 왕궁에 곧바로 이를 것이고, 왕궁 앞에는 커다란 대가 축조될 것이다. 대를 오르는 길은 호랑이가 지키고, 대는 힘찬 코끼리들이 받쳐주게 할 것이다."

왕의 도성 건설 계획이 발표된 이후 곧이어 성벽 축조를 위한 대규모 건설공사가 개시되었다. 도성 공사를 시작하기에 앞서 전국의 모든 사원은 공사의 무사와 제국의 강성을 비는 축원을 올렸다.

도성 공사를 위한 물자가 전국에서 징발되고 인력이 동원되었다. 앙코르의 모든 신민들은 노역에 동원되었으며 부유한 자들은 노역 대신에 노예들을 사서 보내고 부역을 면제받기도 했다. 왕실 귀족들은 자원하여 물자와 노예를 내놓기도 했다.

자야 왕은 모든 일은 삼가고 오직 도성공사에 진력을 다하였다. 공사는 성벽을 쌓는 일로부터 시작되었다. 성벽은 라테라이트와 사암으로 풀 한포기 비어져 나올 수 없을만치 완벽하게 쌓아졌다. 라테라이트는 캐낼 때는 흙처럼 부드럽지만 공기 중에 놓아두면 돌처럼 단단해져 성벽을 쌓기에 매우 좋은 재료였다.

성벽을 쌓은 후 견고해지면 안쪽은 흙을 성벽에 붙인 대를 두었다. 이 대에 올라 병사들이 외부에서 침입하는 적을 맞아 싸울 수 있었다. 성벽 위의 곳곳은 도성을 방어하는 신상들이 거룩하게 열 지어 서있게 해서, 신상들의 보호를 받는 도성은 아무도 함부로 넘볼 수 없도록 했다. 또한 사각 성벽의 모서리마다 작은 사원을 건설하였는데, 천사의 사당이라는 의미의 관세음보살을 모시는 숭고한 불교사원이 되었다.

성문의 고푸라는 네 방향으로 모두 얼굴이 조각된 사면상으로 장식하였으며, 성문을 통해서만 도성으로 들고 나갈 수 있게 했다. 이미 사면불은 앙코르 곳곳에서 볼 수 있었는데 도성의 출입문이 된 고푸라의 사면상은 위엄있고 자비로워 멀리서도 보는 사람들에게 도성의 경외감을 느끼게 하였다.

성벽 쌓기가 끝나고 성벽 바깥쪽으로 도성을 방어하기 위한 해자를 구축하는 작업이 시작되었다. 해자가 완성되자 물을 가득 담고 악어를 풀어놓아 방어력을 높였다. 적들은 해자를 건너는 동안 악어의 표적이 되기도 하지만, 해자를 건너온다고 해도 물에 젖어 힘이 부치고 전투력을 크게 상실할 수밖에 없었다. 해자의 물은 방어용이기도 하였지만 더위를 식히고 건기에는 습도를 일정하게 유지하는 수단도 되었다.

외부에서 해자를 넘어 다섯 곳의 고푸라에 이르는 진입로는 우유의 바다를 젓고 있는 신상들로 난간을 만들어 오가는 사람들을 주눅들게 하였다.[74] 우유의 바다 젓기는 인도의 신화에서 기원한 것이다.[75] 마하바라타 신화에 따르면 계속되는 전쟁에 지친 선신과 악신들은 비슈누 신에게 도움을 청했다. 비슈누는 이들이 더이상 싸우지 않고 힘을 합하여 우유의 바다를 저어 불로불사의 명약인 암리타를 만들도록 권유했다. 이에 합의한 선신과 악신은 머리가 여러 개 달린 바수키로 만다라 산을 감아서 바다를 휘젓기 시작했다.

오랫동안 바다를 휘젓자 축의 받침으로 있던 산이 견디지 못하고 바다에 가라앉았다. 이때 비슈누가 커다란 거북이로 변하여 산을 떠 받혀 가라앉는 것을 막았다. 머리부분을 잡은 악신과 꼬리 부분을 잡은 선신은 이렇게 천 년 동안 바다를 휘저었다. 그러자 장로불사의 명약 암리타, 춤추는 천상의 여신 압사라, 그리고 락슈미[76]가 탄생하였다.

해자를 건너는 진입로 다리의 우측에는 선신들이 좌측에는 악신들이 머리가 아홉 개 달린 바수키를 각각 부여잡고 온 힘을 다하여 우유의 바다를 휘젓고 있다. 악신들은 험상궂은 표정으로 전투용 투구를 쓰고 있고, 선신들은 아몬드 모양의 고깔 투구를 써서 진지하게 보였다. 그 모습이 너무도 신령스럽고 엄격하여 죄진 자들과 적들의 세작은 감히 다리를 건너 도성으로 들어갈 엄두를 내지 못할 것 같았다. 선신과 악신은 도성을 지키는 거룩한 신상인 것이다.

자야 왕은 고푸라 중에서도 승리의 문과 승리의 문에서 왕궁으로 이어지는 개선의 길에 심혈을 기울였다.

"왕궁에서부터 승리의 문을 통해 동쪽으로 가면 참파에 닿을 것이다. 우리 제국의 흥망은 이 길의 끝이 닿은 곳의 외적을 어떻게 공략하느냐에 달려있다. 이 성문은 제국의 영광을 드높이기 위해 전투에 나가고 돌아오는 우리 군대가 드나드는 문이다. 전투에 승리하고 돌아오는 모든 병사들은 이 문을 통해 입성하는 최고의 영예를 부여받게 될 것이다."

승리의 문을 통해 들어온 길은 곧바로 왕궁 앞의 커다란 광장에 이르게 했다. 일찍이 참파를 점령하기 위해 떠난 군대가 출정식을 거행한 곳이고 또한 승리 후 돌아와 개선식을 가진 곳이었다. 광장에서 왕궁이 바라다 보이는 서쪽을 향하면 커다란 테라스가 압도적으로 보이게 축조하였다.

이 테라스는 남쪽의 바푸온에서 시작하여 왕궁 앞으로 300m를 뻗어 북으로 문둥왕 테라스에 이르게 했다. 테라스는 세 개의 플랫

폼과 두 개의 보조 플랫폼을 가지도록 축조되었는데, 커다란 코끼리가 육중하게 기단을 받치도록 하였다. 테라스의 한 곳에는 왕이 타는 "머리가 다섯 달린 말"이 근엄하게 서 있는데 말은 압사라와 악마들에게 둘러싸여 있다. 코끼리는 연꽃을 따 모으는가 하면 코로 호랑이를 죽이려 하고 호랑이는 사력을 다해 코끼리를 할퀴려는 모습은 앙코르 인들이 가진 상상력의 극치를 보여주었다. 테라스 담벽에 광장을 향해 빼곡히 서 있는 코끼리들은 당장에라도 전장터로 달려나갈 태세였다.

광장에 서서 보는 테라스의 앞쪽 조각들은 너무도 근사하고 아름답고 신성하며 위엄이 있었다. 이 테라스는 전쟁에 나서는 병사들에게는 누구도 우리를 당할 수 없다는 자긍심을 심어주고 전쟁에서 승리하고 돌아오는 병사들에게는 최고의 영예를 부여하기에 조금도 부족함이 없도록 축조되었다.

코끼리 테라스의 북쪽 끝에는 널따란 테라스를 축조하였다. 이곳은 도성의 최고 병원의 앞쪽이다. 이 테라스는 인간의 상상을 초월하는 온갖 신들로 장식되었으며, 테라스 위에는 자야 왕의 모습을 닮은 문둥왕 상을 세웠다.[77] 이 상을 보고 있노라면 앙코르 최고 장인의 손길이 배어나는 듯했다.

자야 왕의 도성 앙코르 톰은 소우주를 상징했다. 중앙사원은 하늘과 땅을 잇는 연결자였고, 도성을 감싸는 성벽은 수미산을 둘러싼 산맥을 의미했다. 도성을 둘러싼 해자는 우주의 바다를 시현한 것이다. 외부 세계에서 도성에 들어가는 것은 현세에서 천상계로 들어가는 것과 같았다.

앙코르 톰의 재건 공사는 동서남북의 고푸라로부터 십자로가 만나는 지점의 사원을 개축하는 것이 마지막 획을 긋는 작업이 되었다. 바로 바이욘 사원을 건설하는 공사였다.

---

72) 당시 인구 100만은 역사적으로 보아 엄청난 규모다. 동시대의 런던이나 파리의 인구도 10만을 넘지 못했다.

73) 이 도성의 이름은 '앙코르 톰' 으로 "큰 도시"라는 의미이다. 자야 왕의 도성 건설이 기존 도성과 완전히 별개로 이루어진 것은 아니다. 그의 도성 개조의 핵심은 기존 사원(바푸온, 삐미아나까스)과 왕궁을 성벽으로 감싸고 그밖에 해자를 두어서 도성의 방비를 튼튼히 하는 것이었다. 이 도성의 성벽은 한변 3km인 총 12km 정사각형으로 라테라이트로 축조되었으며, 높이가 8m이다.

74) 진입다리 양쪽에는 각각 선신과 악신의 신상이 54개씩 줄지어 세워져 있다. 5개의 진입로가 있으니 모두 270개의 신상이 있는 셈이다. 현재는 남문 앞의 신상이 비교적 잘 보존되어 있으나 성하게 남아있는 신상이 거의 없고 거의 불구의 신상들뿐이다.

75) '우유의 바다 젓기' 신화는 동남아 여러 나라에서 공유된다. 태국의 방콕 국제공항에는 우유의 바다 젓기를 표현한 조형물이 공항 대기실 한 가운데서 오가는 사람들을 맞이하고 있다.

76) 비슈누 신의 아내가 된 여신.

77) 문둥 왕의 주인공이 누군지에 대해서는 학설이 갈린다. 야소바르만 1세라는 설과 자야바르만 7세라는 주장이 있다. 문둥왕 테라스는 25m 길이를 갖는데 앞부분이 이중구조로 되어있다. 자야바르만 8세 때 증축된 것으로 보이는 외벽과 내벽 사이에는 가루다, 팔이 여러 개인 거인, 압사라, 원숭이 병사 등 수없이 많은 부조가 조각되어 있어 보는 이들을 황홀하게 한다.

28

반디따의
소망

머리 바로 위에서 대지를 달구던 해가 남쪽으로 멀어져가자 우기가 끝나고 건기가 시작되었다. 한낮의 더위는 한풀 꺾였고 아침과 저녁에는 바람이 서늘해졌다. 앙코르 동쪽에 있는 널따란 바라이의 물과 만난 바람은 더욱 시원하다. 반디따가 탄 나룻배는 시원한 산들바람을 맞으며 바라이 가운데에 있는 메본 사원으로 들어갔다.

동 바라이 한가운데 섬에 위치한 메본 사원[78]은 라젠드라바르만 왕이 어머니와 조상을 기리기 위해 축조한 것이다. 동 바라이가 축조될 때 이미 섬의 조성이 완료되었고, 바라이가 축조된 후 50년이 지나서야 사원이 건설되었다.

메본은 저수지 중앙에 지어진 사원이기 때문에 외부의 담이 필요 없었다. 배가 동쪽 선착장에 닿자 반디따는 고푸라를 통해 사원 안으로 들어갔다. 사원은 피라미드 구조로 바닥 층에서 계단으로 이어진 두 개 층이 쌓아져 있었다. 두 개 층의 모서리마다 모두 여덟 마리의 코끼리가 수호신으로 서 있어 멀리서 바라보는 사람들의 경외심을 자아내게 했다. 사원을 오르는 계단 양쪽에는 호랑이 상이 있어 사원을 오르는 사람들을 감시하고 있었다.

반디따는 이른 아침에 메본에 도착하여 오랜 시간을 보냈다. 탑을 돌아가며 제례를 올리고, 여기저기에 있는 아름답고 신령스러운 부조들을 감상하였다. 그는 머리 셋 달린 코끼리 아이라바타를 타고 있는 인드라, 악마의 가슴을 찢고 있는 비슈누의 화신 나라싱하, 난디를 타고 있는 시바, 코끼리의 축복을 받고 있는 락슈미, 그리고 가루다 부조 앞에서 많은 시간을 보냈다. 그러나 그의 눈은 부조를 훑고 있었지만, 마음은 온통 왕과 대면하여 어떻게 이제는 떠나야겠다는 말을 전할지 고민하고 있었다.

반디따를 태운 배는 메본을 떠나 다시 저수지의 기슭을 향했다. 반디따는 초로에 접어든 사공을 향해 입을 열었다.

"사공, 지금이 태평성대라고 생각하오."

반디따가 누구인지 알지 못하는 사공은 다소 생뚱맞은 질문에 당황해 하다가 시무룩하게 대답하였다.

"태평성대인 것은 맞습죠."

"태평성대라면 좋아해야지 사공은 왜 그리 시큰둥하오."

"나라가 강성하여 좋으나 너무나 많은 공사에 우리 민초들은 지쳐있습니다. 해가 갈수록 늘어만 가는 부역이 너무 힘들어 허리가 끊어질 지경입니다. 나랏님께서 제발 사람들이 편히 살도록 내버려 두었으면 좋겠습니다."

"자야 왕은 신민들이 부유하고 평안하게 하려고 무지 애를 쓰는 성군이 아니오. 헌데 왜 신민들이 편치 못하단 말이오."

"처음에는 우리도 그리 생각했지요. 하지만 나날이 큰 공사로 힘들어 죽겠으니 이제 그만 무거운 돌덩이들일랑 치워주었으면 좋겠소."

"……"

반디따는 더이상 할 말을 잃고 허허 웃고 말았다.

메본을 나온 반디따는 동 바라이의 바로 남쪽에 있는 쁘레 룹 사원에 들렀다.[79) 라젠드라바르만 2세는 동 바라이 남쪽에 수도로 정하고 쁘레 룹을 그 도시의 중앙에 건설하고 강력한 정치로 제국의 통일을 이룬 적이 있었다. 한때 도읍의 중앙에 있었던 이 사원은 동 바라이의 메본을 너무도 닮아서 다녀오고 나면 어디가 어딘지 구분이 되지 않을 지경이었다.

반디따는 동쪽 고푸라를 통해 쁘레 룹안으로 들어갔다. 곧바로 최상층의 탑으로 올라 축원을 올렸다. 사원을 돌아 나오는 반디따의 시선을 사로잡은 것은 정원에 있는 오래된 부도들이었다. 죽음을 생각하는 사원답게 좌우로 모두 다섯 개의 부도가 축조되어 있었다. 그는 부도에 육신의 재를 묻은 조상들을 생각했다. 그도 자신이 쁘레 룹의 부도에 묻히는 것이 마지막 소망이라고 생각되자 새삼 인생의 허무함을 금할 수 없었다.

반디따는 이제 호따르라는 짐을 내려놓고 싶었다. 자야 왕과 죽을 고비를 넘기며 이 강성한 제국을 성취했고, 제국의 영광을 드높이기 위해 일생을 바쳤다. 그러나 어느덧 세월은 무상히 흘러 하는 일들이 힘겨워지고, 누구를 위해 그 많은 일들을 해왔는지 의문을 가지게 되었다.

제국의 영광을 드높이고 신민들을 행복하게 해주고 싶다는 신념으로 살아온 한 생애였다. 그런데 어느 순간부턴가 자야 왕과 그가 이루어 나가는 치세가 그들이 처음 생각했던 세계에서 멀어져가고 있다고 생각되었다.

혁명에 실패하고 자야와 함께 꿀렌 산에 숨어들었을 때 그리고 당렉 산맥의 암굴에서 수바드라 선사와 함께 있을 때 그는 불교나 힌두교와 연관된 치도와 사람들의 평안에 대해 큰 관심이 없었다. 그러나 반디따는 제국과 왕과 신민들에 대한 생각을 많이 하였다. 결국 다른 출발점에서 시작되었지만 신민들을 고해에서 구해 행복하게 해주고 싶다는 자야와 같은 생각에 이르렀다. 그는 학자적 기질로 인해 많은 시간을 독서와 사유로 시간을 보냈고 자연스레 그러한 결론에 도달하였다. 왕의 역할과 신민의 행복, 제국의 갈 길에 대해 나름대로 새로운 신념을 가지게 된 것이다.

신민은 제국의 근본이다. 아니 세상의 근본이다. 제국의 왕은 근본인 신민의 복지와 평안함을 위해 나라를 다스려야 한다고 그는 생각했다. 자야 왕의 이념은 처음 매우 새로운 것 같았다. 그러나 제국의 왕좌에 이른 자야는 이전의 제왕들과 크게 다를 바 없었다. 그는 신을 닮아 가고자 하는 제왕이었고, 신민을 위한다고 하지만 신민은 목적이 아니라 제국의 융성을 위해 봉사해야 하는 도구였을 따름이었다. 반디따는 어쩌면 국가조직에서 필연적으로 신민은 목적이 아닌 도구일 뿐이라고 스스로를 위로해 보기도 했다.

마음의 결단을 내린 반디따는 자야 왕과 마주 앉았다.

"폐하, 저는 이미 늙었고 이제는 지혜도 대왕을 보필하기에 부족합니다. 앙코르를 벗어나 초야로 돌아가 조용히 지내다 생을 마감하고 싶습니다. 저의 조그만 희망이니 떠나겠다는 청을 꼭 들어주시기를 바라옵니다."

자야 왕은 허전한 마음이 앞서 그를 떠나보내고 싶지 않았다. 왕은 언제까지라도 반디따를 옆에 붙잡아 두고 싶었다. 자야에게 반디따는 자신의 분신과 같은 존재로 그가 없다는 것은 상상할 수도 없었다.

"그대는 나에게 피붙이보다 더 깊은 사람이오. 어려운 때 나는 항상 그대에게 의존했고, 그대는 한번도 나를 저버리지 않았소. 이제 더이상 그대를 잡아 둔다는 것이 나의 욕심이라는 것을 아오. 허나 그대를 떠나보내고 싶지 않소. 나의 생애도 이제 얼마 남지 않았는데 그대까지 잃으란 말이오."

"소신은 이젠 늙어 몸을 가누기 어렵고 지쳐있습니다. 이제는 물러가야 할 때가 된 듯합니다."

"그래 우리는 오래 살았소. 나도 이제 마무리를 지어야 할 때가 되었다고 생각이 드오. 그 마무리를 같이하고 떠나 주시오."

"그게 무엇이오이까?"

"그대도 알다시피 도성을 새롭게 단장하고 방어를 튼튼히 하는 공사가 거의 끝나가고 있소. 마지막 작업으로 도성의 한가운데 사원을 건설하는 일이 남았다오. 도성공사를 마무리하는 작업이 될 것이오. 이 사원은 도성의 중심이기도 하지만 제국이 어떻게 가야 하는지 교훈을 담아 놓은 사원이 되었으면 하오. 나와 함께 앙코르 톰의 중심이 되는 이 사원의 건축 공사를 마쳐주오."

반디따는 깨닫고 있었다. 자야 왕이 자신을 조금이라도 더 오래 곁에 붙들어 두기위해 일부러 말하는 조건이라는 것을. 하지만 도성을 떠나겠다는 완고한 생각을 가지고 있던 반디따는 왕에게 답하였다.

"좋습니다. 사원은 제 뜻대로 건설하고 싶습니다. 사원을 건설하는 동안 대왕께서는 절대 공사장에 나오지 마십시오. 그리고 사원이 완성되면 꼭 도성을 떠날 수 있도록 윤허해 주십시오."

왕의 허락을 받은 반디따는 사원 중건을 앞두고 여러 가지 상념에 빠졌다. 사원을 통해 새로운 시대의 이념을 나타내고 싶었다. 그는 자야 왕과 자신이 혁명을 통해 실현하려 했던 제국의 시대정신을 도성의 한가운데 건설하는 사원으로 표현해 내고자 했다. 새로

운 사원을 제국의 어디에도 찾을 수 없는 독특한 사원으로 만들고 싶었다.[80]

반디따는 자야 왕과 자신이 꿈꾸고 지녀왔던 사상과 지혜를 빠짐없이 사원에 담고자 했다. 그리고 백성이 버겁지 않도록 손이 많이 가지 않는 사원을 건설하고자 했다. 반디따는 사원을 수단으로 하여 왕에게 고귀한 뜻을 전하고 싶었다. 초심으로 돌아가 불교가 가르치는 백성을 구하는 나라를 만들라고! 아니 자야 왕에게 뿐만 아니라 만세를 이어가는 후대의 왕들에게 경고하고 싶었다. 그는 어느 순간 자야 왕보다 더한 불자가 되어 있었다.

반디따는 외벽이 없는 사원을 만들기로 했다. 외벽이 없으면 모든 사람들이 지나가면서 쉽게 사원을 볼 수 있다. 누구나가 쉽게 볼 수 있는 사원을 건설하고 왕의 얼굴을 자애롭고 넉넉하게 부처의 모습으로 표현하여 후세의 왕들이 이러한 모습을 잃지 않고 백성을 사랑하라고 말하고 싶었다.

이 사원의 부조도 과거 여느 것과도 달리 만들어졌다. 옛 사원의 부조는 모두 신화와 영웅에 대한 이야기만 담고 있었다. 이 사원에는 외벽과 내벽으로 나누어 외벽에는 인간 세상의 이야기를 쓰고 내벽에는 신화의 세계를 담기로 했다. 외벽에는 자야 왕의 공적과 신민들의 일상의 삶이 그 자리를 차지했다. 사원의 부조로 신민들의 일상을 그리는 것은 과거에는 상상하기 어려운 일이었다.

처음 반디따가 신민들의 생활을 외벽에 담자고 했을 때 많은 사람들이 반대했다. 신성한 사원에 보통 사람의 삶을 담는 것은 이치에 맞지 않다는 논리였다. 반디따는 신민들의 삶이야말로 가장 성스러운 것이라는 말로 일갈했다.

반디따의 생각에 따라 외벽 부조의 주인공들은 신화의 영웅과 왕이 아니고 보통사람들이 차지하게 되었다. 시장에서 흥정하는 장사치, 아이를 낳고 있는 여인, 물고기 잡는 어부, 이 잡는 사람들, 돼지싸움을 구경하는 사람들이 천진난만하게 그려졌다. 공사장의 일꾼들도 처음에는 의아해 하였지만 부조공사가 진행되어 감에 따라 더욱 신이 나서 보통사람들의 이야기를 벽에 담아 나갔다.

사원이 완성되어 가자 왕은 성대한 봉헌식을 준비하도록 명했다. 이 사원은 바이욘이라고 명명되었다. 봉헌식이 있는 날 아침, 왕은 반디따를 불러들이라고 했다. 그러나 아무도 반디따를 찾아 왕 앞에 데려올 수 없었다.

봉헌식을 올리기 위해 자야 왕은 바이욘으로 행차하였다. 왕은 새 사원의 동쪽 입구를 통과하여 곧바로 사원 안으로 들었다. 외벽을 돌아보면서 자야 왕의 입가에 저절로 미소가 흘렀다. 그는 반디따가 그의 마음을 완전히 꿰뚫고 부조를 만들었다고 생각했다.

사원의 위쪽으로 올라간 자야 왕은 놀라움에 입을 다물지 못하였다. 거기에는 왕의 모습을 딴 관세음보살의 상이 곳곳에 안치되어 있었다.[81] 이 얼굴 탑의 얼굴들은 미소를 머금어 자애롭고 엄정하며 따뜻해 보였다.

신하들은 끝내 반디따를 찾아내지 못했다. 끝내는 봉헌식 전날 밤에 반디따가 종자 하나를 데리고 야소다라푸라를 떠났다고 왕에게 고했다. 자야 왕은 섭섭하고 허전하기 그지없었다. 왕은 그가 꿀렌 산으로 들어갔을 것이라고 짐작했다. 그러나 더이상 그를 찾지 않기로 했다. 대신에 왕은 그가 죽더라도 반드시 지켜져야 할 명령을 남겼다. 다음날 왕의 명령에 따라 쁘레 룹 사원에서는 반디따의 유해가 안치될 부도 공사가 시작되었다.

---

78) 동 바라이의 한가운데 있는 메본 사원은 동서로 121m 남북으로 126m의 크기를 갖는다. 비문에 의하면 이 사원은 953년 1월 28일 오전 11시에 봉헌되었다. 이 사원은 프레 룹을 건설한 라젠드라바르만이 자신과 조상을 널리 알리기 위해 건축가 까빈드라리마타나에게 지시하여 건축하였으며, 중앙탑에는 라제드레스바라라는 이름의 링가를 안치했다.

79) 이 사원은 동서로 127m, 남북으로 117m의 담으로 싸여져 있다. 3단으로 된 가파른 연단을 오르면 정상단은 한 변이 35m인 정사각형이고 5개의 탑이 올려져 있고, 중앙탑이 가장 높아 12m에 이른다. 쁘레 룹은 '죽은 육신의 그림자'라는 뜻이다.

80) 이 사원이 앙코르 톰의 한가운데 있는 바이욘 사원이다. 이 사원은 앙코르 와트 보다 1000여년 뒤에 건설된 불교사원인데 기존 사원이 있던 곳에 건설되었으며, 자야바르만 7세 이후에도 여러 번의 증개축이 있었던 것으로 보인다. 외부의 해자 안에 외벽이 없이 3층구조로 설계되었는데, 1층을 이루는 외부 회랑은 156m x 131m이고 2층을 이루는 내부 회랑은 80m x 70m이다. 두 개의 회랑에는 부조가 새겨져 있는데 외부회랑은 당시 참파와의 전쟁을 묘사한 역사적 사건과 민중들의 삶을 재미있게 표현하고 있다. 이 사원의 특징은 외벽이 없는데 앙코르 톰의 진입다리에 설치된 '우유의 바다 젓기'의 중심축의 역할을 하기 위해서라는 견해도 있다. 대체로 앙코르 와트보다 사용된 돌들이 작은데 아마 이미 앙코르 인근에서 구할 수 있는 사암의 부족에서 비롯된 것으로 추측된다. 그리고 사암의 질도 떨어지다 보니 질 좋은 사암이 사용된 앙코르 와트에 비하여 바이욘 사원은 보존상태가 좋지 않다.

81) 얼굴탑은 바이욘 사원의 특징적인 모습으로 54개의 탑에 200여개의 얼굴이 새겨졌다. 현재에는 37개의 탑만이 남아있다.

29

중원의
사신

제국이 융성하고 부강해지면서 외국과의 교류도 활발해졌다. 장사꾼들은 먼 길을 왕래해야 했기 때문에 비싸고 부피가 작은 상품을 취급하였다. 그들은 중원으로 갈 때는 코뿔소 뿔, 상아, 밀랍, 라커, 후추, 깃털, 카다몬을 가지고 가고, 올 때는 종이, 철 제품, 도자기, 실크를 가지고 왔다. 앙코르 시장에는 중원에서 들어온 신기한 물건들이 넘쳐났다.

어느날 앙코르에서 내로라하는 대상의 우두머리가 자야 왕을 찾아왔다.

"폐하, 앙코르의 장사꾼 쏘페아가 대왕을 뵈옵니다."

"그대는 무슨 이유로 나를 알현코자 청하였는가?"

"폐하, 소신은 우리한테서 남는 물건을 외국에 내다 팔고 외국에서 우리에게 필요한 물건을 들여오는 장사치옵니다. 그러다 보니 이익이 나기만 하면 아무리 먼 곳이라도 서슴지 않고 다녀오곤 합니다. 소인도 작년에 뱃길로 참파를 돌아 북상하여 중원에 다녀왔사옵니다."

"예로부터 우리 앙코르 제국은 중원에 있는 나라와 통교하였다. 우리는 서로 떨어져 있어 남의 땅을 넘보지 않아 우호관계를 유지할 수 있었지. 알다시피 이 강토를 회복하기 위해 참파와 일전을 치를 때 중원의 원병으로부터 도움을 받은 적도 있다. 가까운 적의 배후에 있는 땅과 친하게 지내면 가까운 적을 견제하는데도 도움이 되지."

"그렇사옵니다. 앙코르의 장사꾼들은 중원과 활발하게 통교하고 있습니다. 얼마전 부터 중원에는 격변이 일어나고 있습니다. 북쪽 변방에서 일어난 징기스칸이 대제국을 건설하였습니다."

"흥미로운 일이로구나."

"몽골군은 사납기로 소문이 나 있습니다. 그들은 이미 중원을 점령하여 원나라를 세웠고, 서쪽으로 끝없이 진군했다고 들었습니다."

"세상은 참으로 넓은가 보구나!"

"원나라의 조정에서 우리나라에 사신을 보내고자 한다는 소식을 지난 달 도착한 우리 상단이 가지고 왔습니다. 조정의 결정을 알려주시면 다음에 중원으로 가는 상단 편에 우리의 뜻을 전하도록 하겠습니다."

"그래······, 조만간 어전회의에서 중원의 사신을 접수할지 대신들과 이야기해 보도록 하겠다."

자야 왕은 상인의 이야기를 들었을 때 중원의 사신을 접수하고 싶어졌다. 그러나 중요한 나라의 일인만큼 중신들의 의견을 들어보고자 했다. 사신은 언제나 전쟁을 염두에 둔 염탐꾼을 포함하고 있기 때문에 신중히 결정해야 하는 일이었다.

어전회의에서 몇몇 신하들이 중원에서 오는 사신은 제국의 안전을 해칠 수 있는 세작이라고 말했다. 또 다른 신하들은 앙코르 제국은 오래전부터 북쪽의 대륙과 통교를 했으며 그들은 너무 멀리 있어 많은 군병으로 닿기 어렵기 때문에 문제가 없다고 했다. 설령 그들이 침략해 오더라도 앙코르에 도착할 무렵이면 먼 여정에 지쳐 전투력이 약해지기 때문에 쉽게 격퇴할 수 있다고 했다. 그들과 친하게 지내면 그들과 사이에 있는 가까운 적들을 오히려 견제할 수 있다고도 했다.

어전회의를 마치고 자야 왕은 중원의 사신을 받아들이기로 했다. 대상인 쏘페아는 중원으로 가는 상단을 통해 사신을 접수하겠다는 앙코르 조정의 소식을 전했고 몇 달이 지난 후 중원으로부터 사신이 도착했다. 사신의 일행은 족히 백여 명이 넘었는데, 사신을 따라 온 상당수의 수행원은 사실 장사꾼들이었다.

사신이 자야 왕을 알현하는 날이 되었다. 조정의 중신들이 좌정하고 중원의 사신이 무릎을 꿇고 고개를 들지 않고 왕 앞으로 다가갔다.

"사자는 고개를 들라. 먼 길을 오느라 수고가 많았다."

"폐하, 우리의 방문을 윤허해 주셔서 감사할 따름입니다."

"그대가 온 길은 어떠했느냐, 힘든 여정이었으리라."

"폐하, 우리는 원주를 출발하여 남하한 연후에 서남쪽으로 계속 항해하였습니다. 그리하여 일곱 개 섬을 가진 난바다를 지나 참파 인근 해상에 도착하였습니다. 그 다음에는 참파를 돌아서 메콩 강 하구에 다다랐고, 메콩 강 하구 중에 항해가 가능한 네 번째 강으로 들어왔습니다. 강의 하구는 키 큰 대나무, 고목, 그리고 하얀 갈대가 끝없이 우거져 있어 자칫 뱃길을 잃기 쉬웠으나 경험이 많은 사공이 있어 무사히 똔레삽 강과 메콩 강이 만나는 곳에 닿을 수 있었습니다. 똔레삽에 들어선 후 깜퐁 츠낭을 지나면서 물길이 낮아 작은 배로 갈아탔으며, 강을 더 올라와 바다 같은 똔레삽 호수를 지났습니다. 그후에는 아무런 어려움 없이 이 나라의 도성에 도착했습니다. 우리의 도성을 떠난 지 꼬박 다섯 달이 걸리는 여정이었습니다."

"말로만 들어도 쉽지 않은 여행이었겠구나. 그런데 그대의 왕은 무슨 일로 이 먼 길의 수고로움을 마다하지 않고 그대를 보냈는가?"

"우리 제국은 중원의 새로운 패자입니다. 우리 시조 칭키스칸은 넓디넓은 초원의 세력을 통일하고, 몇 해 전 오논 강에서 추대되어 칸의 지위에 올랐습니다. 우리 제국의 국호는 '원'이라 합니다."

중원의 사신은 중원에서 일어나고 있는 북방 몽골의 기세에 대해 자야 왕에게 설명했다. 왕은 무엇이 사실이고 무엇이 거짓인지 알 수 없었지만, 중원에서 북쪽의 한 세력이 새로이 부상하였다고 생각했다.

"우리 황제께서는 소두 사령관을 참파로 보내 그 인근에 작은 도시를 건설했고, 그후 장군 한 명과 고급 군관을 참파로 보냈으나 그들이 참파의 포로가 되어 되돌아오지 못하고 있습니다. 우리 황제는 이 문제를 해결하는데 앙코르의 도움을 받고 싶어 하십니다."

"우리 제국이 참파를 복속시킨지 이미 오래되었다. 얼마 전부터 참파는 우리 말을 듣지 않고 독자행동을 하고 있다. 하지만 그대 왕의 부탁을 어찌할 지 생각해 보겠다. 당분간 앙코르에 머무는 것을 허락하노라. 그러나 앙코르를 떠나기 위해서는 다시 윤허를 받아야 할 것이니라."

"폐하의 배려에 감읍할 따름입니다."

중국에서 온 사신은 중국인 이민자들이 모여 사는 곳에 머물렀다. 오래전부터 많은 중국인들이 기후, 집과 아내를 구하는 문제, 상업 활동에 이끌려 앙코르에 들어와 있었으며, 그들 중에는 상인이 제일 많았는데 대부분 앙코르인 부인을 구하여 장사를 하고 있었다. 이 중국인 장사꾼들은 주로 중국에서 온 칠기, 삼베, 철제 및 구리 그릇, 체, 나무 빗, 청자 등을 취급하였다. 그리고 중국인들은 앙코르 사람들이 꺼려하는 소와 돼지를 잡는 백정일도 돈을 쉽게 벌 수 있었기 때문에 아무 거리낌 없이 하곤 했다.

사신단은 국가의 엄격한 감시하에 있었으며 왕실의 정보관은 그들의 행적을 주기적으로 왕에게 보고했다. 하지만 그들은 때때로 도성 밖으로 멀리 여행을 해도 제지를 받지 않았다. 또한 중국 황제가 파견한 사신이었기에 하루에 두 번하는 조회에 직접 참여할 수도 있었다.

사신단에는 주달관이라 하는 자가 끼어 있었다.[82] 그는 사신단의 기록관 직책을 가지고 있었는데 매사에 흥미를 가지고 있어 기록관으로 매우 적임자였다. 그는 다른 사신단 일원들과 어울려 지냈지만, 앙코르의 문물과 제도 시설물들을 알아보고 기록하는데 매우 열성적이었다.

왕은 주달관의 행적을 보고 받고 그를 궁으로 불러들였다.

"그대의 이름이 무엇인가?"

"주달관이라 하옵니다. 이번 사신단의 기록임무를 맡고 있습니다."

"그대의 임무가 막중하구나. 나중에 남는 것은 결국 기록뿐이지 않겠느냐!"

"......"

"듣자하니 그대가 우리 제국의 문물을 알아보고 기록하는데 매우 열심이라고 들었다. 그대 임무로 보아 당연한 일이겠지만, 우리 제국이 그대의 나라와 많이 달라서 흥미로운 일들이 많겠구나."

"중원과 앙코르간에는 많은 상단들이 오가고 있기 때문에 앙코르에 대한 많은 내용들이 이미 중원에 알려져 있습니다. 이번에 와서 보니 어떤 것은 제대로 알려져 있지 않고 허위로 알려진 것들도 없지 않사옵니다. 그런 것들을 바로잡는 기록을 남기고 싶습니다."

"그대가 보고들은 바를 낱낱이 적어 그대 나라 사람들에게 전하고 남기도록 하라. 우리 앙코르 제국이 얼마나 강성하고 얼마나 발전해 있는지 그대의 왕에게 전하거라. 과장할 필요는 없다. 있는 그대로를 전하는 것만으로 우리의 위대함을 이야기 하는데 충분할 것이다."

왕은 흥분하였다.

"우리 제국의 융성함을 똑똑히 보았느냐. 우리 군병은 강하고 성벽은 높다. 돌아가면 그대의 왕에게 전하라. 이 앙코르 제국은 중원의 패자와 친구로서 통교할 의향이 있다고. 그러나 만약에 우리를 넘볼 것이면 우리는 그대들을 가차없이 물리칠 것이다."

중원으로부터 온 사신단은 거의 1년이 다 되어갈 무렵에야 앙코르를 떠나도록 허락받았다. 사신단은 참파 문제를 해결하기 위해 앙코르의 도움을 받는 일에 성공하지 못하였다. 이미 앙코르는 참파에 대한 통치력에 한계가 있었기 때문이다. 하지만 그들은 앙코르 제국이 얼마나 찬란한 문화와 광활한 영토를 획득하고 있는지 똑똑히 목격하였다.

중원의 사신이 돌아가자 자야 왕은 국방을 더욱 튼튼히 하라고 일렀다. 중원의 군대가 머지않아 이 강토를 유린하러 올 때가 있을 것이라고 중신들에게 경고하는 것을 잊지 않았다.

82) 주달관을 포함한 원나라의 사신단이 방문한 것은 자야바르만 7세가 죽은 뒤 700여년 뒤인 1296~1297년이다. 사신단에 일원이었던 주달관은 앙코르를 방문을 마치고 '진랍풍토기眞臘風土記'를 썼다. 그의 책은 언어기록이 미흡한 앙코르 제국의 문물을 알 수 있게 해주는 매우 소중한 역사자료가 되었다.

30

자야 왕은 어둠 속에서 꿀렌 산을 헤매고 있었다. 횃불을 들고 쫓아오는 적들이 산 아래를 뒤덮고 있는데, 앞쪽에는 높다란 절벽이 시커멓게 가로 막고 있었다.

갑자기 나타난 반디따와 난다나가 자야 왕의 손을 이끌어 절벽 위로 가볍게 올려주었다. 절벽을 넘어가자 세상이 환하게 밝아지더니 뙤약볕 아래 끝이 보이지 않는 돌담을 쌓느라 셀 수 없이 많은 신민들이 피땀을 흘리고 있었다. 돌을 쌓는 노동자들의 얼굴에는 아무런 표정이 없었고 곧 주저앉을 것 같이 피로한 기색이 역력했다.

"폐하, 이것이 폐하가 꿈꾼 영광의 제국이었습니까?"

반디따가 슬픈 목소리로 말했다.

"……"

"폐하, 진정 저를 믿으셨나이까?"

이번에는 난다나가 항의 하듯이 말했다.

"그대들은 보지 못했는가? 우리가 이룬 이 앙코르 제국의 영광을! 이 땅은 드넓고 강성하다. 아무도 우리를 넘볼 수 없다."

반디따가 안타까운 표정을 지으며 반박했다.

"그 강성이 누구를 위한 것이 옵니까. 제발 신민들을 이 돌의 무게에서 벗어나게 하여 주옵소서. 우리는 신민을 위한 나라를 세우기 위해 거병하였나이다. 그러나 신민을 위한 대의는 퇴색했으며 대왕께서는 지배자의 영광을 드높이기 위해 신민들을 힘들게 하고 있을 뿐입니다."

"그대들이 나의 대업을 힐난하는 것은 참을 수 없다. 모두 꼴보기 싫으니 물러가라."

반디따와 난다나가 크게 실망한 표정을 지으며 아무 말없이 사라져 갔다. 그 순간 돌담이 끝없이 무너져내렸고, 무너지는 돌담을 두 손으로 떠받치려던 자야 왕은 무너져 내린 커다란 돌덩이에 깔리면서 꿈에서 깨어났다.

새벽녘에 꿈에서 깨어난 자야 왕은 잠을 이루지 못했다. 그는 벌써 며칠 째 비슷한 꿈속을 헤매고 있었다. 심신이 허해진 까닭이다.

자야 왕이 즉위한 지도 어느덧 30여 년이 흘렀다. 왕은 60살이 거의 다되어 즉위하였으나 그가 즉위할 때 신민들이 외친 '만수무강'처럼 매우 오래오래 살았다. 하지만 그의 기력은 최근 몇 년 사이에 한 해 한 해가 다르게 쇠약해 가고 있었다. 자야 왕도 이제 시간이 얼마남지 않았음을 느꼈다.

지난 달 새로 들어 온 후궁은 이제 갓 피어난 꽃같이 어여뻤다. 그러나 그녀의 백옥처럼 뽀얀 살결과 소탐한 젖가슴도 왕에게 아무런 정욕을 일으키지 못했다. 왕비와 후궁의 처소에 들지 않은 것도 몇 달이 지났는지 모를 지경이었다.

왕은 자신이 이룩한 제국의 영광이 자랑스러웠다. 제국의 도성 앙코르 톰은 어떠한 적도 넘볼 수 없을 만큼 강력했다. 앙코르 톰의 한가운데 있는 바이욘은 세상의 중심이 앙코르라고 역설했다. 자신의 얼굴을 닮은 바이욘의 부처상은 그를 대신하여 수백 년간 아니 영원히 이 궁성과 백성을 지켜보고 그들을 격려할 것이다.

앙코르 동쪽 바라이와 서쪽 바라이는 어떠한 큰 물과 어떠한 큰 가뭄도 이 땅의 생산을 달리하지 못할만큼 물 관리를 잘할 수 있게 하였으며, 자신이 건설토록 한 자야타타카는 도읍에 물이 풍족하게 했다. 잘 관리된 물은 가뭄을 잊게 하였고 제국의 비옥한 농토는 생산이 절정에 달하였다.

부모님께 헌정한 따 프롬과 쁘레아 칸은 불행히 세상을 떠난 부왕과 모후가 저 세상에서 가장 흐뭇해할 사원이 되었다. 사원은 아름다웠고, 제국의 지식과 지혜를 저장하는 창고가 되었다. 따 솜, 니악 뽀안, 크롤 코, 쁘라삿 수어 쁘랏 같은 크고 작은 사원과 건축들은 하나하나가 제국의 위엄과 번영을 상징하는 기념물이 되었다.

해가 중천에 이를 무렵에야 침소에서 나온 왕은 시종에게 명하여 왕비를 모셔 오도록 했다. 자야 왕이 왕비를 아니 본 지도 오래 되었다. 왕비도 궁중에 거처하기는 했지만 왕과 만나는 시간이 거의 없었다.

"대왕께서 어인 일로 저를 부르셨는지요?"

"당신의 삶을 송두리째 바꾸고 궁에 들어와 살게하여 그동안 미안한 마음이 컸소. 하지만 당신의 지혜와 조언이 없었다면 나의 말년이 무의미했을 것이오. 내가 한시도 당신의 존재를 잊은 적이 없고 감사히 여긴다오."

대왕의 말에도 왕비는 다소곳이 듣기만 하고 있었다. 처음 궁에 들어왔을 때 이미 늙은 나이였고 오랜 동안 수양을 거쳐 온 연유로 보통 사람들과 다른 눈으로 세상을 보고 살았으나, 그녀도 여인네임은 어찌할 수 없었다. 그녀의 극진한 간호와 조언으로 왕이 회생되었지만 자신을 여인으로 보지 않고 단지 전 왕비를 대신하는 대리자로만 여겼을 때 서운함을 느끼지 않을 수 없었다. 왕이 후궁과 젊은 여인네들의 처소를 찾을 때면 젊은 여인네에게 끌리는 게 사내들의 본성이라고 자신을 달래면서도 질투로 고통받았던 것이 사실이었다.

"왕비와 함께 프놈 바켕에 오르고 싶소."

"대왕의 기력으로 바켕에 오르는 것은 무리입니다. 건강을 생각하셔야지요."

"요즘엔 사람들이 코끼리를 타고 오른다고 들었소."

"대왕이 코끼리를 타고 바켕 산에 오른다면 빈축을 사게 될 것입니다. 그런 모습을 보인다면 사방에서 숨어있는 적들이 대왕을 거꾸러뜨리기 위해 달려들 것입니다."

왕은 바켕에 오르겠다는 고집을 꺾지 않았다. 그는 시종을 불러 왕비와 함께 바켕에 오를 행차를 준비하라고 명했다. 그리고 모든 후궁들과 중신들이 동행하도록 했다.

정오가 지나고 오후 늦게 햇살이 무뎌질 무렵, 왕의 일행은 왕궁을 나섰다. 왕궁을 떠나 바켕 언저리에 이르자 모두 다 땀에 젖었다. 왕은 행차의 수레에서 내려 바켕 산을 오르는 언저리에서 땅을 디뎠다. 앙상한 두 다리는 몸을 제대로 지탱하지 못하고 후들거렸다.

자야 왕은 왕비의 부축을 받으면서 바켕 산을 오르기 시작했다. 서너 걸음을 떼자마자 벌써부터 숨이 가빠왔다. 젊은 날에는 날래게 뛰어서도 올랐던 돌계단이었건만 이제는 올라도 올라도 다 오르지 못할 것 같은 끝이 없는 돌계단이 이어져 있었다. 왕은 혼신의 힘을 다해 가까스로 바켕 사원의 정상에 올랐다.

왕의 일행이 정상에 오르자 해가 서쪽 하늘에 걸렸다. 그리고 바람을 따라 흐르는 구름이 가끔씩 해를 가리자 세상의 열기가 빠르게 식어갔다. 사원 탑의 그림자는 시시각각 길이를 더해갔다.

일몰 앞에선 왕은 한순간 모든 게 부질없이 느껴졌다. 신민을 위한다는 일들이 역설적으로 그들을 너무도 힘들게 했다는 생각에 미쳤다. 자신이 죽으면 머지않아 신민들은 제국을 지탱하는 무거운 짐을 너무도 기꺼이 내려놓을 것이라는 생각이 들자 안타깝기 그지없었다.

제국은 그에 가해지는 중력을 지탱하지 못하고 자연히 몰락할 것이다. 그러나 수천만 년의 시간도 이 제국의 위대한 역사는 지우지는 못할 것이라고 스스로를 위로했다. 수백 년 아니 수천 년이 지난 후에도 수많은 사람들이 이곳을 찾아와서 그가 세웠던 제국의 무거움을 보고 경탄해 마지 않을 것이라고 생각하며 왕은 작은 위안을 찾았다.

저녁 햇살이 구름 사이로 내려와 거대한 서 바라이의 호수에 내려 꽂히고 있었다. 노을이 아득한 평원의 끝자락까지 가득 내리고, 하늘과 바라이가 하나가 되어갔다. 구름을 뚫고 나온 일몰 직전의 한줄기 햇살이 왕의 얼굴에 비추었다. 자야 왕은 움직임을 멈추었고 세상의 번뇌를 떨쳐버린 평온함이 그의 얼굴에 깃들었다. 바이욘 사원의 얼굴 탑이 바로 거기에 있었다.

자야 왕은 그렇게 떠나갔다. 그리고 그가 우려했던 대로 머지않아 제국도, 그의 위대한 도성도 정글이라는 자연의 품속에 안겨들어 갔다.

한때 세간에는 앙코르 와트가 곧 문을 닫을 것이니 하루라도 빨리 여행을 다녀와야 한다는 소문이 있었다. 이는 여행객을 한 명이라도 더 모집하기 위해 여행사들이 퍼뜨린 헛소문이다. 앙코르 와트의 규모와 앙코르 제국이 건설한 수많은 유적에 대해 조금이라도 알게 된다면 이 말이 얼마나 뻔뻔한 거짓말이고 그들이 이룩한 웅장하고 아름다우며 신성한 수많은 유적에 대한 모독이라는 데 누구나 동의할 것이다.

앙코르 와트를 방문하는 여행자들은 짧은 시간 관광을 하기 때문에 안타깝게도 앙코르 와트와 그 인근의 서너 개 대표적 유적만을 둘러보게 된다. 그러나 이 몇 개의 유적만으로도 유적들의 거대한 규모와 거기에 새겨진 셀 수 없이 많은 조각들에 놀라지 않을 수 없다. 그리고 자연스럽게 궁금증을 가지게 된다. 누가 어떻게 이 거대한 유적을 만들 수 있었을까? 이 글은 소설 형식을 빌려 그 궁금증을 풀어주기 위한 작업이었다.

앙코르 제국의 최전성기를 이룬 자야바르만 7세가 왕위에 이르기까지 생각과 행적, 그리고 왕좌에 이른 후 야망을 실현해 가는 과정을 추적했다. 앙코르 역사에 대한 기록의 부실함을 소설적 상상력으로 메꾸어 본 것이다. 따라서 이 글은 역사서가 아니라 어디까지나 소설이다. 그렇지만 이 책을 통해 우리가 오늘날 캄보디아의 지방도시 시엠립을 방문하여 볼 수 있는 앙코르 와트와 인근 정글에 숨어있는 수많은 유적지가 단순히 돌무더기가 아니라 인간의 피와 땀이 스며있는 삶의 결과물이고 기록임을 역설하고 싶었다.

자야바르만 7세의 출신에 대해서는 몇 가지 다른 의견이 있다. 크게는 두 가지로 그가 지방 장군으로 참파를 물리치는 가운데 힘을 얻어 왕위에 올랐다는 설과 그의 부친이 다란인드라바르만 왕이고 야소바르만 왕과 어떻게든 혈족관계에 있던 인물로 보는 견해가 그것이다. 이 글은 후자의 입장에 바탕을 두고 있다. 자야바르만 왕이 불교를 중시한 것은 지방출신으로 기득권 세력들과의 대결에서 유리한 지위를 점하기 위한 방편이었다는 논거는 전자의 주장과 궤를 같이 하는 것으로 상당히 설득력 있게 들린다.

이 글에 나오는 서력의 연대와 미터법은 역사를 다루고 유적의 규모를 소개하기 위해 채용된 것이다. 앙코르 시대에 서력과 미터법이 있을리 만무하다. 하지만 서력 연대는 역사적 시기를 비교해 볼 수 있게 하고, 미터법에 의한 표기는 독자에게 실물의 크기를 상상할 수 있도록 해주는 장점이 있다. 하지만 어떤 건축물들이 설계

당시 앙코르의 도량척도에 의해 의미있는 숫자 단위로 설계되었을 때 그러한 의미를 전달해 주지 못하는 단점은 있다.

많은 유적지나 지방의 오늘날 이름은 앙코르 제국 당시의 불리던 명칭과 다르다. 예컨대 오늘날 부르는 따 프롬은 옛날에는 라자바하라였고, 지금의 쁘레아 칸은 나가라 자야스리였다. 앙코르 와트가 오늘날의 이름으로 불리게 된 것도 16세기에 이르러서이다. 편의상 오늘날 이름을 주로하고 옛날의 이름이 알려져 있는 경우 이를 소개하였다.

또한 이 글의 에피소드에 등장한 인물들은 가공인물들이다. 하지만 앙코르 역사 속의 유사한 인물을 끌어들여 사용하였다. 역사 속 인물의 경우에도 해당 지위에 이르기 전의 이름과 관직에 이르렀을 때 또는 사후에 추서된 이름이 달랐을 것이다. 앙코르 시대에는 공식성과 존엄성을 나타내기 위해 산스크리트어를 빌려 이름을 붙였다. 그런 경우 말의 어려움을 극복하기 위해 공식명을 축약하여 사용했다. 예컨대 자야바르만 왕을 자야로, 야소바르만 왕을 야소로 표기한 것이다.

디바까라-반디따는 3명의 왕과 관련된 실존했던 덕망있는 조신이자 궁정의 관리였다. 그는 1080년 자야바르만 6세를 왕위에 추대하였으며, 자야바르만 6세가 죽자 죽은 왕의 형 다란인드라바르만 1세의 즉위식을 치뤘다. 그후 다란인드라바르만 1세를 살해한 수리야바르만 2세를 왕위에 옹립한 것도 디바까라-반디따였다. 반디따는 산스크리트에서 유래한 말로 영어에서 쓰이는 pundit(범

학자梵學者)와 의미를 같이한다.

자야바르만 왕에게는 참족의 젊은 장수 출신으로 말리앙에서 일어난 반란을 평정하고 황태자로까지 임명된 비댜난다나가 있었다. 그는 참파 원정 때 자야바르만을 배신하게 된다. 빠드마는 어떤 비문에 자야바르만 2세의 대신이자 처남이며 전투에서 한번도 패한 적이 없는 장수였다는 기록이 있다. 수바드라는 자야바르만 6세 때 성전을 깊이 공부한 대학자로 유명하며, 따디는 시암족이 쁘레아비히어 사원을 공격해 왔을 때 끝까지 싸우다 패하게 되자 절벽에서 몸을 던진 장수였다.

이 글에는 역사적 사실을 깬 파격이 하나 있다. 주달관의 앙코르 방문은 자야바르만 7세 사후 70여 년 뒤에 이루어진 일이나 그의 <진랍 풍토기>는 앙코르 시대를 알려주는 가장 값진 역사 기록물로 대접받고 있어 이 글의 재료로 활용했다. 어느 부분이 역사적 사실이고 어느 부분이 소설적 상상력의 산물인지 매번 밝히는 것은 불가능하다. 다만, 역사적 사실을 최대한 살리고자 노력했음을 밝히고자 한다.

'킬링필드'라는 캄보디아를 학살의 도가니로 몰아넣은 '폴 포트'가 자야바르만 7세를 본받으려 했다는 해석이 있다. 폴 포트가 앙코르 제국과 같이 오늘날의 캄보디아를 발전시키고자 하는 이상을 품었을 수 있으나, 그의 비이성적 광기는 현대사에서 가장 잔악한 학살의 결과를 가져오고 말았다.

1178년 참파의 침입은 자야바르만 7세가 왕위를 쟁취하는데 결정적인 계기가 되었다. 캄보디아 근대사에 있어 1979년 1월 베트남의 침입으로 폴포트의 학살 정권이 종말을 고하고 베트남의 지원을 받은 인물들이 권력을 장악하여 오늘날 캄보디아의 지도자로 역사를 써가고 있음은 우연일까. '역사는 반복된다' 라는 케케묵은 금언을 회상해 보게 한다.

이 글은 다음 몇 권의 책에 크게 의존하였다. 논문이라면 일일이 주석을 달아 원작자들의 아이디어를 존중해 주어야 했으나, 대신에 일괄적으로 이 자리를 빌려 감사를 표한다. 이집트 문명에 대해 Egytology라는 학문의 영역이 있어 수많은 책과 자료들이 존재한다. 앙코르 제국에 대한 연구는 이제 걸음마 단계로 참고할만한 저술이 변변치 않은 가운데 이들 서적은 많은 도움을 주었다. 앙코르 제국에 대한 역사 연구도 활성화되어 Angkorology가 학문 영역으로 정착될 수 있기를 기대해 본다.

- 〈앙코르 왓; 신들의 도시〉, 최창길, 앙코르출판사
- 〈앙코르 와트의 모든 것〉, 이우상, 푸른역사
- 〈The Civilization of Angkor〉, Charles Highan(조흥철 역), 소나무
- 〈Angkor〉, Dawn Rooney, Odyssey Guides
- 〈A Record of Cambodia; The Land and its People (眞臘風土記)〉, 周達觀(Peter Harris 역), Silkworm Books
- 〈A History of Cambodia〉, David Chandler, Silkworm Books

- 〈Angkor; Splendors of the Khmer Civilization〉,
  Marilia Albanese, White Star

이 책에 실린 사진은 캄보디아의 교민으로 계신 백성현 사장님과 이상범 이사님, 그리고 스포츠서울의 최재원 기자님의 도움을 받았다.

이 어설프기 그지없는 글을 써나가는데 격려와 비판을 아끼지 않았으며, 캄보디아의 무더위와 온갖 벌레들의 괴롭힘을 함께 참아낸 아내에게 감사한다.

뱀의 정령이 여인으로 변해 왕과 동침하는 궁중 사원 '삐미아나까스'.

인드라타타카 저수지 내에 있는 '롤레이 사원'.

조상들의 신을 모신 '쁘레아 코' 사원.

앙코르 시대 사원탑의 원형이 된 '바콩' 사원.

뱀이 똬리를 틀고 있는 듯한 기단위에 축조된 '니악 뽀안'.

여인의 성채라는 의미의 사원 '빤떼이 스레이'.

자연에 침탈당하고 있는 모친을 위한 사원 '따 프롬'.

따 프롬 사원에 위치한 '통곡의 방'.

부친을 기리기 위한 사원 '쁘레아 칸"의 입구.

시간의 무게를 이겨내지 못한 '쁘레아 칸' 의 내부 사당.

앙코르 톰의 남쪽 고푸라와 진입다리의 '우유의 바다젓기' 신상.

왕궁앞 코끼리 테라스에서 내려다 본 출정식과 개선식 연병장.

위엄있는 '코끼리 테라스'.

놀랍도록 다양한 조각으로 장식된 '문둥왕 테라스'.

'바이욘 사원'의 얼굴탑.

평민들의 삶을 그려낸 바이욘의 부조.

죽음의 사원 '쁘레룹'의 부도.

바켕 사원에서 본 일몰.

부록

■ 앙코르 왕들의 연대기와 유적 일람표

연도	왕명	유적
802-850	자야바르만 2세	브야다푸라(벽돌사원), 꿀렌 고원
854-887	자야바르만 3세	
877-889	인드라바르만 1세	쁘레아 코, 바꽁
889-910	야소바르만 1세	롤레이, 바켕, 야소다라푸라, 야소다라타타카 (동바라이), 쁘레아 비히어, 프놈 복, 프놈 끄롬
910-923	하르샤바르만 1세	
923-928	이샤나바르만 2세	
928-941	자야바르만 4세	링가푸라(코 케이)
941-944	하르샤바르만 2세	박세이 참끄롱
944-968	라젠드라바르만	쁘레 룹, 동 바라이 메본, 삐미아나까스, 반떼이 스레이
968-1001	자야바르만 5세	
1001-1002	우다야디탸바르만 1세	
1002-1011	자야바르만	
1001-1050	수리야바르만 1세	서 바라이, 쁘레아 비히어(중건), 반떼이 스레이(중건)
1050-1066	우다야디탸바르만 2세	바푸온, 서 바라이 메본
1066-1089	하르샤바르만 3세	
1080-1113	자야바르만 6세	
1080-1113	다란인드라바르만 1세	
1113-1150	수리야바르만 2세	앙코르 와트, 방 미알리아
1150-1160	다란인드라바르만 2세	
1160-1165	야소바르만 2세	
1165-1178	트리부바나디탸바르만	
1181-1220	자야바르만 7세	따프롬, 쁘레아 칸, 자야타타카, 니악뽀안, 앙코르 톰, 바이욘, 코끼리테라스, 문둥왕테라스
1220-1243	인드라바르만 2세	
1243-1295	자야바르만 8세	
1295-1307	스린드라바르만	
1307-1327	스린드라자야바르만	
1327-	자야바르만파라메스바라	
1357	쁘레아파라마타케마라자	
1406-1467	뽀니아 얏	

■ 앙코르 제국의 영역

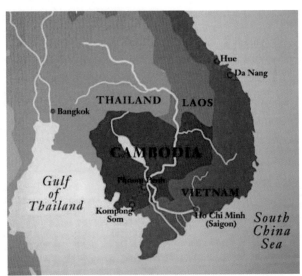

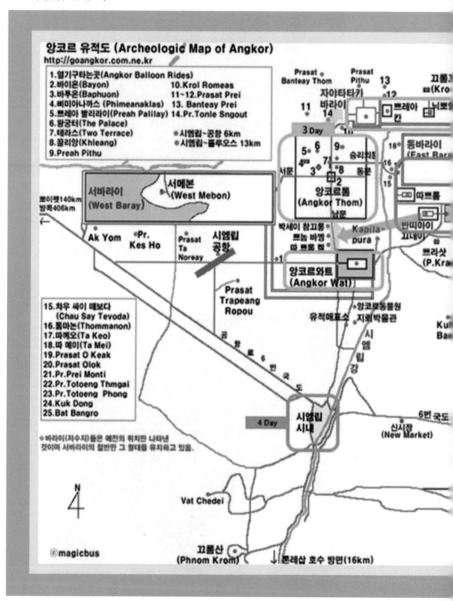

앙코르 유적도 (Archeologic Map of Angkor)
http://goangkor.com.ne.kr

1.열기구타는곳(Angkor Balloon Rides)
2.바이온(Bayon)   10.Krol Romeas
3.바푸온(Baphuon)   11~12.Prasat Prei
4.삐미아나카스 (Phimeanaklas) 13. Banteay Prei
5.쁘레아 빨리라이(Preah Palilay) 14.Pr.Tonle Sngout
6.왕궁터(The Palace)
7.테라스(Two Terrace)   ◉시엠립~공항 6km
8.끌리앙(Khleang)   ◉시엠립~룰루오스 13km
9.Preah Pithu

15.차우 싸이 떼보다
   (Chau Say Tevoda)
16.톰마논(Thommanon)
17.따께오(Ta Keo)
18.따 메이(Ta Mei)
19.Prasat O Keak
20.Prasat Olok
21.Pr.Prei Monti
22.Pr.Totoeng Thmgai
23.Pr.Totoeng Phong
24.Kuk Dong
25.Bat Bangro

◉바라이(저수지)들은 예전의 위치만 나타낸
   것이며 서바라이의 절반만 그 형태를 유지하고 있음.

©magicbus

꿀렌산(Phnom Kulen 50km)
끄발스피언(Kbal Spean 49km)
복 산
(Phnom Bok)
Prasat To
Ph.Pradak
2 Day
반떼아이 쌈레
(Banteay Samre)
Prasat Komnap
Prei Prasat
NE
Taleh
롤루오스강
인드라따타카 바라이
롤레이
(Lolei)
SE
쁘레아꼬
(Preah Ko)
19
20
바꽁
2 Day
Prasat
Prei Monti
21
22
23
24
롤루오스 유적군
(Roluos Group)

〈지도 출처=http://goangkor.com.ne.kr/〉